Matthew N. O. Sadiku

Computação em nuvem e suas aplicações

Matthew N. O. Sadiku

Computação em nuvem e suas aplicações

ScienciaScripts

Imprint

Cover image: www.ingimage.com

This book is a translation from the original published under ISBN 978-620-7-64098-0.

Publisher:
Sciencia Scripts
is a trademark of
Dodo Books Indian Ocean Ltd. and OmniScriptum S.R.L publishing group

120 High Road, East Finchley, London, N2 9ED, United Kingdom
Str. Armeneasca 28/1, office 1, Chisinau MD-2012, Republic of Moldova, Europe
Printed at: see last page
ISBN: 978-620-8-27253-1

A COMPUTAÇÃO EM NUVEM E AS SUAS APLICAÇÕES

Matthew N. O. Sadiku, Ph.D., P.E.
Professor Emérito Regents e Membro Vitalício do IEEE
Universidade de Prairie View A&M
Prairie View, TX 77446
Correio eletrónico: sadiku@ieee.org
Web: www.matthew-sadiku.com

DEDICADO À MINHA FALECIDA ESPOSA:

Kikelomo O. Sadiku

BREVE ÍNDICE

PREFÁCIO

O recente aparecimento da computação em nuvem é um dos maiores avanços na história da computação. A computação em nuvem é um paradigma de computação para a prestação de serviços de computação (como servidores, armazenamento, bases de dados, redes, software, análises, etc.) através da "nuvem" com preços de pagamento consoante o uso. O termo "nuvem" denota "a Internet", pelo que a "computação em nuvem" é também designada por "computação na Internet". A computação em nuvem é um meio de reunir e partilhar recursos de hardware e software em grande escala. Os utilizadores e as empresas podem aceder a aplicações a partir de qualquer parte do mundo e a qualquer momento. As empresas que oferecem estes serviços de computação são designadas por fornecedores de serviços de computação em nuvem e, normalmente, cobram pelos serviços de computação em nuvem com base na utilização.

A tecnologia de nuvem é uma das tecnologias emergentes mundialmente reconhecidas no novo milénio que muito provavelmente irá mudar a vida das pessoas. As organizações que não dispõem de recursos suficientes para construir a sua própria infraestrutura podem agora tirar partido dos serviços de nuvem para satisfazer as suas necessidades específicas. Em vez de construírem, possuírem e manterem a sua própria infraestrutura de TI, as empresas podem utilizar a nuvem para aceder a recursos tecnológicos como a capacidade de computação, o armazenamento e as bases de dados numa base de pagamento conforme o uso. Uma indústria precisa da nuvem pelas seguintes razões: (1) Força de trabalho móvel: permitir que os funcionários analisem dados em tempo real e tomem decisões em tempo real, (2) Minimizar as interrupções: com o tipo certo de configuração da nuvem, os problemas podem ser antecipados e resolvidos rapidamente, (3) Colaboração: com a tecnologia certa, a colaboração - bem como a transparência e a responsabilidade - é facilmente gerida, (4) Inovação: a inovação de produtos e a inovação de processos são armas poderosas para sobreviver ou prosperar num ambiente deste tipo, (5) Custos mais baixos: Não são necessárias aquisições de hardware, manutenção ou pessoal para operar os sistemas.

Este livro explora a computação em nuvem e as suas várias aplicações. Está organizado em doze capítulos que resumem a computação em nuvem e as suas aplicações.

Capítulo 1: Introdução: Este capítulo apresenta uma introdução à computação em nuvem. Abrange uma breve história, as caraterísticas essenciais e os factores tecnológicos da computação em nuvem. Apresenta diferentes serviços de computação em nuvem, modelos de implantação, computação em nuvem móvel, serviço de nuvem, aplicações, benefícios e desafios da computação em nuvem. Aborda a computação em nuvem como uma carreira.

Capítulo 2: Nuvem das coisas: Este capítulo aborda o paradigma da nuvem das coisas, que é uma combinação da computação em nuvem e da Internet das coisas (IoT). A computação em nuvem e a Internet das coisas (IoT) são tecnologias emergentes e de grande impacto. A IoT está a tornar-se tão difundida que se torna importante integrá-la na computação em nuvem.
A integração da IoT com a nuvem proporcionará flexibilidade, escalabilidade e robustez a todo o sistema. A nuvem das coisas é uma tecnologia inteligente que permite o acesso a serviços ou a qualquer coisa através da Internet a qualquer hora e em qualquer lugar. É o futuro da IoT.

Capítulo 3: Economia na nuvem: A economia é o estudo da tomada de decisões na produção, distribuição e consumo de bens e serviços. A economia da nuvem é o processo de examinar o impacto financeiro da computação em nuvem em uma organização. É o estudo dos custos e benefícios da computação em nuvem e os princípios econômicos que os sustentam. É uma abordagem para determinar se a migração para a nuvem é o passo certo para a sua empresa. A economia da nuvem irá moldar o futuro da indústria da computação em nuvem. Um economista da nuvem é um especialista em economia da nuvem: princípios, custos e benefícios.

Capítulo 4: Robótica na nuvem: Nas últimas décadas, a tecnologia robótica desenvolveu-se rapidamente e trouxe impactos socioeconómicos significativos para a vida humana. Afectou quase todos os aspectos da vida. Os robôs podem realizar proezas que nenhuma máquina atual consegue realizar. Atualmente, todas as tecnologias estão ligadas à computação em nuvem e os robôs não estão isentos. A robótica em nuvem pode ser considerada um ramo emergente da robótica que tenta incorporar tecnologias de nuvem, como a computação em nuvem, o servidor em nuvem e o armazenamento em nuvem. Combina os dois conceitos em rápida evolução da robótica e da computação em nuvem. Quando ligados à nuvem, os robots podem beneficiar dos poderosos recursos de computação, armazenamento e comunicação disponíveis na nuvem.

Capítulo 5: Fabrico em nuvem: A indústria transformadora é crucial para a economia de qualquer nação. Sempre foi uma indústria pilar das economias desenvolvidas. O fabrico em nuvem é uma abordagem emergente que adopta conceitos básicos bem conhecidos da computação em nuvem para os processos de fabrico e fornece serviços de fabrico partilhados, omnipresentes e a pedido. Num sistema de fabrico em nuvem, os recursos de fabrico podem ser ligados à Internet e geridos através de tecnologias IoT como a RFID, a rede de sensores com e sem fios e os dispositivos incorporados. Através do fabrico em nuvem, os recursos de fabrico são "virtualizados" e oferecidos como consumíveis da mesma forma que a eletricidade, o gás e a água, de uma forma paga conforme o uso.

Capítulo 6: Computação em nuvem nas empresas: As empresas precisam de meios para melhorar a sua eficiência, produtividade e desempenho geral no atual clima competitivo moderno, e a tecnologia de nuvem oferece um meio flexível de o fazer. Uma empresa pode melhorar a eficiência, aumentar a produtividade e economizar custos ao mover seus dados para a nuvem. A nuvem pode ajudar uma empresa a poupar dinheiro, a tornar-se mais ágil e a funcionar de forma mais eficiente. As várias vantagens da nuvem em termos de armazenamento infinito, segurança de dados, encriptação de dados, segurança de dados, flexibilidade e fiabilidade têm ajudado as empresas a concentrarem-se nos principais impulsionadores do negócio e na agilidade empresarial.

Capítulo 7: Computação em nuvem na educação: A educação desempenha um papel fundamental no crescimento económico de qualquer nação. O ensino e a aprendizagem já não se limitam aos manuais escolares e às salas de aula, mas envolvem a utilização de computadores e dispositivos móveis. Uma plataforma de nuvem facilita o acesso a recursos educativos para alunos e professores. Os planos de aula, os trabalhos de curso e as tarefas podem ser carregados, actualizados e acedidos em qualquer altura pelos alunos. É fácil para os educadores monitorizarem os trabalhos de curso e acederem ao progresso dos alunos sem se encontrarem pessoalmente. Os professores podem trabalhar a partir de qualquer lugar, ligar os seus alunos a vários programas e aplicações e guardar todos os seus planos de aula e trabalhos na nuvem. Após a rápida adoção da computação em nuvem no sector da educação, a educação tornou-se mais acessível e as instituições de ensino podem agora manter-se relevantes.

Capítulo 8: Computação em nuvem nos cuidados de saúde: Os cuidados de saúde referem-se ao serviço prestado aos indivíduos pelos prestadores de serviços de saúde para promover, manter, monitorizar ou restaurar a saúde. O sector da saúde tem hesitado em adotar a computação em nuvem devido à preocupação com a privacidade e a integridade dos dados. A computação em nuvem está a mudar a forma como os prestadores de cuidados de saúde (médicos, clínicas e hospitais) prestam serviços aos seus pacientes. É utilizada para criar uma rede entre doentes, médicos e instituições de saúde, fornecendo aplicações e serviços e mantendo todos os dados na nuvem.

Capítulo 9: Computação em nuvem na agricultura: A agricultura é uma das profissões mais antigas do planeta. A indústria agrícola precisa de ser mais inteligente para encontrar formas inovadoras de tirar mais partido de cada pedaço de terra. De acordo com as Nações Unidas, para alimentar a população mundial prevista de 9,7 mil milhões de pessoas em 2050, a produção agrícola tem de aumentar 69% entre 2010 e 2050. O sector agrícola está a passar por uma revolução tecnológica, para a qual a adoção da computação em nuvem é fundamental. A utilização da computação em nuvem na agricultura para monitorizar as entradas e saídas de culturas pode ajudar a satisfazer a procura de alimentos. A computação em nuvem ajuda a agricultura a alcançar a agricultura de precisão.

Capítulo 10: Computação em nuvem em mídia e entretenimento: A indústria dos media e do entretenimento (M&E) fornece a todos nós jornais impressos e online, revistas, televisão, rádio, filmes, jogos de vídeo, música e livros. Este sector proporciona sempre diversão, entretenimento, prazer e divertimento às pessoas. As empresas de M&E estão a utilizar a computação em nuvem para melhorar a sua eficiência operacional, reformular as relações com os clientes, simplificar as operações, melhorar a governação e criar novas oportunidades de mercado, aumentando simultaneamente a flexibilidade, a escalabilidade e a rentabilidade. A computação em nuvem tornou-se uma parte essencial da moderna indústria dos media e do entretenimento, fornecendo soluções mais eficientes e económicas para os desafios que as empresas de media e entretenimento enfrentam.

Capítulo 11: Big Data na computação em nuvem: Vivemos na era dos grandes dados. As organizações, as empresas e todos os tipos de instituições estão a gerar dados diariamente, que podem eventualmente tornar-se difíceis de gerir. A quantidade de informação recolhida está a aumentar significativamente a cada momento devido ao aumento do número de dispositivos que recolhem essa informação. Os grandes dados referem-se à informação, enquanto a computação em nuvem é o meio de aceder à informação. A computação em nuvem combinada com aplicações de grandes volumes de dados proporciona benefícios distintos, incluindo maior acesso à rede, escalabilidade, flexibilidade, sustentabilidade, melhor automatização, eficácia de utilização e partilha de recursos. Juntos, os grandes volumes de dados e a nuvem podem oferecer um enorme valor a todos os tipos de empresas.

Capítulo 12: Computação em nuvem verde: A computação em nuvem verde é a combinação da computação verde e da computação em nuvem, as duas áreas emergentes mais recentes da tecnologia de comunicação da informação. Essencialmente, significa utilizar a tecnologia de uma forma que ajuda o ambiente. Trata-se de uma ferramenta eficiente do ponto de vista energético que torna as empresas mais responsáveis do ponto de vista ambiental. Na nuvem verde, verde significa amigo do ambiente, enquanto a nuvem representa o modelo de prestação de serviços na Internet. Atualmente, as organizações aperceberam-se de que a ecologização é do seu interesse e estão a avançar para a implementação da computação em nuvem ecológica. A nuvem ecológica está a tornar-se a escolha preferida dos clientes e todos os principais intervenientes na nuvem estão a caminhar nessa direção.

Este é um texto introdutório abrangente sobre as questões, ideias, teorias e problemas da computação em nuvem. Fornece uma visão geral de cada uma das suas aplicações para que os principiantes possam compreender a computação em nuvem e a sua crescente importância e relevância. É um livro de leitura obrigatória para quem quer aprender sobre a computação em nuvem, que é sem dúvida uma das tecnologias mais importantes que surgiu na última década.

Estou grato pelo apoio da Dra. Annamalia Annamalai, chefe do Departamento de Engenharia Eletrotécnica e de Computadores, e da Dra. Pamela Obiomon, reitora da Faculdade de Engenharia da Prairie View A&M University, Prairie View, Texas. Um agradecimento especial é devido à minha mulher, a Dra. Janet Sadiku, por ter ajudado de várias formas.

- M. N. O. Sadiku

SOBRE O AUTOR

Matthew N. O. Sadiku obteve o seu diploma de licenciatura em 1978 na Universidade Ahmadu Bello, Zaria, Nigéria, e os seus diplomas de mestrado e doutoramento na Universidade Tecnológica do Tennessee, Cookeville, TN, em 1982 e 1984, respetivamente. No total, recebeu sete diplomas universitários. De 1984 a 1988, foi professor assistente na Florida Atlantic University, Boca Raton, FL, onde fez uma pós-graduação em ciências informáticas. De 1988 a 2000, esteve na Temple University, Filadélfia, PA, onde se tornou professor catedrático. De 2000 a 2002, trabalhou na Lucent/Avaya, Holmdel, NJ, como engenheiro de sistemas e na Boeing Satellite Systems, Los Angeles, CA, como cientista sénior. Atualmente, é professor emérito de engenharia eléctrica e informática na Prairie View A&M University, Prairie View, TX.

É autor de 1 220 artigos profissionais e de mais de 130 livros, incluindo "Elements of Electromagnetics" (Oxford University Press, 7.ª ed., 2018), "Fundamentals of Electric Circuits" (McGraw-Hill, 7th ed., 2020, com C. Alexander), "Computational Electromagnetics with MATLAB" (CRC Press, 4.ª ed., 2019), "Principles of Modern Communication Systems" (Cambridge University Press, 2017, com S. O. Agbo) e "Emerging Internet-based Technologies" (CRC Press, 2019). Para além dos livros de engenharia, escreveu livros cristãos, incluindo "Secrets of Successful Marriages", "How to Discover God's Will for Your Life" e comentários sobre todos os livros da Bíblia do Novo Testamento. Alguns dos seus livros foram traduzidos para francês, coreano, chinês (e chinês em forma longa em Taiwan), italiano, português, espanhol, alemão, holandês, polaco e russo.

Recebeu o prémio McGraw-HillJacob Millman de 2000 por contribuições notáveis no domínio da engenharia eléctrica. Foi também galardoado com o prémio Regents Professor em 2012-2013 pelo Texas A&M University System. É um engenheiro profissional registado e membro vitalício do Instituto de Engenheiros Eléctricos e Electrónicos (IEEE) "pelas suas contribuições para a eletromagnetismo computacional e o ensino da engenharia". Foi Presidente do Comité de Actividades Estudantis da Região 2 do IEEE. Foi editor associado da IEEE Transactions on Education. É também membro da Association for Computing Machinery (ACM) e da American Society of Engineering Education (ASEE). Os seus actuais interesses de investigação situam-se nas áreas da electromagnética computacional, ciência da computação/redes, educação em engenharia e aconselhamento matrimonial. Os seus trabalhos podem ser encontrados na sua autobiografia, "My Life and Work" (Trafford Publishing, 2017) ou no seu sítio Web: www.matthew-sadiku.com. Atualmente, reside com a sua mulher Janet em Westlake, na Florida. Pode ser contactado por correio eletrónico em sadiku@ieee.org

Índice

CAPÍTULO 1: INTRODUÇÃO

"A computação em nuvem é como a água do tabuleiro; só a utilizamos quando precisamos dela, mas está disponível 24 horas por dia, 7 dias por semana."

- Enamul Haque

1.1 INTRODUÇÃO

O recente aparecimento da computação em nuvem é um dos maiores avanços na história da computação. A computação em nuvem (CC) é um paradigma de computação para a prestação de serviços de computação (como servidores, armazenamento, bases de dados, redes, software, análises, etc.) através da "nuvem" ou da Internet, com preços de pagamento consoante o uso. Por conseguinte, a "computação em nuvem" é também designada por "computação na Internet". A CC foi comercializada pela primeira vez em 2006 pelo Elastic Compute Cloud (EC2) da Amazon. A palavra "nuvem" é uma metáfora para descrever a Web como um espaço onde a computação foi pré-instalada e existe como um serviço. Teve origem no hábito de desenhar a Internet como uma nuvem fofa em diagramas de rede. A nuvem permite-lhe aceder à sua informação a partir de qualquer lugar e em qualquer altura. A figura 1.1 apresenta um diagrama concetual da computação em nuvem [1].

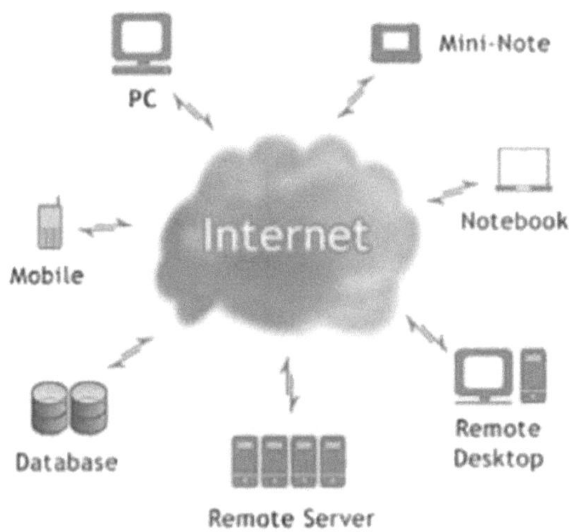

Figura 1.1 Uma computação em nuvem típica [1].

A computação em nuvem é um meio de reunir e partilhar recursos de hardware e software em grande escala. Os utilizadores e as empresas podem aceder a aplicações a partir de qualquer parte do mundo e a qualquer momento. As empresas que oferecem estes serviços de computação são designadas por fornecedores de serviços de computação em nuvem e, normalmente, cobram pelos serviços de computação em nuvem com base na utilização. O seu objetivo é transformar a computação num serviço de utilidade pública, como os serviços de água, gás, eletricidade e telefone. O principal objetivo da computação em nuvem é utilizar melhor os recursos distribuídos e resolver problemas de computação em grande escala [2]. A relação entre o utilizador e o fornecedor de serviços é apresentada na Figura 1.2 [3].

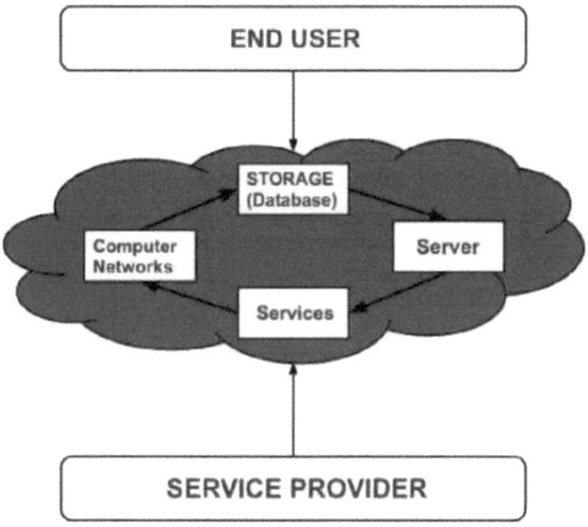

Figura 1.2 A relação entre o utilizador e o prestador de serviços [3].

Se utilizada corretamente, a computação em nuvem é uma tecnologia com grandes oportunidades para empresas de todas as dimensões. Uma indústria precisa da nuvem pelas seguintes razões [4]: (1) Força de trabalho móvel: permitir que os empregados analisem dados em tempo real e tomem decisões em tempo real, (2) Minimizar as interrupções: com o tipo certo de configuração da nuvem, os problemas podem ser antecipados e resolvidos rapidamente, (3) Colaboração: com a tecnologia certa, a colaboração - bem como a transparência e a responsabilidade - é facilmente gerida, (4) Inovação: a inovação de produtos e a inovação de processos são armas poderosas para sobreviver ou prosperar num ambiente deste tipo, (5) Custos mais baixos: Não é necessária a aquisição de hardware, manutenção ou pessoal para operar os sistemas.

Este capítulo apresenta uma introdução à computação em nuvem. Começa por apresentar um breve historial da computação em nuvem. Considera as caraterísticas essenciais e os facilitadores tecnológicos da computação em nuvem. Abrange diferentes serviços de computação em nuvem, modelos de implantação, computação em nuvem móvel e serviço de nuvem. Apresenta várias aplicações da computação em nuvem. Aborda a computação em nuvem como uma carreira. Examina as vantagens e os desafios da computação em nuvem. Prevê o futuro da computação em nuvem. A última secção apresenta algumas conclusões.

1.2 UMA BREVE HISTÓRIA DA COMPUTAÇÃO EM NUVEM

A nuvem é uma tecnologia em linha vital que é utilizada em todo o mundo. A computação em nuvem refere-se ao acesso e armazenamento de dados e à prestação de serviços relacionados com a computação através da Internet. A sua história é resumida da seguinte forma [5].

- A história da computação em nuvem começa na década de 1950, quando os computadores mainframe eram utilizados pelas grandes empresas.

- Na década de 1960, o cientista informático J.C.R. Licklider teve a visão de uma população global interligada que podia aceder a programas e dados em qualquer lugar.

- Em 1960, o termo "computação em nuvem" foi introduzido quando o cientista informático John McCarthy previu que a computação se tornaria um serviço de utilidade pública.

- Em 1969, cientistas informáticos trabalharam na Rede da Agência de Projectos de Investigação Avançada (ARPANET), um precursor da Internet moderna, com o objetivo de permitir que as pessoas estivessem interligadas através de computadores e pudessem aceder a informações a partir de qualquer lugar.

- Nas décadas de 1980 e 1990, mais empresas avançaram na utilização da computação em rede remota (nuvem).

- Em 1997, Ramnath Chellapa, da Universidade de Emory, definiu a computação em nuvem como o novo "paradigma da computação, em que os limites da computação serão determinados por razões económicas e não apenas por limites técnicos".

- Em 1999, a Salesforce tornou-se a primeira empresa a oferecer aplicações através da Internet, anunciando a chegada do software como um serviço.

- Em 2002, a Amazon criou a Amazon Web Services (AWS), fornecendo armazenamento e computação através da Internet.

- Em 2006, a Amazon lançou a primeira nuvem comercial - a Elastic Computer Cloud (EC2), oferecendo serviços online a outros sítios Web ou clientes. Em breve, seguiram-se a Microsoft, a Google, a Oracle e outros.

- Em 2014, a computação em nuvem tinha desenvolvido as suas caraterísticas básicas e a segurança tinha-se tornado uma grande preocupação.

- Em 2016, a nuvem começou a mudar de amiga do programador para orientada para o programador.

1.3 FACILITADORES TECNOLÓGICOS

A arquitetura da computação em nuvem consiste numa rede maciça de servidores interligados, muitas vezes com uma interface de front-end de fácil utilização, que permite aos utilizadores selecionar serviços. A computação em nuvem permite o acesso à coleção de recursos informáticos através da Internet. O software e os recursos associados são alojados na nuvem e podem ser avaliados pelos dispositivos informáticos do utilizador, como o computador de secretária, o computador portátil, o smartphone e o tablet.

A computação em nuvem é essencialmente uma combinação de muitas tecnologias pré-existentes. Os principais factores tecnológicos para a computação em nuvem incluem: tecnologias de virtualização, computação em grelha, computação distribuída, multilocação e elasticidade [6-8].

1. *Virtualização:* A principal caraterística da computação em nuvem é a ideia de virtualização, que permite que um sistema operativo seja executado em várias implementações de hardware. É uma das tecnologias que permitem a elasticidade. A virtualização separa o software do hardware. É a tecnologia que utiliza um recurso físico, como um servidor, e o divide em recursos virtuais conhecidos como máquinas virtuais. Existem três formas de virtualização: virtualização de servidor, virtualização de armazenamento e virtualização de rede. A virtualização de servidores aumenta a partilha de recursos, mascarando os recursos do servidor, como processadores, sistemas operativos, RAM, etc., para os utilizadores do servidor. A virtualização do armazenamento é o agrupamento do armazenamento físico dos dispositivos de armazenamento num único dispositivo de armazenamento que é gerido centralmente. A visualização de rede é
um meio de combinar recursos numa rede, dividindo a largura de banda disponível em canais independentes.
2. *Computação em grelha:* Tal como a computação distribuída, a computação em grelha foi motivada pela rede de energia eléctrica. A computação em nuvem é considerada uma evolução da computação em grelha. A computação em grelha refere-se a uma arquitetura distribuída de um grande número de computadores ligados para resolver um problema complexo. Permite que os computadores da rede trabalhem numa tarefa em conjunto, comportando-se como um supercomputador [9].
3. *Computação distribuída:* A computação em nuvem é um paradigma de computação distribuída, que permite um conjunto de recursos altamente elástico. As nuvens são construídas para partilhar a computação, a memória, o armazenamento e outros recursos. O balanceamento de carga estabelece um algoritmo para a atribuição de tarefas aos nós da nuvem. Todos os computadores em sistemas distribuídos são bastante independentes e não partilham recursos. Cada computador tem a sua própria responsabilidade.
4. *Multitenancy:* Isto implica a partilha de um único conjunto de infra-estruturas entre vários clientes e intervenientes. A virtualização ajuda a fornecer a capacidade de multitenantismo da infraestrutura. A multilocação implica que vários inquilinos partilhem recursos computacionais, armazenamento, base de dados, serviços, computação, memória e outros recursos com outros inquilinos. Esta partilha viola a confidencialidade dos locatários. Para um multilocatário seguro, deve existir um certo grau de isolamento entre os dados dos locatários.
5. *Elasticidade:* Refere-se à capacidade de aumentar e tratar automaticamente grandes volumes de tráfego ou de diminuir e utilizar menos recursos quando necessário, maximizando a utilização dos recursos. Implica que os utilizadores podem aumentar ou diminuir os recursos da infraestrutura de forma dinâmica com base na procura atual. Quando automatizada, a elasticidade permite que um fornecedor de nuvem monitore continuamente a infraestrutura de um cliente e a dimensione sob demanda.

1.4 SERVIÇOS EM NUVEM

A computação em nuvem (CC) não é um único produto ou peça de tecnologia. Trata-se antes de um sistema que presta essencialmente três serviços diferentes. Os serviços prestados pela CC são apresentados na Figura 1.3 e explicados de seguida.

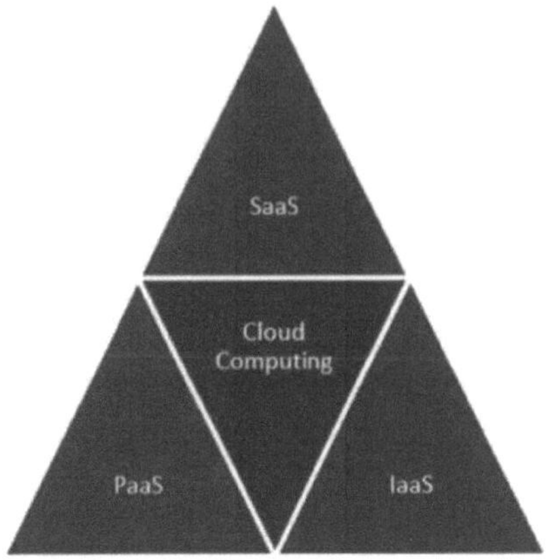

Figura 1.3 Serviços de computação em nuvem.

- *Infraestrutura como serviço* (IaaS): Esta é a mais simples das ofertas de computação em nuvem. Envolve o fornecimento de enormes recursos informáticos, como a capacidade de armazenamento, processamento, sistemas operativos, servidores, capacidade de computação, firewalls, largura de banda e rede, que constituem a infraestrutura de computação em nuvem subjacente. Permite aos utilizadores alugar qualquer tipo de hardware e software e aceder remotamente a recursos informáticos numa base de pagamento por utilização. As principais vantagens da IaaS são o pagamento por utilização, a segurança e a fiabilidade. A IaaS é também conhecida como Hardware-as-a-Service (HaaS). Um exemplo de IaaS é o Amazon Elastic Compute Cloud (EC2), a IBM e a Amazon utilizam IaaS.
- *Plataforma como serviço* (PaaS): Suporta o desenvolvimento de aplicações Web de forma rápida e fácil. O cliente pode criar as suas próprias aplicações, que são executadas na infraestrutura do fornecedor de serviços em nuvem. Surgiu devido à natureza subóptima da IaaS para a computação em nuvem e a criação de aplicações Web. Muitas grandes empresas procuram dominar a plataforma de computação em nuvem, tal como a Microsoft dominava o computador pessoal (PC). Exemplos de PaaS são o Google App Engine e o Microsoft Azure.
- *Software como um serviço* (SaaS): Também conhecido como Software-as-a-Server ou Software-on-demand. Fornece um serviço (aplicações de software através da Internet) que é diretamente consumível pelo utilizador final. Trata-se de um software implantado na Internet. Trata-se de um serviço de pagamento consoante o uso. Procura substituir as aplicações que correm no PC. Google, Twitter e Facebook são exemplos típicos de SaaS. O Gmail, a AOL, o Yahoo e o Skpe utilizam SaaS.

Com a maturidade da computação em nuvem, estão a ser introduzidos vários tipos de serviços que se sobrepõem a estas arquitecturas. Estes incluem o hardware como serviço

(HaaS), a aplicação como serviço (AaaS), a rede como serviço (NaaS), o armazenamento de dados como serviço (dSaaS), a TI como serviço (ITaaS), as funções como serviço (FaaS), a cooperação como serviço (CaaS) e o município como serviço (MaaS). A Figura 1.4 ilustra algumas caraterísticas da computação em nuvem [10].

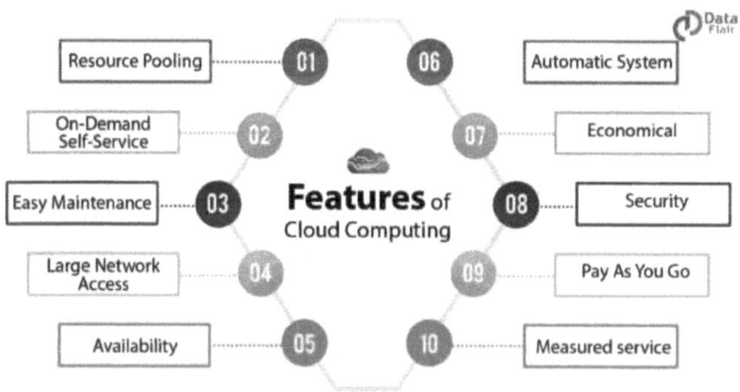

Figura 1.4 Algumas caraterísticas da computação em nuvem [10].

Os principais fornecedores de computação em nuvem incluem a IBM, a Microsoft, a Cisco, a Oracle, a Sun e a Siemens. Várias empresas, incluindo a IBM, a Microsoft, a Google, a Verizon, a Amazon, a Rackspace, a Eucalyptus e a Netflix, começaram a oferecer diversos serviços de computação em nuvem aos seus clientes. Estes são os produtos de computação em nuvem dominantes. Outros incluem o Force.com da Salesforce, o Dropbox, o iCloud (Apple) utilizado a nível mundial, o Ucloud (KT) emergente na Coreia, o Mobile office (KT) e o Mobile share (AT&T). As tarifas dos serviços em nuvem baseiam-se em três itens principais: armazenamento, largura de banda e computação. O armazenamento é a quantidade de dados (em GB) armazenados durante um período mensal. A largura de banda é calculada com base na quantidade de dados (em GB) transferidos para dentro e para fora do serviço da plataforma através de processamento em lote e transação.

1.5 MODELOS DE IMPLANTAÇÃO

As aplicações e as bases de dados são transferidas para os centros de dados centralizados, conhecidos como nuvens. Existem três modelos de implantação de nuvem. A Figura 1.5 mostra a relação entre eles [11].

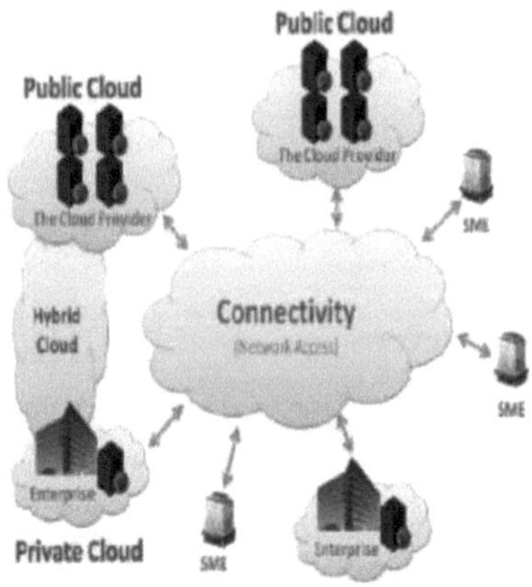

Figura 1.5 Tipos de modelos de implantação [11].

- *Nuvem pública:* Este termo descreve a computação em nuvem no sentido tradicional. Caracteriza-se pela disponibilidade pública dos serviços de computação em nuvem. Permite que os utilizadores acedam à nuvem através de interfaces que utilizam navegadores Web. É quando os serviços são fornecidos através de uma rede aberta ao público. É um meio económico e elástico de implementar uma solução. Normalmente, baseia-se num modelo de pagamento por utilização. É menos seguro do que os outros modelos de nuvem. Exemplos típicos de nuvem pública são o Google e o Facebook. Os fornecedores de serviços de nuvem pública operam a infraestrutura no seu centro de dados e fornecem acesso através da Internet.
- *Nuvem híbrida:* Este é o ambiente de nuvem que oferece os benefícios de vários modelos de implantação. Fornece soluções através de uma mistura de nuvens privadas e públicas. O seu principal ponto forte é o facto de proporcionar a melhor escala e conveniência de uma nuvem pública, bem como o controlo e a fiabilidade da computação em nuvem privada. A sua adoção depende de vários factores, como a segurança dos dados, os requisitos de conformidade e o nível de controlo necessário sobre os dados.
- *Nuvem privada:* Descreve a oferta que disponibiliza serviços de nuvem para uma única organização privada designada. Ela é criada dentro do data center de uma organização. É diferente da nuvem pública, pois todos os recursos e aplicativos são gerenciados pela organização. É mais segura do que a nuvem pública porque apenas as partes interessadas da organização têm permissão para acessar a nuvem privada. Quando construída adequadamente, ela pode melhorar os negócios. O Eucalyptus foi o primeiro a implantar nuvens privadas.

Para além destes, outros modelos de implantação da computação em nuvem incluem a computação em nuvem comunitária, a nuvem distribuída, a computação em nuvem privada partilhada, a computação em nuvem privada dedicada, a multicloud e as nuvens privadas dinâmicas.

1.6 COMPUTAÇÃO MÓVEL EM NUVEM

Atualmente, os dispositivos móveis são muito utilizados. O número de utilizadores de dispositivos móveis está a aumentar devido à constante melhoria dos dispositivos móveis de fácil utilização. A computação em nuvem móvel está a ganhar rapidamente popularidade entre os utilizadores de dispositivos móveis, uma vez que é capaz de oferecer capacidades de computação em nuvem num ambiente móvel. É provável que a utilização maciça da computação em nuvem no mundo em desenvolvimento se faça através de dispositivos móveis. Os dispositivos móveis tornaram-se parte indispensável das tecnologias da informação e da comunicação. Atualmente, estão limitados pela duração da bateria, pelo armazenamento, pela largura de banda e pela potência. Uma aplicação móvel é um software concebido para funcionar num dispositivo móvel. A nova geração de aplicações móveis basear-se-á em infra-estruturas de computação em nuvem.

A computação móvel em nuvem combina a computação em nuvem, a computação móvel e as redes sem fios para disponibilizar recursos computacionais aos utilizadores móveis e aos operadores de rede. Integra a computação em nuvem com dispositivos móveis e combina as vantagens da computação móvel e da computação em nuvem [12]. Embora os utilizadores móveis beneficiem do armazenamento dos seus dados na nuvem, devem preocupar-se com a integridade e a autenticação dos dados. A integração da computação em nuvem, dos dispositivos móveis e das redes móveis sem fios levanta questões como a confiança, a segurança, a privacidade e os recursos limitados dos dispositivos móveis. As aplicações da computação móvel incluem os cuidados de saúde móveis, o comércio móvel, a aprendizagem móvel, os jogos móveis e a administração pública móvel [13].

1.7 DOMÍNIOS DE APLICAÇÃO

A computação em nuvem é uma tecnologia emergente para a comunidade científica e é utilizada em várias disciplinas. A computação em nuvem é utilizada no ensino, nas grandes empresas, nas pequenas e médias empresas, no fabrico, na cadeia de abastecimento, na automatização industrial, nas ciências da vida, na farmácia, na administração pública eletrónica e nos cuidados de saúde.

- *Fabrico:* O fabrico é a produção de produtos utilizando matérias-primas, mão de obra, máquinas e ferramentas. As principais instalações de produção da maioria das empresas funcionam 24 horas por dia, 7 dias por semana. A indústria transformadora sempre foi um pilar das economias desenvolvidas. Esta indústria é crucial para a economia de qualquer nação. Atualmente, a indústria transformadora está a mudar de uma indústria orientada para a produção para uma indústria orientada para os serviços. O fabrico em nuvem (CM) (também conhecido como fabrico como serviço (MaaS)), está a emergir recentemente como um novo paradigma de fabrico promissor. Refere-se a uma abordagem centrada no cliente para permitir o acesso à rede ubíquo, conveniente e a pedido a um conjunto partilhado de recursos e capacidades de fabrico que podem ser rapidamente disponibilizados e libertados com um esforço mínimo de gestão. Transforma os recursos e as capacidades de fabrico em serviços de fabrico. O fabrico em nuvem está pronto para se tornar o novo modo de fabrico orientado para os serviços. É o futuro do fabrico [4,14].

- *Cuidados de saúde:* A computação em nuvem é uma nova tecnologia emergente que pode ser integrada nos cuidados de saúde. É amplamente adoptada por organizações de cuidados de saúde em todo o mundo. Está a tornar-se uma ferramenta vital para os profissionais de saúde em todo o mundo. Está a mudar a forma como os médicos, enfermeiros, clínicas, companhias de seguros, farmacêuticos, pessoal de laboratório e pessoal hospitalar prestam cuidados de saúde rentáveis aos doentes. Os especialistas afirmam que a computação em nuvem pode melhorar os serviços de saúde e beneficiar a investigação no domínio dos cuidados de saúde. Por exemplo, a computação em nuvem pode ajudar as organizações de cuidados de saúde a partilhar informações como o registo de dados electrónicos, receitas médicas, informações sobre seguros e resultados de exames. A nuvem facilita o arquivo e a utilização dos registos dos doentes e das imagens médicas. É utilizada para criar uma rede entre doentes, médicos e instituições de cuidados de saúde, fornecendo aplicações, serviços e mantendo todos os dados na nuvem [15,16].

- *Indústria química:* A indústria química é considerada um dos maiores sectores. Todos os segmentos da indústria química - incluindo produtos químicos de base e intermédios, polímeros, fibras e elastómeros, produtos químicos agrícolas, tintas e revestimentos, gases industriais e outros - estão bem posicionados para tirar partido das vantagens significativas das tecnologias emergentes, como a Internet das coisas industrial e a computação em nuvem. A investigação em química teórica, como a Química Quântica, a Modelação Molecular, a Dinâmica Molecular, a Cinética Química Teórica e a Cherninformática, exige um custo computacional elevado que foi consideravelmente reduzido devido à computação em nuvem. As empresas químicas que aspiram a ser líderes e vencedoras devem adotar a computação em nuvem para reimaginar as suas actividades [17].
- *Empresas farmacêuticas:* Estas empresas consideram a computação em nuvem muito atractiva, uma vez que lhes oferece a promessa de uma análise e um processamento de dados eficientes e económicos, bem como uma segurança a vários níveis. Outro fator a favor da computação em nuvem é o seu modelo de negócio de baixo custo e de pagamento conforme o crescimento. Os primeiros a adotar a computação em nuvem, como a Pfizer, a Johnson & Johnson e a Eli Lily, utilizaram todos os Amazon Web Services (AWS) e o Amazon EC2. Conseguiram realizar I&D utilizando a nuvem e processar proteómica, bioinformática e estatística [18].
- *Petróleo e gás:* A computação em nuvem pode ser benéfica para as indústrias de petróleo e gás de muitas maneiras: visualização fácil de dados de levantamento geológico de todo o campo petrolífero, rastreamento de quaisquer flutuações nos dados e auto-correção dos mesmos, expansão do negócio para uma escala maior e escolha da melhor tecnologia disponível e apropriada que será útil para os exploradores. As empresas petrolíferas e de gás de todo o mundo estão a adotar as vantagens proporcionadas pelas nuvens privadas, uma vez que são demasiado grandes e numerosas para serem ignoradas [19].
- *Automação industrial:* As fábricas de automatização de processos podem adotar a computação em nuvem para resolver desafios comerciais e utilizar a rápida disseminação de modelos de serviços baseados na Internet. As aplicações adequadas à tecnologia de computação em nuvem para a automatização industrial incluem a manutenção baseada nas condições, a manutenção preditiva e a gestão de activos [20].

- *Administração pública eletrónica:* A promessa dos serviços em nuvem vai ao encontro do interesse de vários governos em todo o mundo. Estes governos estão conscientes da forma como o dinheiro dos contribuintes é gasto e estão interessados em encontrar formas de fazer mais com menos. O governo é frequentemente o maior utilizador de TI de um país. A computação em nuvem pode melhorar a forma como os governos operam e prestam serviços. Os principais componentes da administração pública aberta são o envolvimento dos cidadãos, os dados abertos, a colaboração e a inovação. Cada um destes componentes pode utilizar a nuvem. Algumas nações em desenvolvimento enfrentam desafios difíceis, como a corrupção, a má gestão pública, a falta de transparência e a insuficiência de competências informáticas. A computação em nuvem tem o potencial de revolucionar a administração pública em linha e fornecer uma base para enfrentar alguns dos desafios [21-23].

- *Empresas:* As empresas querem sempre infra-estruturas de TI seguras, fiáveis e económicas. Para cumprir estes requisitos, a computação em nuvem está a atrair o interesse das empresas, pequenas e grandes, em todo o mundo, que começaram a transferir mais funções empresariais essenciais para as plataformas de nuvem. Embora a adoção da computação em nuvem em ambientes empresariais não seja uma tarefa fácil, a CC poupa custos e tempo às empresas. Proporciona agilidade empresarial e facilita às empresas a expansão dos seus serviços de acordo com a procura dos clientes [24]. Permite que as empresas subcontratem todo o seu processo informático, de modo a poderem concentrar-se mais na sua atividade principal. Atualmente, os serviços em nuvem estão disponíveis a preços razoáveis e são acessíveis a todas as escalas de empresas.

A computação em nuvem também é utilizada no sector militar, na rede inteligente, no entretenimento e nos sistemas de informação geográfica (SIG). Algumas destas aplicações serão analisadas em pormenor mais adiante neste livro.

1.8 A COMPUTAÇÃO EM NUVEM COMO CARREIRA

Na era digital, a computação em nuvem tornou-se uma parte necessária de quase todos os sectores. Uma vez que a computação em nuvem afecta muitos aspectos da nossa vida, os profissionais da nuvem são muito procurados. É importante que todos os tipos de profissionais compreendam como a tecnologia de computação em nuvem pode ser implementada nos seus próprios domínios. Esta secção abrange as informações necessárias para uma carreira no domínio da computação em nuvem. Independentemente da fase da carreira em que se encontra, é necessário ter uma base sólida nas seguintes áreas [25]:

- *Linguagens de programação.* As linguagens específicas incluem Java, JavaScript, Go, MATLAB e Python. É necessário dominar pelo menos uma linguagem de programação.
- *Gestão e programação de bases de dados.* As pessoas familiarizadas com SQL, NoSQL e Linux terão vantagem.
- *IA e aprendizagem automática.* Estas duas tecnologias ajudam a agilidade e a eficiência das empresas através do processamento e da análise de padrões, da obtenção de conhecimentos com base nesses dados e da facilitação de uma tomada de decisões mais rápida e exacta.
- *Compreensão e experiência com tecnologias e fornecedores de serviços em nuvem.* Alguns dos maiores fornecedores de serviços de computação em nuvem nos EUA incluem a Amazon, a Google, a Microsoft e a Oracle, que possuem enormes parques de servidores que alugam a empresas como parte dos seus serviços de computação em nuvem. Outros fornecedores de serviços de nuvem notáveis incluem a IBM Cloud, a Oracle Cloud e a Alibaba Cloud

Também pode ser necessário obter uma certificação e alguma experiência prática. Os candidatos devem também desenvolver competências transversais, como comunicação, resolução de problemas e colaboração. Quando estiver familiarizado com estas áreas e desenvolver as competências necessárias, pode seguir qualquer uma das seguintes carreiras relacionadas com a nuvem, onde pode pôr essas competências em prática [25,26]:

1. *Administrador de nuvem:* Estes profissionais da nuvem gerem a presença e a infraestrutura da nuvem de uma empresa. Desenvolvem, aplicam e actualizam as políticas relativas à forma como os funcionários e os utilizadores acedem aos serviços na nuvem. Têm de ter um diploma de bacharel em ciências informáticas, sistemas de informação de gestão ou um domínio relacionado.

2. *Engenheiro de nuvem:* Um engenheiro de nuvem é um profissional de TI que constrói, expande e melhora a infraestrutura de nuvem. Os engenheiros de nuvem são especialistas em resolução de problemas que prestam assistência aos clientes. Devem ter excelentes capacidades de comunicação e experiência prévia em apoio técnico e depuração. Um engenheiro de segurança da nuvem trata das medidas de segurança que protegem os dados no sistema de nuvem. Concebe, implementa e testa novas funcionalidades de segurança, como firewalls, encriptações e proteção por palavra-passe. É necessário um diploma de bacharel ou superior em engenharia informática, ciência da computação ou outra área de TI, além de experiência com linguagens de programação como Java e Python. A Figura 1.6 mostra um engenheiro de nuvem típico [26].

Figura 1.6 Um engenheiro de nuvem típico [26].

3. *Consultor de nuvem:* os consultores de nuvem têm um vasto conhecimento das tecnologias de nuvem e fornecem orientação às empresas que procuram ferramentas baseadas na nuvem. Normalmente, estes especialistas avaliam as necessidades de uma empresa e sugerem software e dispositivos que melhor satisfazem os requisitos técnicos e orçamentais da empresa. Necessitam de um diploma de bacharelato em informática e de um Master of Business Administration (MBA).

4. *Arquiteto de nuvem:* Pode considerar a arquitetura da nuvem como a estrutura dentro da qual operam todas as outras tecnologias de nuvem. Um arquiteto de nuvem trabalha para um cliente ou cliente, concebendo e supervisionando a sua estratégia de computação

em nuvem. Os arquitectos de nuvem garantem que tudo se mantém no caminho certo e dentro do orçamento e que a transição da empresa para as operações de nuvem decorre sem problemas. É necessário um diploma de bacharelato ou superior em ciências informáticas, sistemas de informação ou num domínio relacionado.

A computação em nuvem abriu um mundo de novas oportunidades para estes e outros profissionais de TI. A maioria das funções actuais centra-se na modernização de aplicações, na migração de cargas de trabalho e noutras actividades para tirar o máximo partido da nuvem.

1.9 BENEFÍCIOS

A computação em nuvem tem o potencial de trazer uma série de benefícios para aqueles que a adoptam. As principais vantagens da computação em nuvem incluem a eficiência dos custos, a rapidez e a agilidade, a produtividade e a escalabilidade global. Alguns desses benefícios/vantagens são explicados a seguir e ilustrados na Figura 1.7 [27].

Figura 1.7 Vantagens da computação em nuvem [27].

1. *Eficiência de custos:* Esta é a maior vantagem da adoção da computação em nuvem. A

computação em nuvem elimina ou minimiza a despesa de capital que consiste em investir fortemente na compra e no funcionamento de hardware e software em centros de dados e servidores no local. Por outras palavras, não há investimento inicial. Ao utilizar a computação em nuvem, pode obter um custo variável mais baixo do que aquele que poderia obter por si próprio. A computação em nuvem permite-lhe deixar de gastar dinheiro na gestão e manutenção de centros de dados e servidores. Requer menos pessoal de TI.

2. *Rapidez e agilidade:* A computação em nuvem traz agilidade, velocidade, disponibilidade instantânea de recursos e ferramentas que permitem a colaboração e a inovação. Num ambiente de computação em nuvem, os novos recursos de TI estão sempre à distância de um clique. Isto resulta num aumento dramático da agilidade para a organização.

3. *Produtividade:* A computação em nuvem aumenta a produtividade quando vários utilizadores podem trabalhar com os mesmos dados em simultâneo, em vez de esperar que sejam guardados e enviados por correio eletrónico. Permite que os seus empregados trabalhem a partir de qualquer lugar e em qualquer altura, desde que tenham acesso à Internet. Aumenta a flexibilidade dos empregados.

4. *Facilidade de acesso:* Os dados e as aplicações estão acessíveis a partir de qualquer computador ligado em qualquer lugar, 24 horas por dia, 7 dias por semana. O utilizador pode aceder ao ambiente da nuvem não só a partir do sistema, mas também através de várias opções, que incluem tablets, IPad e telemóveis. Não só aumenta a eficiência como melhora os serviços prestados aos consumidores. Os utilizadores podem consultar o seu correio eletrónico em qualquer computador e até armazenar ficheiros utilizando serviços como o Dropbox, WeTransfer e Google Drive. Os utilizadores descobrem que, quando carregam as suas fotografias, documentos e vídeos para a nuvem e depois os recuperam quando lhes convém, poupam espaço de armazenamento nos seus computadores de secretária ou portáteis.

5. *Escalabilidade global:* A escalabilidade é uma caraterística incorporada nas implementações na nuvem. Com a computação em nuvem, é possível passar rapidamente de pequeno para grande. A computação em nuvem tem a capacidade de escalar elasticamente, o que significa fornecer a quantidade certa de recursos de TI quando é necessário e a partir da localização geográfica correta.

Outras vantagens da computação em nuvem são o baixo custo, os recursos flexíveis, a rapidez de colocação no mercado, o autosserviço a pedido, o acesso ubíquo à rede, a partilha de recursos independente da localização, a transferência de riscos, a facilidade de gestão, a redução de custos, a computação ecológica, a poupança de custos, a flexibilidade, a facilidade de acesso, a qualidade do serviço, a rápida escalabilidade, a resiliência e a fiabilidade. Embora a computação em nuvem ofereça vários benefícios, muitos dos principais intervenientes poderão hesitar até que alguns dos seus desafios sejam resolvidos.

1.9 DESAFIOS

Tal como acontece com qualquer inovação disruptiva, existem desafios associados à computação em nuvem. Esses desafios incluem a segurança, a privacidade, a incerteza dos custos, a latência, a fiabilidade e a regulamentação.

1. Segurança: Este é o maior desafio para a tecnologia de computação em nuvem. A segurança da informação consiste em manter os dados secretos. Os sistemas de computação em nuvem envolvem redes que são propensas a problemas de cibersegurança, como a manutenção da confidencialidade dos dados, a integridade dos dados e a disponibilidade do sistema. Há quem veja a segurança como um obstáculo à utilização da nuvem, especialmente quando se trata de registos médicos e informações financeiras sensíveis. A entrega de informações confidenciais a outra empresa faz com que alguns se sintam inseguros. Os fornecedores, os investigadores e os profissionais de segurança estão a trabalhar nas questões de segurança associadas à computação em nuvem [28,29].

2. Privacidade: A computação em nuvem coloca problemas de privacidade porque o fornecedor de serviços pode aceder aos dados que estão na nuvem a qualquer momento. Como os dados são acedidos a partir de qualquer local, a privacidade do utilizador pode ser comprometida. Os utilizadores podem não saber onde os seus dados estão a ser armazenados e quem terá o privilégio de aceder aos mesmos. Alguns utilizadores receiam que as suas informações pessoais possam ser utilizadas para fins comerciais pelo fornecedor de serviços [30].

3. Incerteza dos custos: Não existe um preço padrão para os serviços em nuvem. Os fornecedores de serviços de computação em nuvem cobram de forma diferente o armazenamento de dados, a memória, a CPU, a largura de banda, etc. Este facto cria incerteza e torna difícil estimar os benefícios financeiros da computação em nuvem.

4. Latência: Para algumas aplicações, a latência é outro problema da computação em nuvem. Trata-se do atraso entre o pedido de dados e a sua entrega final. Mesmo uma ligação por satélite de elevada largura de banda pode conduzir a um desempenho de fraca qualidade devido à elevada latência. A qualidade do serviço (QoS) da computação em nuvem continua a colocar desafios significativos.

5. Regulamentos: As nuvens de computação cresceram para incluir utilizadores de diferentes países, movendo frequentemente informações pessoais entre várias jurisdições. Alguns fornecedores de computação em nuvem alocam os seus centros de dados em vários países. Por exemplo, os servidores de computação em nuvem da Google encontram-se em diferentes locais nas Américas, na Ásia e na Europa. Os fornecedores de serviços de computação em nuvem são confrontados com a legislação internacional relativa à proteção de dados e à regulamentação da privacidade [31] . A regulamentação garante que os actores dominantes não abusem da sua posição. As regulamentações de conformidade podem estar relacionadas com a localização, a segurança, a privacidade, etc. Além disso, existe o problema da falta de normas [32].

Outros desafios incluem a perda de controlo técnico/organização, a portabilidade dos dados e a compatibilidade do software. Organizações como a Cloud Security Alliance (www.cloudsecurityalliance.org) e o Trusted Computing Group (https://trustedcomputinggroup.org) estão a abordar estas preocupações e a desenvolver normas e especificações para a computação em nuvem. Embora as preocupações ou os desafios estejam a abrandar a adoção da computação em nuvem, esta tem abalado o mundo empresarial. Os prós superam os contras da computação em nuvem [33].

1.10 TENDÊNCIAS FUTURAS

Estamos quase no início da era da nuvem; é difícil prever o impacto da computação em nuvem na nossa sociedade. Até a educação está a mudar para a nuvem. Isto permite que cada aluno tenha acesso a todos os recursos necessários para a aula. Embora as infra-estruturas do tipo nuvem tenham vindo para ficar, a computação em nuvem não está totalmente madura e precisa de ser explorada. A comunidade científica vê a computação em nuvem como parte da solução para fazer face ao aumento do volume de dados.

A computação em nuvem está a despertar um enorme interesse em quase todas as áreas de utilização computacional. Tornou-se popular entre os utilizadores e as empresas de todo o mundo. Está apenas a emergir e há espaço para melhorias. Neste ponto, analisamos alguns exemplos de tecnologias que irão determinar o futuro da CC.

As infra-estruturas de computação em nuvem estão a evoluir e a exigir novos modelos de computação para responder às exigências das aplicações em grande escala. A computação em nuvem está a surgir para acomodar aplicações móveis mais inovadoras. A computação em nuvem voluntária (também conhecida como nuvem peer-to-peer ou nuvem ad-hoc) envolve grupos de pessoas que oferecem os seus recursos informáticos porque acreditam nos objectivos de um determinado projeto de nuvem [34,35].

A computação em nuvem em VANETs (CC-V) é a próxima mudança de paradigma que a computação em nuvem oferece soluções viáveis e inteligentes para questões de tráfego. A computação em nuvem veicular é a realização de uma nuvem autónoma entre veículos para partilhar os seus recursos [36].

As redes definidas por software (SDN) surgiram como o futuro paradigma das redes. As redes definidas por software (SDN) dão resposta ao facto de as redes tradicionais não suportarem as necessidades dinâmicas e escaláveis de computação e armazenamento das aplicações actuais. Através da orquestração de SDN e da computação em nuvem, os recursos de rede podem ser integrados para fornecer serviços de transporte de rede de ponta a ponta [37].

1.11 CONCLUSÃO

A computação em nuvem surgiu como uma tecnologia inovadora para a partilha de recursos através da Internet. É uma tecnologia disruptiva e global que está a mudar radicalmente a forma como a computação é feita. Fornece infra-estruturas, plataformas e software aos consumidores de uma forma paga conforme o uso. Sendo a próxima geração de serviços a pedido através da Internet, teve um impacto significativo nos indivíduos, nos cuidados de saúde, na educação e no comércio eletrónico. Está a tornar-se omnipresente e generalizada na nossa vida quotidiana; muitos já a utilizaram sem se aperceberem disso [38]. Deixou a sua marca e continuará a ser popular. As empresas em fase de arranque e as pequenas e médias empresas estão a utilizar a computação em nuvem com grande vantagem.

No mercado de trabalho atual, compensa ter competências que são procuradas. A computação em nuvem oferece uma série de oportunidades de carreira interessantes com salários competitivos. Mais informações sobre a computação em nuvem podem ser encontradas nos livros [39-64] e nas seguintes revistas relacionadas:

- *Jornal de Computação em Nuvem*
- *Computação em nuvem do IEEE*
- *Transacções IEEE sobre computação em nuvem*
- *Jornal internacional de aplicações e computação em nuvem*
- *Revista Internacional de Computação em Nuvem e Ciência dos Serviços*
- *Jornal do i-manager sobre computação em nuvem*

REFERÊNCIAS

[1] C. Nkhata, "A simple explanation of 'cloud computing' for non-techie people," http://www.chenkankhata.com/2011/06/simple-explanation-of-cloud-computing.html

[2] M. N. O. Sadiku, S. M. Musa, e O. D. Momoh, "Cloud computing: Opportunities and challenges", *IEEE Potentials,* Jan./Fev. 2014, pp. 34-36.

[3] "História da computação em nuvem". https://www.geeksforgeeks.org/history-of-cloud-computing/

[4] M. N. O. Sadiku, Y. Wang, S. Cui e S.M. Musa, "Cloud Manufacturing", *International Journal of Advanced Research in Computer Science and Software Engineering,* vol. 8, n.º 2, Fev. 2018, pp. 39-41.

[5] K. D. Foote, "A brief history of cloud computing," dezembro de 2021, https://www.dataversity.net/brief-history-cloud-computing/

[6] S. Azodolmolky, P. Wieder e R. Yahyapour, "Cloud computing networking: challenges and opportunities for innovations", *IEEE Communications Magazine,* julho de 2013, pp. 54-62.

[7] K. E. Kushida, J. Murray e J. Zysman, "Cloud computing: From scarcity to abundance," *Journal of Industry, Trade and Competitiveness,* vol. 15, Feb. 2015, pp. 519.

[8] S. M. Hahemi e A. Hanani, "Cloud computing: Use cases and various applications," *Journal of Advanced Computer Science and Technology,* vol. 3, no. 2, 2014, pp. 160-168.

[9] M. N. O. Sadiku, A. E. Shadare e S.M. Musa, "Grid computing", *International Journal of Advanced Research in Computer Science and Software Engineering,* vol. 7, n.º 6, junho de 2017, pp. 5-6.

[10] "Caraterísticas da computação em nuvem - 10 caraterísticas principais da computação em nuvem", https://data-flair.training/blogs/features-of-cloud-computing/

[11] B. Grobauer, T. Walloschek e E. Stocker, "Understanding cloud computing vulnerabilities", *IEEE Security and Privacy,* vol. 9, n.º 2, março/abril de 2011, pp. 50-57.

[12] H. Kaur e N. Bhardwaj, "A review on security issues in cloud computing," *International Journal of Advanced Research in Computer Science,* vol. 6, no. 2, março-abril, 2015, pp. 178-182.

[13] D. R. R. Joan, "An overture of mobile cloud computing and its applications", *i-manager's Journal on Cloud Computing,* vol. 1, no. 4, Ago.-Out. 2014, pp. 11-18.

[14] L. Ren et al., "Cloud manufacturing: From concept to practice", *Enterprise Information Systems*, vol. 9, n.º 2, 2015, pp. 186-209.

[15] G. Eysenbach, "Opportunities and challenges of cloud computing to improve health care services," *Journal of Medical Internet Research,* vol. 13, no. 3, julho-setembro de 2011.

[16] S. P. Ahuja, S. Mani, e J. Zambrano, "A survey of the state of cloud computing in healthcare," *Network and Communication Technologies,* vol. 1, no. 2, 2012, pp. 12-19.

[17] M. N. O. Sadiku, S. M. Musa, e O. S. Musa, "Cloud computing in chemical industry," *International Journal of Research Technology in Engineering & Management,* vol. 1, n.º 12, Out. 2017, pp. 40-43.

[18] T. Sommer, "Cloud computing in emerging biotech and pharmaceutical companies," *Communications of the IIMA,* 2013, vol. 13, no. 3, 2013, pp. 37-53.

[19] M. A. H. Khan, S. Jailkhani e B. G. P. Kumar, "Applications of cloud computing in remote oil and gas operations" (Aplicações da computação em nuvem em operações remotas de petróleo e gás), *Actas da Conferência Internacional de 2012 Conferência sobre computação em nuvem, tecnologias, aplicações e gestão,* 2012, pp. 52-55.

[20] D. S. Latha e K. Javaprakash, "Cloud computing technology and its applications in process industry automation", *Chemical Industry Digest,* janeiro de 2017.

[21] F. Mohammed et al., "Cloud computing fitness for e-government implementation: importance-performance analysis", *IEEE Access,* 2017.
[22] F. Mohammed et al., "Modelo de adoção da computação em nuvem para a implementação do governo eletrónico", *Information Development,* vol. 33, no. 3, 2017, pp. 303-323.
[23] K. Irion, "Government cloud computing and national data sovereignty", *Policy and Internet,* vol. 4, no. 3-4, 2012, pp. 40-71.
[24] M. G. Avram, "Advantages and challenges of adopting cloud computing from an enterprise perspective," *Procedia Technology,* vol. 12, 2014, pp. 529-534.
[25] A. Stevens, "Top 10 cloud computing careers of 2023 and how to get started", dezembro de 2022,
https://www.techtarget.com/whatis/feature/Top-7-cloud-computing-careers-and-how-to-get-started
[26] "Principais competências que os empregadores procuram nos engenheiros de computação em nuvem em 2022,"
https://www.archer.ie/blog/key-skills-employers-are-looking-for-in-cloud-engineers-in-2022/
[27] K. Abhishek et al., "Integrated Hodoop cloud framework (IHCF)", *Indian Journal of Science and Technology,* vol. 10, n.º 10, março de 2017.
[28] M. A. Khan, "A survey of security issues for cloud computing," *Journal of Network and Computer Applications,* vol. 71, 2016, pp. 11-19.
[29] W. O. Victor et al., "A survey on mobile cloud computing with embedded security considerations", *International Journal of Cloud Computing and Services Science,* vol. 3, no. 1, Feb. 2014, pp. 53-66.
[30] Y. Sun et al., "Data security and privacy in cloud computing," *International Journal of Distributed Sensor Networks,* julho de 2014.
[31] I. Verma, "Cloud computing: A study of benefits and challenges," *International Journal of Advanced Studies in Computer Science and Engineering,* vol. 3, no. 7, 2014, pp. 14-17.
[32] S. Song, "Competition law and interoperability in cloud computing, " *Computer Law & Security Review,* vol. 33, 2017, pp. 629-671.
[33] B. Hayes, "Cloud Computing", *Communications of ACM,* vol. 51, n.º 7, julho de 2008, pp. 9-11.
[34] A. Marosi, J. Kovacs, e P. Kacsuk, "Towards a volunteer cloud system," *Future Generation Computer Systems,* vol. 29, 2013, pp. 1442-1452.
[35] B. Varghese e R. Buyya, "Next generation cloud computing: New trends and research diretions", *Future Generation Computer Systems,* vol. 79, 2018, pp. 849-861.
[36] A. Aliyu et al., "Cloud computing in VANETs: Architecture, taxonomy, and challenges", *IETE Technical Review,* 2017.
[37] A. Mayoral et al., "Arquitecturas de orquestração SDN e sua integração com aplicações de computação em nuvem", *Optical Switching and Networking,* vol. 26, 2017, pp. 2-13.
[38] J. Dale Prince, "Introduction to cloud computing," *Journal of Electronic Resources in Medical Libraries,* vol. 8, no. 4, 2011, pp. 449-458.
[39] S. Srinivasan (ed.), *Security, Trust, and Regulatory Aspects of Cloud Computing in Business Environments.* Hershey, PA: Information Science Reference, 2014.
[40] S. Murugesan e I. Bojanova, *Encyclopedia of Cloud Computing.* Wiley-IEEE Press. 2016.
[41] B. Furht e A. Escalante (eds.), *Handbook of Cloud Computing.* Nova Iorque: Springer, 2010.

[42] T. Erl, Z. Mahmood, e R. Puttini, *Cloud Computing Concepts, Technology & Architecture*. Upper Saddle River, NJ: Prentice Hall, 2013.
[43] N. Antonopoulos, e L. Gillam. *Cloud Computing (Computação em nuvem)*. Londres: Springer, 2010.
[44] N. B. Ruparelia, *Cloud Computing*. MIT Press, 2023.
[45] D. C. Marinescu, *Cloud Computing: Theory and Practice*. Morgan Kaufmann, 2022.
[46] R. Buyya, J. Broberg, e A. M. Goscinski (eds.), *Cloud Computing: Principles and Paradigms*. John Wiley & Sons, 2010.
[47] K. Jamsa, *Cloud Computing*. Jones & Bartlett Learning, 2022.
[48] J. W. Rittinghouse e J. F. Ransome, *Cloud Computing: Implementation, Management, and Security*. Boca Raton, FL: CRC press, 2017.
[49] R. Hill et al. *Guide to Cloud Computing: Principles and Practice*. Springer Science & Business Media, 2012.
[50] N. K. Sehgal e P. Ch Bhatt, *Cloud Computing*. Heidelberg: Springer, 2018.
[51] B. Williams, *The Economics of Cloud Computing*. Cisco Press, 2012.
[52] C.J. Millard, *Cloud Computing Law*. Oxford: Oxford University Press, 2013.
[53] J. S. Hurwitz e D. Kirsch, *Cloud Computing for Dummies*. John Wiley & Sons, 2020.
[54] D. Rountree e I. Castrillo, *The Basics of Cloud Computing: Compreender os fundamentos da computação em nuvem na teoria e na prática*. Newnes, 2013.
[55] D. C. Wyld, *Moving to the Cloud: An Introduction to Cloud Computing in Government [Uma introdução à computação em nuvem no governo]*. IBM Center for the Business of Government, 2009.
[56] D. Linthicum, *Insider's Guide to Cloud Computing*. Addison-Wesley Professional, 2023.
[57] S. Orban, *Ahead in the Cloud: Melhores práticas para navegar no futuro da TI empresarial*. CreateSpace Independent Publishing Platform, 2018.
[58] A. Bahga e V. Madisetti, *Arquiteto de soluções de computação em nuvem: A Hands-On Approach: Um livro de texto baseado em competências para universidades e um guia para uma certificação de nuvem WS e além*. VPT, 2019.

[59] D. S. Linthicum, *Computação em nuvem e convergência de SOA na sua empresa*. Upper Saddle River, NJ: Addison-Wesley, 2010.
[60] J. Rhoton, *Cloud Computing Explained*. Recursive Press, 2010.
[61] D. Sullivan, *The Definitive Guide To Cloud Computing (O Guia Definitivo da Computação em Nuvem). Realtime Publishers*, https://www.realtimepublishers.com/chapters/1749/dgcc-10.pdf
[62] J. Rosenberg e A. Mateos, *The Cloud at Your Service*. Greenwich, CT: Manning Publications, 2011.
[63] B. Sosinsky, *Cloud Computing Bible*. Indianapolis, IN: Wiley Publishing, 2011.
[64] E. Freeman e N. Harvey, *97 Things Every Cloud Engineer Should Know: Collective Wisdom from the Experts [Sabedoria coletiva dos especialistas]*. O'Reilly Media, 2021.

CAPÍTULO 2 : NUVEM DE COISAS

"Parece que toda a gente está a falar da Internet das Coisas (IoT) - o bom, o mau e o alarmante, na linha do. É o início da dominação do mundo pelas máquinas".

- Bernard Marr

2.1 INTRODUÇÃO

A computação em nuvem e a Internet das coisas (IoT) estão entre as tendências mais quentes das TIC. São tecnologias emergentes e de grande impacto. Estão a ganhar importância e a tornar-se parte da nossa vida quotidiana. A computação em nuvem (CC) (ou cloud) é um modelo de computação que permite aos utilizadores ter acesso a recursos numa base de pagamento consoante a utilização. É uma forma alargada de computação distribuída, computação paralela e computação em grelha. Proporciona um acesso ubíquo aos conteúdos, sem o incómodo de manter grandes dispositivos de armazenamento e de computação.

A Internet das coisas (IoT) é uma tecnologia recente e está menos madura do que a computação em nuvem. A IoT não consiste apenas em hardware e software, mas inclui também aspectos sociais e de interação. É constituída por sensores e dispositivos incorporados em objectos físicos. Atualmente, a IoT enfrenta uma série de desafios relacionados com a escalabilidade, a interoperabilidade, a capacidade de armazenamento, a capacidade de processamento e a segurança. A computação em nuvem é capaz de lidar com todos estes desafios, conduzindo assim à nuvem das coisas (CoT), que é a integração da nuvem e da IdC. Em termos simples, a nuvem das coisas (CoT) é uma combinação de computação em nuvem e Internet das coisas (IoT). Estão relacionadas pela seguinte equação [1].

$$\text{CoT} = \text{Computação em nuvem (CC)} + \text{Internet das coisas (IoT)}$$

A nuvem das coisas é considerada uma combinação poderosa e revolucionária. O conceito de CoT representa um grande salto em frente na Internet do futuro. Assim, a nuvem e a IoT são os principais elementos complementares da futura Internet. A integração da nuvem com a IoT permitirá que os sistemas IoT tenham acesso a capacidades ilimitadas de armazenamento e processamento [2].

Este capítulo apresenta uma introdução ao paradigma da nuvem das coisas. Começa por fornecer uma visão geral sobre a IoT e a computação em nuvem. Apresenta o conceito de CoT. Apresenta algumas aplicações da nuvem das coisas. Aborda os benefícios e os desafios da CoT. A última secção conclui com comentários.

2.2 VISÃO GERAL DA INTERNET DAS COISAS

O termo "Internet das coisas" foi introduzido por Kevin Ashton, do Reino Unido, em 1999. A Internet das coisas (IoT) é um paradigma de rede que liga milhares de milhões de dispositivos heterogéneos, designados por coisas, à Internet. Trata-se de uma rede de dispositivos de ligação com sensores incorporados. É uma coleção de coisas identificáveis com a capacidade de comunicar através de comunicações com ou sem fios. Os dispositivos ou coisas podem ser ligados à Internet através de três componentes tecnológicos principais: dispositivos físicos e sensores (coisas ligadas), ligação e infraestrutura, e análise e aplicações.

Há quatro tecnologias principais que permitem a IoT [3]:

(1) Identificação por radiofrequência (RFID) e comunicação de campo próximo (NFC). A tecnologia RFID também pode ajudar no rastreio e monitorização. A utilização mais valiosa da NFC é a prestação sem contacto.

(2) Etiquetas ópticas e códigos de resposta rápida: São utilizados para etiquetagem de baixo custo.

(3) Sistemas de comunicação (como Wi-Fi e ZigBee), que podem incluir redes de área alargada (WAN) e redes de área pessoal (PAN).

(4) Rede de sensores sem fios (WSN): Vários dispositivos IoT utilizam um grande número de sensores para recolher dados e depois tomar decisões inteligentes. A RSSF é utilizada para monitorizar propriedades físicas em ambientes específicos. Os sensores podem monitorizar temperaturas, pressões, produtos químicos e humidade.

Estas tecnologias permitem que os dispositivos sejam inteligentes. A Figura 2.1 mostra uma IoT típica [4].

Figura 2.1 Uma Internet das coisas típica [4].

Outras tecnologias relacionadas são a computação em nuvem, a aprendizagem automática e os grandes volumes de dados. A computação em nuvem e a IoT estão estreitamente ligadas. O crescimento da IoT e o rápido desenvolvimento das tecnologias associadas criam uma ligação generalizada de "coisas".

O surgimento da IdC está a moldar e a remodelar a definição de serviços futuros. A IdC ajuda as pessoas e as comunidades, tornando os seus sistemas mais inteligentes e as suas vidas mais fáceis, mais seguras e mais protegidas. A IoT transforma produtos comuns, como carros, edifícios e máquinas, em objectos inteligentes e ligados que podem comunicar com as pessoas e entre si. As tecnologias IoT têm sido utilizadas em várias áreas, como a educação, os transportes, a logística, o fabrico, a agricultura, a computação urbana, a domótica e os cuidados de saúde. Estas aplicações deram origem a tudo inteligente, carros inteligentes, casas inteligentes, frigoríficos inteligentes, cidades inteligentes, estacionamento inteligente, saúde inteligente, fábrica inteligente, ambiente inteligente, transportes inteligentes, compras inteligentes, agricultura inteligente, iluminação inteligente, rede inteligente e energia inteligente.

2.3 NOÇÕES BÁSICAS DE COMPUTAÇÃO EM NUVEM

O conceito básico da computação em nuvem (CC) é que, em vez de nos limitarmos ao que está no nosso próprio computador pessoal, podemos aceder a recursos informáticos disponíveis através da Internet. A computação em nuvem é um paradigma de computação para a prestação de serviços de computação (como servidores, armazenamento, bases de dados, redes, software, análises, etc.) através da "nuvem" ou da Internet, com preços de pagamento consoante o uso. Por conseguinte, a "computação em nuvem" é também designada por "computação na Internet". O termo "computação em nuvem" foi introduzido em 1961, quando o cientista informático John McCarthy previu que a computação se tornaria um serviço de utilidade pública.

Embora a computação em nuvem seja um conceito relativamente recente, está a tornar-se rapidamente uma necessidade em muitos sectores. A computação em nuvem apresenta várias caraterísticas, tais como [5]:

A partilha de recursos Melhor utilização dos recursos Elasticidade
Escalabilidade dinâmica (distribuída)
Virtualizado

Do ponto de vista dos serviços, a computação em nuvem inclui três modelos: software, plataforma e infraestrutura [6]. A Figura 2.2 apresenta uma panorâmica do paradigma da computação em nuvem [7].

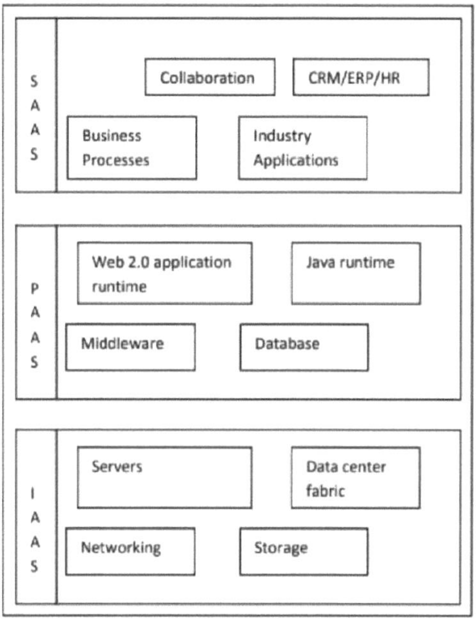

Figura 2.2 Uma visão geral do paradigma da computação em nuvem [7].

(1) *Software como um serviço* (SaaS): As aplicações são alojadas por um fornecedor de serviços na nuvem e disponibilizadas aos clientes através da Internet. Como um SaaS, a nuvem pode oferecer às organizações de saúde serviços alojados a pedido.

(2) *Plataforma como um serviço* (PaaS): As ferramentas de desenvolvimento (por exemplo, sistemas operativos) estão alojadas na nuvem e são acedidas através de um browser. Utilizando um ambiente PaaS, a Microsoft fornece um serviço para abastecer os fornecedores com redes, servidores e armazenamento.

(3) *Infraestrutura como um serviço* (IaaS): Os fornecedores de serviços de computação em nuvem criam enormes infra-estruturas, como servidores, dispositivos de armazenamento, hardware, etc., para serem utilizadas por potenciais clientes.

Existem quatro modelos de implantação da computação em nuvem [8].

(1) *Nuvem pública:* Uma nuvem pública é um ambiente de nuvem acessível ao público pertencente a um provedor de nuvem terceirizado. O fornecedor de serviços disponibiliza recursos ao público em geral através da Internet numa base de pagamento consoante o uso.

(2) *Nuvem privada:* Uma infraestrutura de nuvem é de propriedade e operada exclusivamente para uma única organização. As organizações criam sua própria infraestrutura de nuvem para uso de suas unidades de negócios.

(3) *Nuvem comunitária:* Uma nuvem comunitária é semelhante a uma nuvem pública,

exceto que o seu acesso é limitado a uma comunidade específica de consumidores de nuvem. A infraestrutura da nuvem é partilhada por várias organizações com preocupações comuns.

(4) *Nuvem híbrida:* Uma nuvem híbrida é uma combinação de uma nuvem pública e privada.

A Figura 2.3 apresenta um exemplo de computação em nuvem [9].

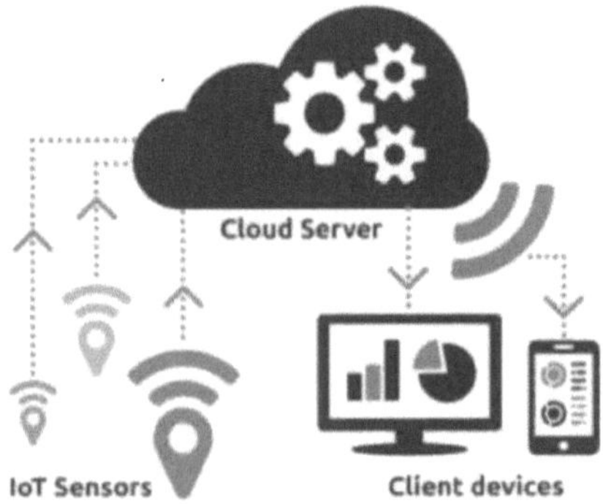

Figura 2.3 Um exemplo de computação em nuvem [9].

A computação em nuvem é um serviço cada vez mais popular que oferece várias vantagens à IoT. Devido à sua natureza a pedido, a computação em nuvem está disponível para utilização em qualquer altura e em qualquer lugar. As caraterísticas complementares da computação em nuvem e da Internet das coisas são apresentadas no quadro
2.1 [10]. A integração da IoT com a computação em nuvem está a tornar-se muito importante.

Quadro 2.1 A complementaridade da IoT e da computação em nuvem [10].

Internet of Things	**Cloud Computing**
Pervasive	Ubiquitous
Real world	Virtual resources
Limited computational	Unlimited computational
Limited storage	Unlimited storage
Point of convergence	Service delivery
Big data source	Means to manage big data

2.4 CONCEITO DE NUVEM DE COISAS

Nos últimos anos, a IoT e a computação em nuvem evoluíram gradualmente. A IoT está a tornar-se tão omnipresente que se torna importante integrá-la com a computação em nuvem. A Internet das coisas é o objetivo, enquanto a computação em nuvem é um meio de realização. A nuvem compensa as limitações da IoT, como o processamento, a energia e o armazenamento. A integração da IdC com a computação em nuvem proporcionará flexibilidade, escalabilidade e robustez a todo o sistema.

Esta fusão de IoT e computação em nuvem é conhecida como nuvem das coisas (CoT) ou nuvem de tudo. O conceito de uma "nuvem de coisas" foi introduzido por Sanjay Sarma no MIT em outubro de 2012. O conceito parece simples: combinar todos os dados da rede distribuída de dispositivos IoT, analisá-los e tomar medidas. Na CoT, os dispositivos IoT estão ligados às nuvens através da Internet para armazenamento, processamento, análise e visualização de dados.

T combinação de computação em nuvem e IoT tem atraído bastante atenção de diferentes áreas, como a virtualização de dispositivos e o fornecimento de serviços. A CoT fornece serviços de computação em nuvem virtualmente ilimitados para melhorar as plataformas IoT de grande escala. A CoT surgiu como uma tecnologia promissora para integrar os recursos físicos distribuídos e gerir as coisas em termos de serviços em nuvem de uma forma escalável, flexível e reutilizável. Uma nuvem de coisas típica é mostrada na Figura 2.4 [11].

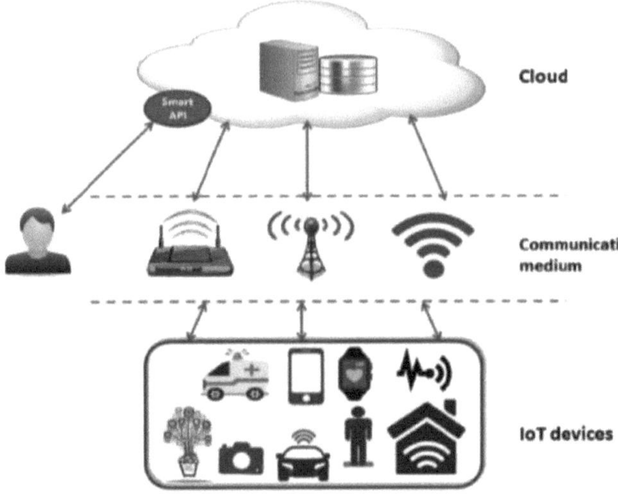

Figura 2.4 Uma nuvem de coisas típica [11].

A nuvem das coisas é uma tecnologia inteligente que permite o acesso a serviços ou a qualquer coisa através da Internet a qualquer hora e em qualquer lugar. Permite a transferência de serviços da nuvem para os dispositivos IoT em tempo real. É o domínio virtual para concretizar o conceito de aplicações IoT. Enquanto plataforma, a CoT permite a utilização inteligente da recolha de aplicações, informações e infra-estruturas de uma forma rentável.

2.4 APLICAÇÕES DA NUVEM DAS COISAS

O paradigma da nuvem de coisas é visto como um promissor facilitador de muitas aplicações da vida real. Não existe uma solução única para a CoT. Cada empresa deve considerar a sua aplicação específica e decidir se a nuvem é útil para si. O conceito de CoT acelerou o desenvolvimento de serviços inteligentes, resultando na proliferação de implantações como cidades inteligentes, casas inteligentes e edifícios inteligentes. A CoT tem várias aplicações, incluindo cuidados de saúde, cidades inteligentes, casas inteligentes, logística inteligente, sistema de irrigação inteligente, videovigilância, energia, agricultura e fabrico avançado. Algumas dessas aplicações são mostradas na Figura 2.5 [12] e explicadas a seguir.

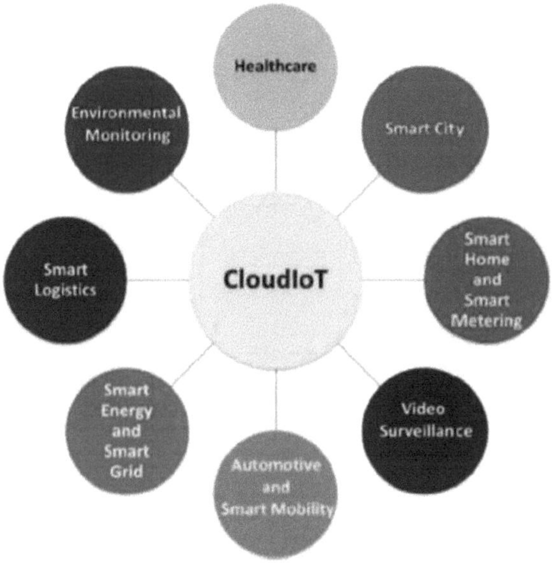

Figura 2.5 Algumas aplicações da CoT [12].

- *Cidade inteligente:* As grandes cidades de todo o mundo planeiam adotar o conceito de cidade inteligente para melhorar a qualidade de vida dos seus residentes. O conceito de cidade inteligente envolve a monitorização, o controlo e a gestão das condições de todas as infra-estruturas críticas da cidade, ao mesmo tempo que fornece serviços de qualidade aos cidadãos. Uma cidade irá provavelmente implementar muitas aplicações IoT, como transportes inteligentes, energia inteligente, gestão inteligente da água, etc. Estas aplicações produzirão volumes de dados muito grandes. A integração na nuvem permite que a cidade aloje estas aplicações de uma forma económica. A CoT pode fornecer uma plataforma para operar diferentes tipos de serviços de cidades inteligentes. Na CoT, todos os objectos das cidades inteligentes, como residentes, veículos, ruas, edifícios, hospitais e centrais de energia e água, estão interligados através da IoT [13].

- *Cuidados de saúde:* O sector dos cuidados de saúde tem assistido a uma enorme implantação de uma grande variedade de sensores para monitorizar a saúde dos doentes. Haverá um
aplicação executada na nuvem para detetar o comportamento dos doentes e alertar os profissionais de saúde sobre a situação. Os idosos em casa podem ser monitorizados à distância para receberem apoio médico. A utilização de CoT no domínio dos cuidados de saúde oferece novas oportunidades e pode melhorar os serviços de saúde [7,15]. O principal objetivo da utilização das CdT para fornecer cuidados de saúde como serviço é proporcionar uma monitorização contínua do estado de saúde dos doentes no hospital ou em casa, em tempo útil. A Figura 2.6

mostra uma aplicação de CoT nos cuidados de saúde [15].

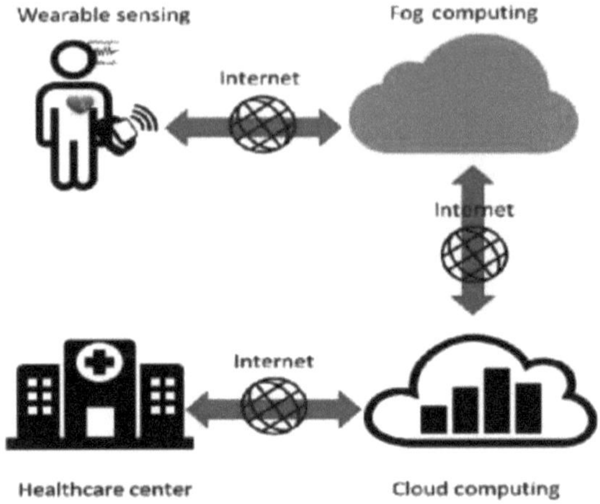

Figura 2.6 Uma aplicação da CdT nos cuidados de saúde [14].

- *Agricultura:* Os sistemas baseados em CoT desempenham um papel cada vez mais importante numa série de aplicações do mundo real, como a agricultura inteligente. A implantação de uma rede de CoT na agricultura inteligente pode tornar a utilização da energia mais eficiente e menos dispendiosa. O sistema de irrigação inteligente baseado na nuvem pode proporcionar uma série de benefícios [16].

- *Cadeia de fornecimento:* Vários fornecedores, que prestam os respectivos serviços, reúnem-se para realizar a nuvem de fornecedores para a gestão da cadeia de abastecimento. A gestão da cadeia de abastecimento é composta por quatro partes: gestão de fornecedores, gestão de armazéns, gestão logística e gestão de clientes. Os armazéns altamente distribuídos e os recursos heterogéneos localizados em cada elo das cadeias de abastecimento podem aumentar a complexidade da integração e da gestão da cadeia de abastecimento. O conceito de CoT orienta o desenvolvimento de toda a integração e gestão da cadeia de abastecimento. No ambiente CoT, os recursos da cadeia de abastecimento são virtualizados e encapsulados em serviços na nuvem [17].

- *Casas inteligentes:* Estas são as aplicações IoT com a classificação mais elevada, uma vez que há mais empresas ativamente envolvidas na criação de aplicações para casas inteligentes. As aplicações podem ir desde a automatização básica da casa, como o controlo do aquecimento, da ventilação, das portas, das janelas, das luzes, dos electrodomésticos, dos sistemas de rega, etc. As casas inteligentes equipadas com sensores podem também detetar o comportamento dos membros da família. A implantação da CoT permitirá que os dispositivos comuniquem eficazmente com os muitos sensores, a fim de obter resultados atempados [18].

- *Monitorização ambiental:* As crescentes flutuações meteorológicas e as catástrofes naturais podem ser resolvidas através da ligação de sensores e actuadores a zonas sensíveis às condições meteorológicas. A CoT pode ajudar na transmissão de informação a alta velocidade através de sistemas de monitorização ambiental. As aplicações comuns para a monitorização ambiental incluem monitores da qualidade ou do nível da água, soluções de monitorização da humidade do solo, detectores de fontes de poluição, sistemas de avaliação da qualidade do ar e sistemas de alerta de fumo [19].

- *Videovigilância:* Tornou-se uma ferramenta muito importante para várias aplicações no que diz respeito à segurança. Exige soluções baseadas na nuvem, como a vigilância por vídeo como serviço (VSaaS), para satisfazer eficazmente os requisitos de armazenamento, gestão e processamento de conteúdos de vídeo. Nesse mesmo contexto, a CoT conduz também a uma extração automática de conhecimentos a partir de cenas. As soluções de videovigilância inteligente são capazes de fornecer fluxos de vídeo aos dispositivos dos utilizadores na Internet [20].

2.6 BENEFÍCIOS

A nuvem das coisas é a integração da IoT e da computação em nuvem. Não há dúvida de que a tecnologia de computação em nuvem tem uma grande influência no desenvolvimento das empresas. As empresas transferiram agora as suas operações para a Internet, onde é possível satisfazer uma vasta gama de exigências dos clientes. A integração da IoT e da computação em nuvem gerou muitas vantagens para cada uma delas. Os benefícios da utilização da nuvem para aplicações de CoT incluem [21]:

- *Automatização:* A nuvem das coisas permite-lhe automatizar as suas operações de forma fácil e eficaz, aumentando a eficiência.

- *Competitividade:* A CoT permite à sua empresa manter-se competitiva no futuro. Permite-lhe também transformar produtos em serviços inovadores e ser competitivo.

- *Gestão remota:* A Internet das coisas (IoT) e a computação em nuvem são duas tecnologias que desempenham um papel crucial na introdução da conveniência da gestão remota no nosso quotidiano. A CoT permite-lhe monitorizar remotamente, controlar os seus dispositivos ligados e gerir dispositivos com IoT.

- *Escalabilidade:* Esta é uma das maiores vantagens de colocar o sistema IoT na nuvem. Os serviços da plataforma da Internet das coisas na nuvem proporcionam-lhe flexibilidade adicional se pretender reduzir o número de objectos compatíveis com a IoT ou reduzir as suas necessidades de armazenamento.

2.7 DESAFIOS

Há muitas questões que impedem a implementação bem sucedida da Nuvem e da IoT.

Surgem novos desafios quando a computação em nuvem é integrada na IoT para formar a CoT. Os desafios devem-se principalmente às propriedades contraditórias da IoT e das infra-estruturas de computação em nuvem. Não será fácil integrar tudo na IoT e depois ter todos os recursos disponíveis através da computação em nuvem. Alguns dos desafios são a fiabilidade e a disponibilidade dos serviços de CoT, a criptografia insegura, a proteção e a portabilidade dos dados e a dependência da Internet
[18] . Outros desafios à adoção generalizada da CdT incluem os seguintes [18,24-27]:

- *Custos reduzidos:* Pode ser um desafio adotar um sistema interno de Internet das coisas devido aos elevados custos iniciais e ao maior risco de implementação. As empresas baseadas na IoT são encorajadas a migrar para a nuvem com custos iniciais significativamente reduzidos e um modelo de preços flexível baseado na utilização.
- *Latência:* Os dados demoram algum tempo a ser enviados para a nuvem e os comandos a regressar ao dispositivo. Em determinadas aplicações IoT, estes milissegundos podem ser críticos, como no caso da saúde e da segurança. Por isso, a localização é importante para dados críticos e sensíveis à latência, como o vídeo.

- *Integração eficaz de dados:* As empresas começaram a utilizar a IoT como parte da sua estratégia de dados para fornecer dados em tempo real aos actuais sistemas de informação. As organizações que não estão preparadas para este tipo de dados podem ficar sobrecarregadas com a sua velocidade e volume. Ao armazenar os seus dados em conjunto e não individualmente, as organizações podem eliminar a necessidade de integração de sistemas e auditorias.

- *Normalização:* O problema da indisponibilidade de normas é considerado uma questão importante nas CdT. Apesar de haver uma série de contribuições para a implementação e normalização das CdT, existe a necessidade de normalizar arquitecturas, protocolos e estruturas. Isto facilitará a interconexão entre dispositivos heterogéneos.

- *Segurança dos dados:* A segurança é um fator-chave que dificulta principalmente o crescimento das CdT. Esta foi definida como um conjunto de mecanismos para proteger os dados sensíveis contra ataques vulneráveis e para garantir a confidencialidade, a integridade e a autenticidade dos dados. Os principais desafios em matéria de segurança incluem o sequestro de contas, a visibilidade, a disponibilidade, os infiltrados maliciosos e os ataques DoS/DDoS. As ameaças à segurança no ambiente CoT estão divididas em cinco categorias, ou seja, ameaças à comunicação, ameaças físicas, ameaças aos dados, ameaças aos serviços e outras ameaças diversas. Os dispositivos IoT geram dados maciços, mas a gestão desses dados e a garantia da sua segurança continuam a ser um desafio. Os dados podem ser transformados em informações úteis e ajudar a fazer avançar a IdC. Devem ser protegidos durante as transmissões através de uma rede e mesmo na nuvem. Isto é importante para evitar actividades maliciosas.

- *Heterogeneidade:* A grande heterogeneidade dos dispositivos IoT, dos sistemas operativos e dos serviços em nuvem constitui um desafio para a implantação da CoT. Lidar com soluções de vários fornecedores não é fácil. É necessário integrar interfaces proprietárias. A heterogeneidade entre os dispositivos IoT exige restrições adaptativas de qualidade de serviço (QoS) que possam lidar com todos os tipos de exigências de tráfego.

- *Desempenho:* As aplicações CoT requerem protocolos específicos de qualidade de serviço (QoS) para um desempenho eficiente. Em certas aplicações IoT, a latência pode ser crítica. Os dados sensíveis ao tempo devem ser armazenados na localização física mais próxima possível do utilizador, de modo a que seja necessário o mínimo de tempo possível para lhes aceder.

- *Ameaças físicas:* As três principais categorias de ameaças físicas a uma solução de CoT são internas, externas e de origem humana. Os incidentes incluem roubo, danos nos nós, bem como erros e outras causas naturais devido a avarias causadas por terramotos ou outros danos estruturais.

Estes desafios comuns estão representados na Figura 2.7 [19].

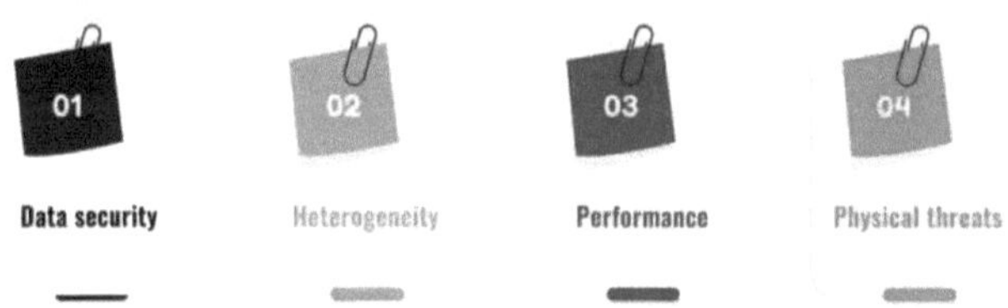

Figura 2.7 Desafios comuns na adoção das CdT [19].

2.8 CONCLUSÃO

Embora os dois mundos da computação em nuvem e da IoT tenham registado uma evolução independente, as suas caraterísticas são complementares. A fusão de dois paradigmas revolucionários, conhecida como Nuvem das coisas, está a tornar-se muito importante. A CoT é uma tecnologia emergente que faz a ponte entre a computação em nuvem e a IoT. Pode lidar com a dimensão cada vez maior da Internet. Criará mais oportunidades de investigação e de negócio. É o futuro da IoT. A CoT irá definitivamente crescer e pode ajudar a atingir os objectivos da IoT e da futura Internet. Prevê-se que esta tecnologia venha a perturbar a Internet atual e futura. Alterará fundamentalmente a vida humana, especialmente em termos da forma como os dados são geridos. Para mais informações sobre a CoT, consultar os livros em [28-33] e as seguintes revistas relacionadas:

- *Jornal de Computação em Nuvem*

- *Computação em nuvem do IEEE*
- *Transacções IEEE sobre computação em nuvem*
- *Jornal internacional de aplicações e computação em nuvem*
- *Revista Internacional de Computação em Nuvem e Ciência dos Serviços*
- *Jornal do i-manager sobre computação em nuvem*
- *Internet das coisas*

REFERÊNCIAS

[1] "Introdução à nuvem das coisas", março de 2023,

https://continuuminnovations.com/what-is-cloud-of-things/

[2] A. M. Oteniya, M. N. O. Sadiku e S. M. Musa, "Nuvem das coisas: A primer," *International Journal of Trend in Research and Development,* vol. 5, no. 6, Nov.-Dez. 2018, pp. 284-286.

[3] M. N. O. Sadiku, e S.M. Musa e S. R. Nelatury, "Internet das coisas: An introduction", *International Journal of Engineering Research and Advanced Technology,* vol. 2, no.3, março de 2016, pp. 39-43.

[4] "Internet das coisas: O que é, como funciona, exemplos e muito mais," novembro, 2018 https://justcreative.com/2018/11/19/internet-of-things-explained/

[5] H. Jemal et al., "Cloud computing and mobile devices based system for healthcare application," *Actas do Simpósio Internacional IEEE sobre Tecnologia na Sociedade,* 2015.

[6] M. N. O. Sadiku, S. M. Musa, e O.D. Momoh, "Cloud computing:

Opportunities and challenges," *IEEE Potentials,* vol. 33, no. 1, Jan/Fev. 2014, pp.34-36.

[7] Y. S. Patel e T. Parmar, "Cloud of things: A state-of-the-art review on integration of Internet of things with cloud computing," *International Journal of Computer Applications*,
2016, pp. 37-41.

[8] F. Alharbi et al., "Strategic value of cloud computing in healthcare organisations using the balanced scorecard approach: Um estudo de caso de um hospital saudita", *Procedia Computer Science,* vol. 98, 2016, pp. 332 - 339.

[9] "Computação em nuvem, IoT e telemóvel,"

https://www.compass.ie/cloud-lot-mobile/

[10] Y. Liu, "Combinação de computação em nuvem e Internet das coisas (IoT) em sistemas de monitorização médica", *International Journal of Hybrid Information Technology,* vol.8, no.12, 2015, pp. 367-37.

[11] M. M. E. Mahmoud et al., "Tecnologias facilitadoras na nuvem das coisas para cuidados de saúde inteligentes", *IEEE Access,* vol. 6, 2018.

[12] H. Khodkaril e S. G. Maghrebi, "Necessidade da integração da Internet das coisas e dos serviços em nuvem com uma abordagem de garantia da qualidade do serviço", *Bulletin de la Société Royale des Sciences de Liège*, vol. 85, 2016, pp. 434 - 445.

[13] N. Mohamed et al., "Um middleware orientado para serviços para a nuvem das

coisas e

fog computing supporting smart city applications", *Proceedings of IEEE SmartWorld, Ubiquitous Intelligence & Computing, Advanced & Trusted Computed, Scalable Computing & Communications, Cloud & Big Data Computing, Internet of People and Smart City Innovation,* 2017.

[14] N. Singh et al., "Capítulo 10 - Internet das coisas e computação em nuvem", *Digital Health,* 2021, pp. 151-162.

[15] P. P. Jayaraman et al., "Orchestrating quality of service in the cloud of things ecosystem", *Proceedings of the IEEE International Symposium on Nanoelectronic and Information Systems*, 2015, pp. 185-190.

[16] M. Roopaei, P. Rad e K. K. R. Choo, "Nuvem das coisas na agricultura inteligente: Intelligent irrigation monitoring by thermal imaging", *IEEE Cloud Computing,* Jan./Fev.

2017, pp. 10-15.

[17] J. Yan, S. Xin, Q. Liu, "Intelligent supply chain integration and management based on cloud of things," *International Journal of Distributed Sensor Networks,* março de 2014.

[18] P. P. Jayaraman et al., "Orchestrating quality of service in the cloud of things ecosystem", *Proceedings of IEEE International Symposium on Nanoelectronic and Information Systems,* dezembro de 2015.

[19] R. Kamal, "Cloud of things: Casos de utilização, plataformas e desafios,"

https://www.intuz.com/blog/cloud-of-things-use-cases-platforms-challenges

[20] A. A. A. Ari et al., "Enabling privacy and security in cloud of things: Arquitetura, aplicações, desafios de segurança e privacidade", *Computação e Informática Aplicada,* julho de 2020,

https://www.emerald.com/insight/content/doi/10.1016/_j.aci.2019.11.005/full/html

[21] C. McClelland, "O que é a nuvem? Como é que ela se enquadra na Internet das coisas?"-.

dezembro de 2016,

https://www.iotforall.com/what-is-the-cloud/

[22] "Nuvem das coisas: Monitorizar e gerir facilmente as suas máquinas,"

https://iot.telekom.com/en/platforms/cloud-of-things/

[23] S. Sahmim e H. Gharsellaouib, "Privacidade e segurança na computação baseada na Internet: computação em nuvem, Internet das coisas, nuvem das coisas: A review", *Procedia Computer Science,* vol. 112, 2017, pp. 1516-1522.

[24] S. Maurya e K. Mukherjee, "An energy efficient design of cloud of things (CoT)," *Journal of Information and Optimization Sciences,* vol. 39, no.1, 2018, pp. 319-326.

[25] M. Aazam et al., "Cloud of things: Integrando a Internet das coisas e a computação em nuvem e as questões envolvidas", *Actas da 11.ª Conferência Internacional do Burundi sobre Ciências Aplicadas e Tecnologia de 2014,* Islamabad, Paquistão, janeiro de 2014, pp. 414-419.

[26] K. Uma, N. A. Parvin, e A.R. M. Poorani, "Analysis of various issues in cloud of

things (COT)," *Journal of Chemical and Pharmaceutical Sciences,* vol. 10, no.1, janeiro - março de 2017, pp. 532-5 35.

[27] S. Srivastava, "Como é que a sua empresa pode beneficiar da fusão da Nuvem e da IoT?" julho de 2023,

https://appinventiv.com/blog/iot-and-cloud-computing-benefits-business/#:~:text=Melhor%20segurança%20e%20confiabilidade&text=Pode%20utilizar%20os%20dispositivos%20de forma mais%20eficaz%20e%20segura.

[28] H. Zhou, *A Internet das Coisas na Nuvem: Uma Perspetiva de Middleware.* Boca Raton, FL: CRC Press, 2013.

[29] K. Hwang, J. Dongarra e G. C. Fox. *Computação distribuída e em nuvem: Do processamento paralelo à Internet das coisas.* Morgan kaufmann, 2013.

[30] B. Nayak et al. (eds.), *Integration of Cloud Computing with Internet of Things:*

Fundamentos, análise e aplicações. Wiley, 2021.

[31] T. Lynn et al. (eds.), *The Cloud-to-Thing Continuum: Opportunities and Challenges in Cloud, Fog and Edge Computing.* Palgrave Macmillan, 2020.

[32] F. Al-Turjman (ed.), *Trends in Cloud-basedIoT.* Springer, 2020.

[33] P. N. Mahalle et al., *The Convergence of Internet of Things and Cloudfor Smart Computing.* Boca Raton, FL: CRC Press, 2021.

CAPÍTULO 3 : ECONOMIA DA NUVEM

"A nuvem serve empresas de todas as dimensões... A nuvem é para todos. A nuvem é uma democracia." - Marc Benioff

3.1 INTRODUÇÃO

As tecnologias da informação (TI) estão a passar por uma mudança do cliente/servidor para a nuvem. A computação em nuvem (ou cloud) é um paradigma de computação emergente em que os recursos computacionais virtualizados, como hardware, software, desenvolvimento, CPU, memória, largura de banda de rede e armazenamento de dados, são fornecidos como serviços a pedido e libertados com um esforço mínimo. Qualquer pessoa, indivíduo, empresa ou corporação pode alugar estes recursos informáticos mediante o pagamento de uma taxa. O termo "nuvem" designa "a Internet", pelo que a computação em nuvem se refere a um modelo de computação baseado na Internet, em que serviços como servidores, armazenamento e aplicações são fornecidos através da Internet.

A computação em nuvem surgiu como uma tecnologia de informação fundamental. Os fornecedores de serviços de computação em nuvem permitem aos consumidores alugar recursos computacionais e de armazenamento a pedido. Através da computação em nuvem, as empresas poderão alugar recursos (hardware, software, armazenamento, etc.) a um fornecedor de serviços e pagar a pedido. A oferta e a adoção crescentes da computação em nuvem instigaram a necessidade de analisar esta área de uma perspetiva empresarial. A nuvem está a ter um impacto mensurável nas empresas [1].

Para todas as empresas e organizações, a economia é um fator importante, que estabelece os limites do que é possível e fornece objectivos futuros. A economia trata da produção e distribuição da riqueza, do bem-estar humano e do bem-estar. A economia moderna foi criada graças à inovação e prospera graças a ela. A economia incentiva novas formas de fazer as coisas e a invenção de novos produtos. O nosso mundo está a ser transformado pela Web e estamos no limiar de uma nova era económica: a *economia da nuvem*. O termo "economia da nuvem" tem atraído a atenção de todo o mundo nos últimos anos. A computação em nuvem é uma computação baseada na Internet, em que os recursos partilhados são disponibilizados aos utilizadores finais de uma forma paga conforme o uso. A nuvem tem o potencial de mudar a natureza do mundo em que vivemos e de contribuir para impulsionar o crescimento económico. Permite-nos partilhar tudo dentro de uma organização. Proporciona uma forma de adquirir e utilizar infra-estruturas a pedido, de modo a que se pague apenas pelo que se consome. No entanto, para que a nuvem seja uma opção viável, tem de ser economicamente atractiva.

Este capítulo analisa brevemente o impacto económico da computação em nuvem. Começa por fornecer algumas informações de base sobre a computação em nuvem. Abrange a economia tradicional e a economia da computação em nuvem. Aborda os benefícios e os desafios da economia da computação em nuvem. A última secção conclui com comentários.

1.2 CARATERÍSTICAS DAS NUVENS

A tecnologia de computação em nuvem é uma das tecnologias emergentes mundialmente reconhecidas no novo milénio que muito provavelmente irá mudar a vida das pessoas. A computação em nuvem é um recurso de TI virtualizado e massivamente escalável que pode ser dimensionado de acordo com o tipo de serviço e as opções de pagamento. Em grande medida, a nuvem tornou-se uma força positiva para a transformação da tecnologia, das empresas e não só.

De um ponto de vista técnico, a computação em nuvem é possibilitada pelo culminar da virtualização, da computação em cluster, da computação em grelha, das redes de banda larga e dos centros de dados de grande escala centralizados em locais de baixo custo. Normalmente, a arquitetura de um ambiente de computação em nuvem pode ser dividida em quatro camadas: a camada de hardware/datacenter, a camada de infraestrutura, a camada de plataforma e a camada de aplicação, como mostra a Figura 3.1 [2].

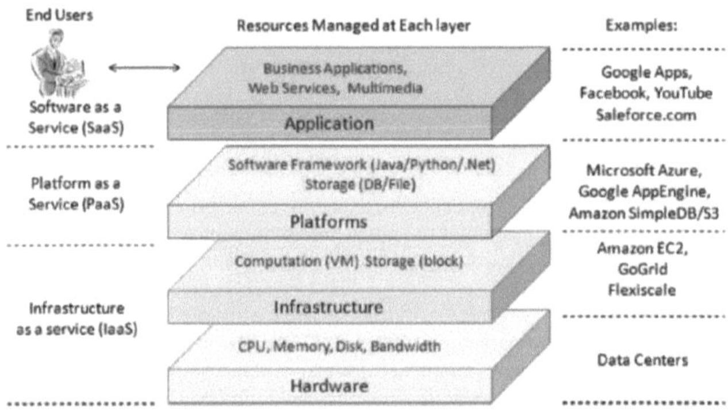

Figura 3.1 Arquitetura da computação em nuvem [2].

Existem três modelos de serviços primários amplamente aceites [3]:

- *Software como um serviço (SaaS):* As aplicações baseadas na nuvem são executadas em computadores "na nuvem" que pertencem e são operados por terceiros e que se ligam aos computadores dos utilizadores através da Internet.
- *Plataforma como um serviço (PaaS):* Fornece um ambiente baseado na nuvem com tudo o que é necessário para suportar o ciclo de vida completo da criação e fornecimento de aplicações.
- *Infraestrutura como serviço (IaaS):* Fornece às organizações recursos informáticos, incluindo processamento, servidores, armazenamento de redes e espaço no centro de dados, numa base de pagamento por utilização.

É igualmente importante distinguir entre três tipos de modelos de implantação da nuvem:

- *Nuvem privada:* Uma empresa cria uma solução de Nuvem específica para um dos seus clientes. As nuvens privadas requerem mais gestão e configuração inicial.
- *Nuvem pública:* É semelhante às nuvens privadas. As empresas podem beneficiar de uma Nuvem específica e dedicada dentro desta Nuvem Pública (espaço privado). A nuvem pública é a mais fácil de implementar, tanto em termos de funcionalidade como de custo.

- *Nuvem híbrida:* As empresas desenvolvem em paralelo uma nuvem privada e uma nuvem pública.

Um modelo típico de computação em nuvem é apresentado na Figura 3.2 [4].

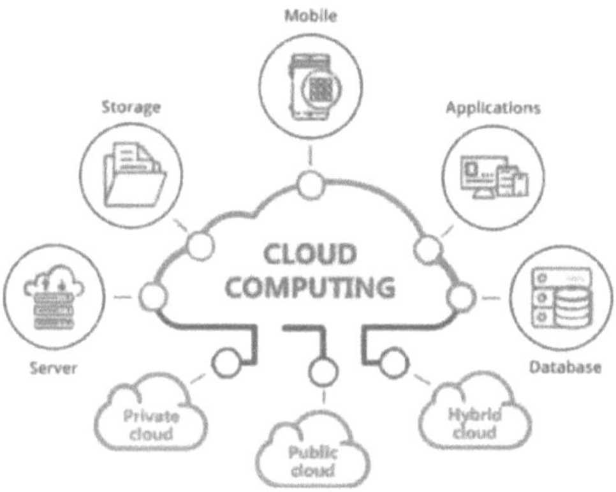

Figura 3.2 Um modelo típico de computação em nuvem [4].

3.3 ECONOMIA TRADICIONAL

A economia é o estudo da tomada de decisões na produção, distribuição e consumo de bens e serviços. Também pode ser considerada como o estudo da tomada de decisões humanas, mais frequentemente na área do comércio. É uma força poderosa na modelação das transformações da indústria. As teorias económicas são aplicadas em todos os segmentos da sociedade, desde os negócios e as finanças até aos cuidados de saúde e à administração pública.

A economia tradicional está demasiado ligada a preocupações com o lucro, o crescimento económico e a perspetiva dos proprietários da produção. A economia neo-clássica utilizou incorretamente uma interpretação restrita do darwinismo, justificou o capitalismo e promoveu o poder do mais forte para preservar as desigualdades. Promove a supremacia das soluções de mercado não ajustadas em detrimento das necessidades das pessoas. O sistema económico perpetua a pobreza, a desigualdade e a injustiça social. É o motor das actuais formas insustentáveis de globalização. Este sistema económico é um instrumento de controlo social, de capitalismo e de perpetuação da pobreza. É patriarcal até ao âmago, o que explica a ascensão da economia feminista. A figura 3.3 apresenta nove conceitos económicos fundamentais [5].

Figura 3.3 Nove conceitos económicos fundamentais [5].

A economia convencional explora e oprime certos grupos e recompensa outros. Precisamos, portanto, de repensar todas as premissas da nossa economia convencional, que está a atingir os limites de expansão. A economia das nuvens oferece uma alternativa melhor à economia convencional. Exige que o desenvolvimento económico seja dissociado da utilização dos recursos e da degradação ambiental. Exige a criação de alternativas positivas em todos os sectores da economia (por exemplo, indústria, finanças, energia, governação, mobilidade, agricultura e turismo). Diferentes sectores podem exigir diferentes medidas económicas [6].

3.4 ECONOMIA DA NUVEM

A economia da nuvem (também conhecida como cloudonomics) é o processo de análise do impacto financeiro da computação em nuvem numa organização. É o estudo do custo, da utilização de recursos e do impacto comercial de uma plataforma de TI na nuvem para uma organização. Trata-se de uma série de actividades económicas sem contacto, em que a investigação tecnológica ou a interação comercial são os principais factores de produção. Examina se as vantagens de uma plataforma de computação em nuvem compensam o custo e o incómodo da migração. A migração para a nuvem pode centrar-se na melhoria da fiabilidade e da disponibilidade. A Figura 3.4 mostra diferentes factores que constituem a economia da computação em nuvem [7].

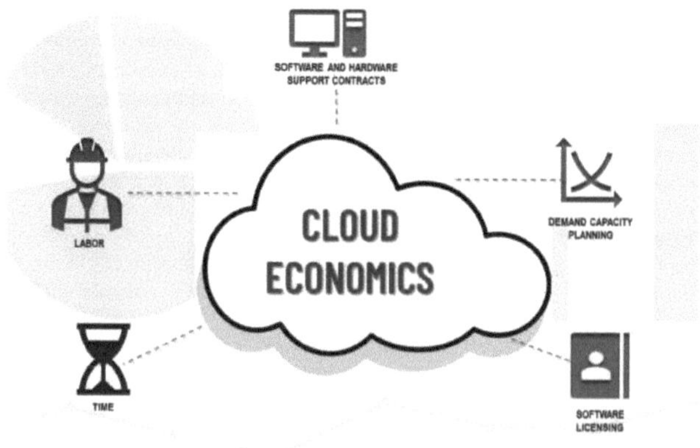

Figura 3.4 Factores que constituem a economia da nuvem [7].

Um economista da nuvem é alguém numa organização que analisa os benefícios tangíveis da infraestrutura da nuvem. É um especialista em economia da nuvem: princípios, custos e benefícios.

Na economia da computação em nuvem, a nuvem é o novo meio de produção de TI. A computação em nuvem pode exercer uma série de efeitos na economia [8]. Em primeiro lugar, pode proporcionar enormes poupanças de custos no sector público, incluindo hospitais, cuidados de saúde e educação. Em segundo lugar, pode proporcionar eficiências de custos no sector privado. Embora a computação em nuvem ainda esteja em fase de evolução, está a desempenhar um papel significativo nas economias nacional e mundial. A computação em nuvem é basicamente uma tecnologia concebida para proporcionar uma rápida colocação no mercado e reduções drásticas de custos. Os preços incluem normalmente armazenamento, ligação em rede, segurança, redundância, cópia de segurança, serviços de software e licenças de sistemas operativos. As arquitecturas de computação em nuvem facilitam o consumo elástico, o autosserviço e os preços de pagamento conforme o uso. A economia da nuvem moldará o futuro do sector da computação em nuvem. Por conseguinte, é fundamental acompanhar a trajetória de crescimento da economia da computação em nuvem, uma vez que esta se tornará em breve um barómetro do crescimento económico nacional e da competitividade internacional orientada para o futuro.

A economia da nuvem consiste em compreender os princípios da migração para a nuvem e a análise custo-benefício. É uma abordagem para determinar se a migração para a nuvem é o passo certo para a sua empresa. Desempenha um papel vital na gestão dos custos, benefícios e princípios económicos da computação em nuvem. Coloca a questão: quais são as melhores formas de otimizar os custos da computação em nuvem e obter o maior valor para a sua organização?

Uma abordagem típica da economia da computação em nuvem envolve a decomposição da análise nos quatro pilares seguintes [9] :

- *Custo Total de Propriedade:* A análise do custo de propriedade de um centro de dados inclui custos de infraestrutura, como a compra ou aluguer do edifício físico, sistemas de energia e refrigeração e redes. Além disso, há custos associados a hardware e software, salários e benefícios para a equipa de TI, manutenção e suporte, e energia que os centros de dados necessitam para funcionar.

- *Melhorias na eficiência:* As plataformas de nuvem oferecem benefícios organizacionais, incluindo colaboração aprimorada e suporte mais forte ao DevOps. As melhorias de eficiência podem variar em tamanho e escopo.
- *Resiliência operacional:* Os centros de dados locais enfrentam um risco constante de problemas do mundo real que afectam a disponibilidade. Desastres naturais, quedas de energia e até mesmo a política local em relação à infraestrutura podem causar um tempo de inatividade inesperado para o equipamento local.
- *Agilidade operacional:* Os centros de dados locais precisam dos recursos físicos para lidar com cargas de pico. Num ambiente de nuvem, a escalabilidade torna-se tão simples como a atualização para um nível de serviço superior. Isso cria agilidade organizacional. A infraestrutura deve ser suficientemente elástica para suportar picos maciços de utilização.

3.4 BENEFÍCIOS

A economia da nuvem estuda o impacto financeiro da computação em nuvem, incluindo elementos como investimentos em hardware antigo, orçamentação mensal de serviços de nuvem e poupanças projectadas devido a uma melhor colaboração. Utilizando a computação em nuvem, as organizações podem tirar partido das economias de escala para inovar de forma eficiente e rápida. A computação em nuvem alivia a necessidade de as empresas adquirirem uma infraestrutura de TI elaborada [4]. A nuvem oferece às empresas numerosos benefícios, como o crescimento económico, a produtividade, o emprego e a redução de custos. Um benefício económico notável da computação em nuvem é que ela promete novas oportunidades e criação de emprego. A computação em nuvem oferece a oportunidade de criar novas empresas com muito pouco capital. É um passo importante para colmatar o fosso digital entre os que têm e os que não têm computadores. Outros benefícios da economia da computação em nuvem são os seguintes [9-12]:

- *Custo reduzido:* A migração inicial para a nuvem criará uma série de despesas exclusivas para cada organização.
  Se for implementado corretamente, o modelo económico da computação em nuvem pode reduzir significativamente os custos de operação e manutenção das infra-estruturas de TI. Uma organização pode poupar substancialmente nos custos ao evitar os custos iniciais de capital (CAPEX) para comprar a sua própria infraestrutura. A computação em nuvem oferece uma oportunidade para iniciar negócios de sonho com um pequeno capital. Para começar, as organizações devem avaliar o hardware, o software, a manutenção e os custos operacionais do seu centro de dados atual.

- *Pagamento por utilização:* Nas soluções baseadas na nuvem, as organizações são cobradas com base no pagamento por utilização. Quanto mais se usa, mais se paga. Não há custos ocultos envolvidos.

- *Acessibilidade:* Com a nuvem, tem acesso a pedido, a qualquer hora e em qualquer lugar, a todos os ficheiros e aplicações que impulsionam o seu negócio a partir de praticamente qualquer ponto do globo. Isto permite que os trabalhadores sejam produtivos, independentemente do local onde se encontrem.

- *Alcance global:* A computação em nuvem permite que as organizações operem a partir de qualquer parte do mundo e alarguem o seu alcance global. Isto ajuda as empresas a operarem em qualquer parte do mundo. O alcance global da computação em nuvem também proporciona poupanças substanciais. Por exemplo, as pequenas empresas sediadas nos Estados Unidos podem utilizar serviços baseados na computação em nuvem em África, na Índia ou na América Latina para competir mais eficazmente com as grandes empresas dos países vizinhos. A Comissão Europeia aplicou um método de simulação para deduzir os potenciais benefícios económicos da economia da computação em nuvem.

- *Escalabilidade:* O crescimento de recursos num centro de dados depende da compra e integração de novo hardware. Assim, quando a demanda aumenta, o dimensionamento para atender a essa demanda pode ser um processo caro e lento. Em um ambiente de nuvem, o uso de recursos é dimensionado conforme necessário com base nas configurações. Para as organizações em que as cargas de trabalho crescem de acordo com uma base de clientes cada vez maior, as plataformas de nuvem permitem a escalabilidade para que os custos alocados acompanhem as necessidades da empresa.

- *Colaboração:* Num ambiente de nuvem, os funcionários podem aceder remotamente a aplicações e bases de dados. Ao conceder um acesso mais fácil a ferramentas, dados e linhas de comunicação, a computação em nuvem pode aumentar significativamente a colaboração do pessoal e acelerar a partilha de dados entre departamentos.

- *Flexibilidade:* A computação em nuvem é mais adaptável do que os sistemas de TI tradicionais. A escalabilidade da nuvem facilita a resposta a picos de procura súbitos. A computação em nuvem pode facilitar a fixação flexível de preços e o aprovisionamento de recursos. A economia da nuvem permite aumentar ou diminuir rapidamente com base na evolução das necessidades da empresa. Como as nuvens funcionam num modelo de pagamento consoante a utilização, os picos súbitos podem ser absorvidos sem investimentos ou manutenção a longo prazo.

- *Maior segurança:* A infraestrutura de nuvem oferece muitas melhorias na segurança dos dados. Os fornecedores de nuvens públicas centram todo o seu modelo de negócio na garantia de segurança para os seus clientes.

- *Melhor recuperação de desastres:* Para ambientes locais, a recuperação de desastres vem com desafios inerentes. Maiores níveis de redundância, failover rápido e acesso em qualquer lugar e a qualquer hora garantem que os usuários possam recuperar os dados, mesmo no caso de um desastre natural. A maioria dos provedores de serviços de nuvem está oferecendo recuperação de desastres e continuidade dos negócios como parte dos serviços de migração para a nuvem da organização.

- *Automatização:* A automação e a virtualização podem reduzir os processos manuais, resultando em maior eficiência. A automação pode otimizar os custos do seu ambiente de nuvem de destino. A Oracle previu que, até 2025, mais empresas adotarão a próxima geração de modelos de negócios em nuvem para atingir níveis de automação sem precedentes.

- *Agilidade:* A computação em nuvem ajuda as organizações a obter agilidade nos negócios. Isto implica que as organizações podem implantar as suas aplicações mais rapidamente e aproveitar os serviços de computação em nuvem a pedido e diminuir o tempo de colocação no mercado. A capacidade de aceder a um conjunto partilhado de recursos de computação configuráveis pode aumentar a capacidade de inovação de uma instituição financeira, melhorando a agilidade, a eficiência e a produtividade.

- *Mitigação de riscos:* A nuvem pode fornecer soluções eficientes para atenuar os riscos tecnológicos tradicionais, como preocupações com a capacidade, a redundância e a resiliência.

- *Sustentabilidade:* Num mundo em que a sustentabilidade está a tornar-se um tópico relevante, é significativo que a nuvem também tenha um menor impacto ambiental. Com menos centros de dados em todo o mundo e operações mais eficientes, as empresas estão coletivamente a ter menos impacto no ambiente.

- *Elasticidade:* Este é um dos aspectos mais apelativos da computação em nuvem e um dos principais argumentos de venda quando se defende a mudança para a nuvem. As plataformas de computação em nuvem atribuem dinamicamente recursos a projectos e processos, garantindo que uma empresa tem a quantidade certa de recursos de que necessita em qualquer altura. Isto aumenta a eficiência dos custos e permite às empresas otimizar a utilização dos recursos.

Alguns destes benefícios são apresentados na Figura 3.5.

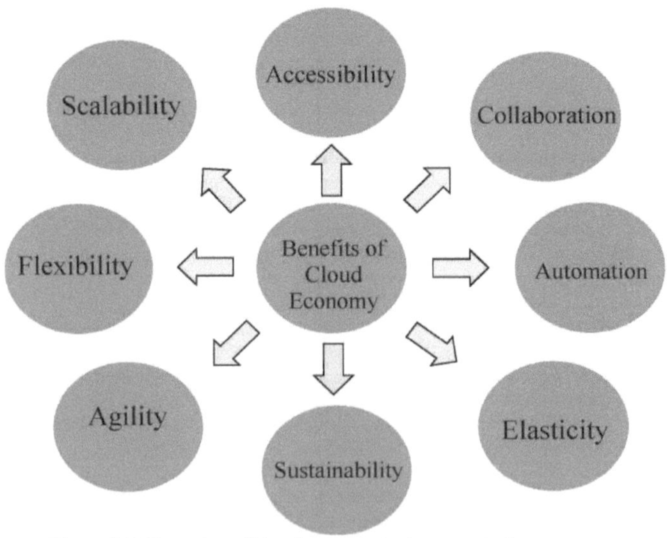

Figura 3.5 Alguns benefícios da economia da computação em nuvem.

3.5 DESAFIOS

A migração para a nuvem não vem com uma estratégia simples de tamanho único. Cada organização tem diferentes exigências internas e dos clientes e configurações únicas de rede e hardware. A escalabilidade, a latência e a segurança são três grandes preocupações que podem impedir a adoção de soluções na nuvem pelas empresas. As organizações podem não estar preparadas para lidar com um pico de atividade. Outros desafios da economia da nuvem são os seguintes:

- *Migração:* Embora uma migração para a nuvem ofereça muitos benefícios, a economia da nuvem exige previsão, tomada de decisões inteligentes e monitorização contínua. A migração inicial para a nuvem criará uma série de despesas exclusivas para cada organização. A migração pode ser gradual, concluída em etapas ou feita de uma só vez. As organizações devem projetar os custos únicos da migração, incluindo o tempo para testar aplicações na nova infraestrutura. Se a migração para a nuvem reduzir os custos mensais, isso oferece um forte argumento comercial para a transição. Nos modelos de pagamento por utilização, as organizações subestimam frequentemente os custos associados à migração e utilização da nuvem, que permanecem como custos imprevisíveis.

- *Medo:* Os consumidores de serviços em nuvem podem estar apreensivos quanto a confiar a empresas externas os seus dados privados e de missão crítica. Quando a nuvem é adoptada, as empresas receiam perder o controlo dos seus dados. Garantir a segurança total dos dados tornou-se uma ilusão. Com a nuvem, os dados já não estão num único local. Estão em todo o lado e podem ser acedidos a partir de qualquer lugar. Os piratas informáticos podem aceder às informações da sua empresa através dos seus parceiros. Este facto está a preocupar seriamente algumas empresas. A maioria dos proprietários de empresas dir-lhe-ão que conseguem lidar com o risco de utilizar a nuvem.

- *Pontos cegos:* Os pontos cegos são uma forma comum de enviesamento cognitivo, em que ignoramos factores influentes na tomada de decisões. Uma pessoa pode estar demasiado confiante de que compreende os custos e o calendário de um projeto. Uma série de potenciais preconceitos e pontos cegos pode afetar negativamente a tomada de decisões dos profissionais de TI. Alguns pontos cegos comuns da nuvem estão listados na Figura 3.6 [13]. Esses pontos cegos podem afetar suas escolhas.

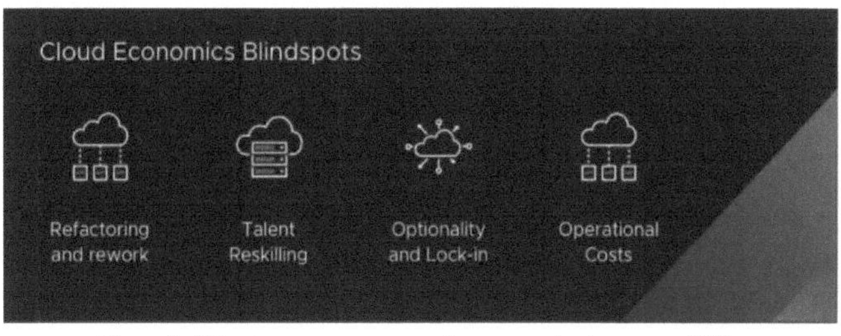

Figura 3.6 Pontos cegos comuns da economia da nuvem [13].

- *Latência:* Os utilizadores têm diferentes custos de latência. Atrasar a conclusão de uma tarefa em vários segundos pode custar a perda de vendas a um fornecedor de aplicações em tempo real orientadas para o cliente, ao passo que pode não fazer grande diferença para uma empresa que cria representações arquitectónicas ou animações.

- *Desempenho ambiental:* A otimização das iniciativas de desempenho económico e ambiental tem merecido uma atenção crescente por parte dos profissionais. Para muitas organizações, a gestão do desempenho económico e ambiental representa um desafio fundamental. Com a crescente globalização, as organizações têm cada vez mais dificuldade em manter relações adequadas com os fornecedores para equilibrar as iniciativas de desempenho económico e ambiental.

3.7 CONCLUSÕES

A computação em nuvem é normalmente constituída por um conjunto de recursos que são disponibilizados aos utilizadores finais em regime de pagamento conforme o uso. A economia da computação em nuvem é o estudo dos custos e benefícios da computação em nuvem e dos princípios económicos que lhes estão subjacentes. Pode ser considerada como um comportamento inovador no processo de desenvolvimento social e económico moderno. Por conseguinte, a atividade económica da computação em nuvem deve ser vista como um comportamento económico caracterizado pela inovação. As considerações económicas da computação em nuvem são os preços, a cadeia de abastecimento, os modelos de mercado, as partes interessadas e os efeitos de rede.

A nuvem tomou de assalto o mundo da tecnologia nos últimos anos, à medida que as organizações se afastam dos centros de dados tradicionais no local e transferem os seus dados e recursos informáticos para a nuvem. Veio para ficar e continuará a impulsionar o crescimento económico. As empresas estão cada vez mais interessadas na economia da computação em nuvem. No entanto, a economia da nuvem está na fase inicial de desenvolvimento e os profissionais dos países emergentes ainda não se aperceberam totalmente do seu valor estratégico.

Os benefícios económicos da computação em nuvem são convincentes. Dado o rápido desenvolvimento da computação em nuvem, esta poderá ter um impacto económico mais rápido do que a eletricidade ou a telefonia nos próximos anos [14]. À medida que as organizações passarem do cliente/servidor para a computação em nuvem, essa mudança afectará de forma significativa as economias mundiais e nacionais. Para mais informações sobre a economia da computação em nuvem, é aconselhável consultar os livros em [15-20] e as seguintes revistas relacionadas:

- *Jornal de Computação em Nuvem*
- *Computação em nuvem do IEEE*
- *Transacções IEEE sobre computação em nuvem*
- *Jornal Internacional de Aplicações e Computação em Nuvem*
- *Jornal Internacional de Computação em Nuvem e Ciência dos Serviços*

REFERÊNCIAS

[1] M. N. O. Sadiku, M. Tembely e S.M. Musa, "Cloud economy", *International Journal of Advanced Research in Computer Science and Software Engineering,* vol. 8, n.º 10, outubro de 2018, pp. 76-78.

[2] Q. Zhang, L. Cheng, e R. Boutaba, "Cloud computing: State-of-the-art and research challenges," *Journal of Internet Services and Applications,* vol.,1, 2010, pp. 718.
[3] M. N. O. Sadiku, S. M. Musa, e O.D. Momoh, "Cloud computing: Opportunities and challenges," *IEEE Potentials,* vol. 33, no. 1, Jan/Fev. 2014, pp.34-36.
[4] C. Baird," A primer on cloud computing," agosto de 2019, https://medium.com/@colinbaird_51123/a-primer-on-cloud-computing-9a34e90303c8
[5] "Economia", https://www.acsindep.moe.edu.sg/departments/economics/
[6] M. N. O. Sadiku, *Emerging Green Technologies.* Boca Raton, FL: CRC Press, 2020, p.112.
[7] "Economia da nuvem," https://www.halo.inc/cloud-economics/
[8] F. Etro, "The economics of cloud computing", *Actas da Conferência Anual sobre o Direito Europeu Antitrust,* Bruxelas, março de 2011.
[9] M. Chen, "O que é a economia da nuvem? The ultimate guide", outubro de 2023, https://www.oracle.com/cloud/cloud-economics-explained/
[10] M. Yamin, " Cloud economy of developing countries," *World Journal of Social Sciences,* vol. 3, no. 3. maio de 2013, pp. 132 - 142.
[11] "Computação em nuvem no sector financeiro - Parte 1: Um facilitador essencial", agosto de 2018, https://www.iifcom/portals/0/Files/private/32370132_cloud_computing_in_the_fmancial_sector_20180803_0.pdf
[12] K. Konstantinos et al., " Cloud computing and economic growth, *" Actas da 19.ª Conferência Pan-helénica sobre Informática,* outubro de 2015.
[13] B. Roth, "Behaviors and biases: Understanding cloud economics", fevereiro de 2019, https://blogs.vmware.com/cloud/2019/02/06/behaviors-biases-understanding-cloud- economics/
[14] E. Bayrak, J. P. Conley e S. Wilkie, "The e conomics of cloud computing", *The Korean Economic Review,* vol. 27, n.º 2, inverno de 2011, pp. 203-230.
00000
[15] D. Jones, *The Fifth Age of Work: How Companies Can Redesign Work to Become More Innovative in A Cloud Economy.* Portland, OR: Night Owls Press, 2013.
[16] B. Williams, *The Economics of Cloud Computing.* Cisco Press, 2012.
[17] M. H. Hugos e D. Hulitzky. *Business in the Cloud: What Every Business Needs to Know About Cloud Computing [O que todas as empresas precisam de saber sobre a computação em nuvem].* John Wiley & Sons, 2010.
[18] M. Mottola e M. D. Coatney, *The Human Cloud: How Today's Changemakers Use a Inteligência Artificial e a Economia Freelance para Transformar o Trabalho.* HarperCollins Leadership, 2021.
[19] M. P. Mills, *The Cloud Revolution: Como a convergência de novas tecnologias irá desencadear o próximo boom económico e uma década de 2020 estrondosa.* Encounter Books, 2021.
[20] V. Lehdonvirta, . *Cloud Empires: Como as plataformas digitais estão a ultrapassar o Estado e como podemos recuperar o controlo.* MIT Press, 2022.

CAPÍTULO 4 : ROBÓTICA NA NUVEM

"Aprende tudo o que puderes com os erros dos outros. Não terás tempo para os cometer todos." - Anónimo

4.1 INTRODUÇÃO

Nas últimas décadas, a tecnologia robótica desenvolveu-se rapidamente e teve um impacto socioeconómico significativo na vida das pessoas. Afectou quase todos os aspectos da vida, quer para fins de lazer, quer para aplicações críticas. As pessoas exigem cada vez mais robôs, especialmente a sua capacidade de executar tarefas de forma autónoma. Por exemplo, os robôs industriais têm sido amplamente utilizados nas fábricas para executar tarefas entediantes, repetitivas ou perigosas, como a montagem, a pintura, a embalagem e a soldadura. A robótica e os sistemas autónomos são considerados como a quarta revolução industrial [1]. Um número crescente de empresas está a recorrer à automatização robótica para melhorar a sua eficiência e produtividade. Tornou-se mais fácil para elas automatizar tarefas mundanas e repetitivas.

Os robôs são normalmente utilizados em ambientes perigosos onde os seres humanos não podem sobreviver, tais como desarmar bombas, encontrar sobreviventes em ruínas instáveis, soldar e explorar minas e naufrágios. Atualmente, os robôs desempenham funções importantes em casas, hospitais, indústrias, instituições militares, educação, entretenimento e no espaço exterior. São concebidos para executar uma grande variedade de tarefas programadas. Os robôs podem apoiar, ajudar e alargar os serviços dos profissionais de saúde. Os robôs estão a mudar rapidamente a face da indústria transformadora. Podem ajudar os fabricantes a aumentar a precisão, a repetibilidade e a produtividade [2].

Atualmente, todas as tecnologias estão ligadas à computação em nuvem e os robôs não são exceção. A nuvem tem potencial para melhorar uma vasta gama de robôs e sistemas de automação, como os apresentados na Figura 4.1 [3].

Figura 4.1 A nuvem tem potencial para melhorar uma vasta gama de robôs e sistemas de automação [3].

Quando ligados à nuvem, os robots podem beneficiar dos poderosos recursos de computação, armazenamento e comunicação disponíveis na nuvem [4]. A robótica na nuvem pode ser considerada um ramo emergente da robótica que tenta incorporar as tecnologias da nuvem, como a computação na nuvem, o servidor na nuvem e o armazenamento na nuvem.

Os primeiros robôs eram simples máquinas mecânicas automatizadas. Os robots modernos utilizam microprocessadores e tecnologia informática. Podem ser programados e "ensinados" a efetuar determinadas tarefas. A robótica na nuvem (ou robótica melhorada na nuvem) combina os dois conceitos em rápida evolução da robótica e da computação na nuvem. É a integração perfeita da robótica e da computação em nuvem, que é o processo de armazenamento, processamento, análise e armazenamento de dados através da Internet (ou nuvem) em vez de no seu disco rígido. Trata-se de um ramo emergente da robótica que utiliza tecnologias de nuvem, como o armazenamento em nuvem, a computação em nuvem e outras tecnologias da Internet, para proporcionar à robótica as vantagens de uma infraestrutura convergente e de serviços partilhados [5]. A computação em nuvem capacita os robôs, oferecendo-lhes capacidades computacionais mais rápidas e mais potentes através de uma computação paralela maciça e de maiores facilidades de armazenamento de dados.

Este capítulo apresenta uma breve introdução à robótica em nuvem. Começa por abordar o que são os robôs. Apresenta uma visão geral da computação em nuvem. Explica a robótica na nuvem. Apresenta algumas aplicações da robótica na nuvem. Destaca as vantagens e os desafios da robótica na nuvem. A última secção conclui com comentários.

4.2 O QUE É UM ROBOT?

A palavra "robot" foi cunhada pelo escritor checo Karel Capek na sua peça de teatro de 1920. Isaac Asimov cunhou o termo "robótica" em 1942 e criou três regras para orientar o comportamento dos robots [6]:

(1) Os robots nunca devem fazer mal aos seres humanos,
(2) Os robôs devem seguir as instruções dos humanos sem violar a regra 1,
(3) Os robôs devem proteger-se sem violar as outras regras.

A robótica avançou e assumiu muitas formas, incluindo robôs fixos, robôs colaborativos, robôs móveis, robôs industriais, robôs médicos, robôs policiais, robôs militares, robôs oficiais, robôs de serviço, robôs espaciais, robôs sociais, robôs pessoais e robôs de reabilitação [7,8]. Os robôs estão a tornar-se cada vez mais predominantes em quase todos os sectores, desde os cuidados de saúde à indústria transformadora.

Embora existam muitos tipos de robôs concebidos para diferentes ambientes e para diferentes fins/aplicações, todos eles partilham quatro semelhanças básicas [9]: (1) Todos os robôs têm alguma forma de construção mecânica concebida para realizar uma determinada tarefa; (2) Têm componentes eléctricos que alimentam e controlam a maquinaria; (3) Todos os robôs têm de ser capazes de sentir o que os rodeia; um robô pode ter sensores de luz (olhos), sensores de tato e pressão (mãos), sensores químicos (nariz), sensores de audição e sonar (ouvidos), etc.
(4) Todos os robots contêm algum nível de código de programação informática. Os programas são a essência de um robô, uma vez que proporcionam inteligência. Existem três tipos diferentes de programas robóticos: controlo remoto, inteligência artificial e híbrido. Alguns robôs são programados para executar fielmente acções específicas repetidas vezes (acções repetitivas) sem variação e com um elevado grau de precisão [10].

O domínio da robótica é heterogéneo e multidisciplinar. A comunidade da robótica é constituída por engenheiros robóticos, biólogos, cientistas informáticos e matemáticos, para mencionar apenas alguns. O objetivo da robótica é criar máquinas inteligentes (chamadas robôs) que se comportem e pensem como os seres humanos. A robótica evoluiu para permitir que funções semelhantes às dos seres humanos ou dos animais sejam executadas por máquinas, com maior força, velocidade e precisão, numa máquina com uma forma aproximadamente humana ou animal.

Um robô autónomo tem uma estrutura corporal básica (o chassis), sensores, um sistema de controlo central (microprocessador), actuadores (motores), uma fonte de alimentação e um software para controlar o seu comportamento. A robótica tem quatro divisões [11]:

1. Robótica móvel - Robôs que trabalham e operam no solo (espaço 2D). Exemplo: veículo terrestre não tripulado
2. Robótica aérea - Robôs que trabalham e operam no ar e/ou no espaço 3D. Exemplo: Veículo aéreo não tripulado
3. Robótica industrial - Robôs utilizados para a automatização de fábricas. Exemplo: Robôs de soldadura, pick and place, etc.
4. Bio Robótica - Robôs que imitam animais e seres humanos. Exemplo: Humanoides, robot chita, etc.

4.3 BÁSICOS DA NUVEM

A Nuvem é utilizada como metáfora para a Internet. A computação em nuvem está a evoluir como uma tecnologia-chave para a partilha de recursos através da Internet. Trata-se de fornecer serviços através da Internet a um custo mais baixo. Oficialmente, os serviços modernos de computação em nuvem começaram com o lançamento do software Salesforce na nuvem em 1999. Desde então, tem-se registado um rápido desenvolvimento desta tecnologia. Os três tipos de computação em nuvem são a nuvem pública, a nuvem privada e a nuvem híbrida. Os fornecedores de serviços de computação em nuvem oferecem três serviços principais [12,13]:

- *Software como um serviço (SaaS):* As aplicações baseadas na nuvem são executadas em computadores "na nuvem" que pertencem e são operados por terceiros e que se ligam aos computadores dos utilizadores através da Internet.
- *Plataforma como um serviço (PaaS):* Fornece um ambiente baseado na nuvem com tudo o que é necessário para suportar o ciclo de vida completo da criação e fornecimento de aplicações.
- *Infraestrutura como serviço (IaaS):* Fornece às organizações recursos informáticos, incluindo processamento, servidores, armazenamento de redes e espaço no centro de dados, numa base de pagamento por utilização.

A Figura 4.2 ilustra a computação em nuvem [14].

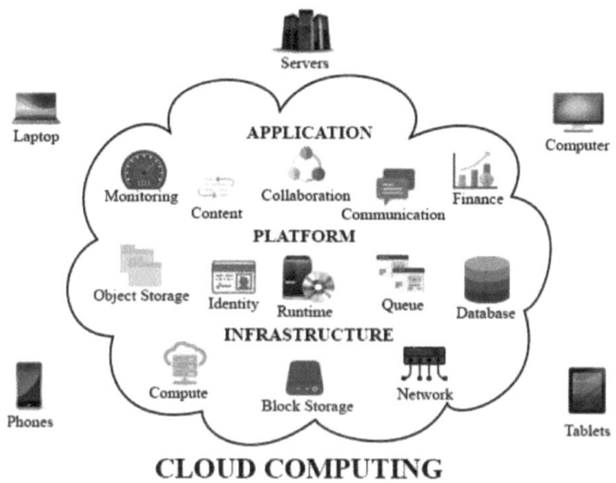

Figura 4.2 Computação em nuvem [14].

O principal objetivo da computação em nuvem é utilizar melhor os recursos distribuídos e resolver problemas de computação em grande escala. Por exemplo, a computação em nuvem pode concentrar o poder de milhares de computadores num problema, permitindo que os investigadores façam o seu trabalho mais rapidamente do que nunca. Assim, a computação em nuvem pode ser considerada como um sistema distribuído que oferece serviços de computação através de uma rede de comunicação informática, normalmente a Internet (TCP/IP). Os recursos na nuvem são transparentes para os utilizadores e estes não precisam de saber a localização exacta dos recursos. Podem ser partilhados entre um grande número de utilizadores, que devem poder aceder a aplicações e dados a partir de qualquer lugar e a qualquer momento. Antes do advento da computação em nuvem, era necessária uma equipa de especialistas para instalar, configurar, testar, executar, proteger e atualizar servidores e aplicações.

4.4 O QUE É A ROBÓTICA NA NUVEM?

O termo "robótica na nuvem" foi cunhado por James Kuffner da Google em 2010. A robótica na nuvem é um sistema baseado na Internet que combina robótica, computação na nuvem, aprendizagem profunda, grandes volumes de dados, Internet das coisas e outras tecnologias emergentes. É implementada em várias operações multi-robóticas. A robótica em nuvem é diferente da automação geral devido à sua dependência de tecnologias de nuvem. A computação em nuvem capacita os robôs, oferecendo-lhes capacidades computacionais mais rápidas e mais potentes. A figura 4.3 ilustra um exemplo típico de robótica em nuvem [15].

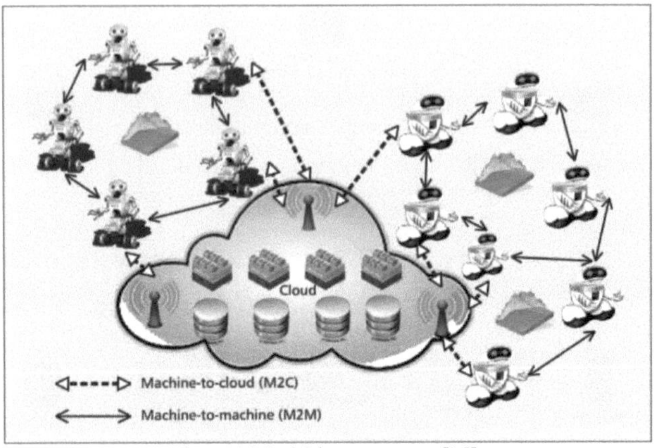

Figura 4.3 Robótica em nuvem [15].

A Figura 4.4 mostra a relação entre os robôs em nuvem e a física e a inteligência artificial dos robôs [16].

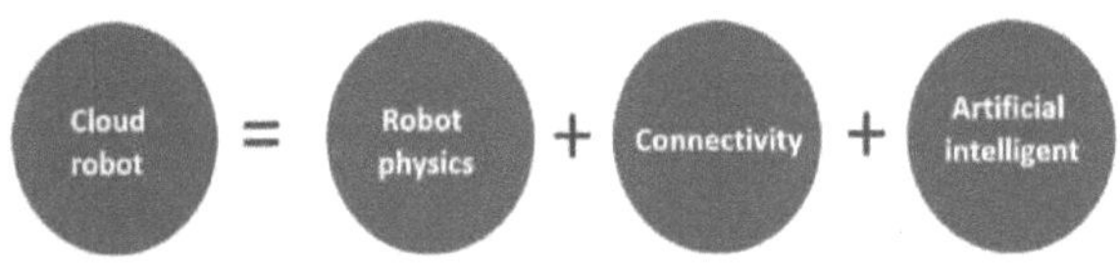

Figura 4.4 Relação entre o robô em nuvem e a física e inteligência artificial dos robôs [16].

As principais caraterísticas da arquitetura da computação em nuvem são [17]:

- As tarefas de computação da infraestrutura de computação em nuvem são dinâmicas.
- Com a robótica na nuvem, é possível partilhar um conjunto comum de redes e servidores.
- A robótica na nuvem introduz uma elasticidade rápida porque os recursos podem ser aumentados e reduzidos com base na procura.
- O "cérebro" da robótica em nuvem está na nuvem.
- A tarefa de computação pode ser confiada à nuvem, o que pode resultar numa melhor duração da bateria e numa menor carga do robot.

A robótica em nuvem fornece os seguintes serviços:

- *Autosserviço:* o utilizador final não necessita de um especialista para configurar e operar uma solução de robótica.
- *Recursos partilhados:* o utilizador final não possui robôs. Em vez disso, os robôs são alugados numa base mensal.
- *Elasticidade:* reconfiguração para se adequar ao processo empresarial e permitir

um aumento ou diminuição da escala com um esforço mínimo

- *Acesso ubíquo:* o estado do sistema robótico e dos seus subcomponentes pode ser observado e controlado a partir de qualquer lugar por qualquer pessoa que tenha a autorização adequada.
- *Interfaces abertas:* as interfaces são bem definidas, o que facilita a integração de terceiros. As transacções são transparentes para os intervenientes relevantes.

Foram feitas várias tentativas para criar um sistema operativo em tempo real seguro, protegido e flexível para robôs. Uma vez que as aplicações para a robótica em nuvem têm de ser desenvolvidas numa plataforma, a maioria dos criadores de aplicações em nuvem escolhe o ROS (Robot Operating System), que é um middleware de código aberto. O ROS fornece uma estrutura semelhante a um gráfico para a robótica na nuvem. Fornece um ecossistema para apoiar a robótica na nuvem. É uma coleção de ferramentas, bibliotecas e convenções que podem simplificar a tarefa de criar comportamentos complexos de robôs numa vasta gama de plataformas robóticas. Uma biblioteca para ROS que é uma implementação Java pura que permite o desenvolvimento de aplicações Android para a robótica na nuvem. Essencialmente, usamos o ROS para desenvolver aplicações robóticas e a robótica em nuvem para as manter [18].

4.5 APLICAÇÕES DA ROBÓTICA NA NUVEM

Os robôs podem realizar proezas que nenhuma máquina atual consegue realizar. Os sistemas de robótica estão a ser aplicados a situações do mundo real. Praticamente não existem limitações nos domínios em que os robôs podem ser adoptados e implementados com êxito. A poderosa combinação de robótica e computação em nuvem abre a porta a possibilidades completamente novas. Algumas aplicações populares da robótica em nuvem incluem os robôs móveis autónomos, os robôs médicos em nuvem, os robôs de assistência em nuvem e os robôs industriais em nuvem. Estas aplicações são explicadas resumidamente do seguinte modo [4,19]:

- *Robôs móveis autónomos:* Os robôs móveis devem navegar com segurança em armazéns, fábricas e centros de distribuição, evitando os trabalhadores e as máquinas. Os carros autónomos da Google são exemplos típicos de robôs na nuvem. Os carros podem aceder à enorme base de dados da Google para monitorizar a sua própria localização e evitar colisões. Cada carro pode aprender algo sobre ambientes, estradas e condições de tráfego e envia as informações para a nuvem da Google para benefício de outros carros.

- *Robôs médicos na nuvem:* O sector médico está pronto para a transformação devido aos robôs na nuvem. Os robôs ligados à nuvem podem aceder a informações sobre os pacientes, registos médicos e algoritmos de diagnóstico de doenças de ponta. Um robô médico na nuvem pode ligar-se à nuvem para fornecer tratamento clínico aos doentes e ajudar os médicos. O robô pode consistir em vários serviços, como uma base de dados de doenças e registos médicos electrónicos, e um sistema médico especializado. Andarilho robótico na nuvem para doentes com Parkinson e outras doenças músculo-esqueléticas que contorna automaticamente os obstáculos e responde a comandos de voz.

- *Robôs de assistência:* Um robô de assistência na nuvem pode ser utilizado para monitorizar a vida de pessoas idosas, especialmente as que sofrem de doenças crónicas. O robô recolhe o estado de saúde dos pacientes e troca a informação com o sistema especializado em nuvem ou com os médicos. O robô pode dar apoio para evitar que os idosos caiam. Também pode notificar o prestador de cuidados através da rede em caso de emergência.

- *Robôs industriais:* Este tipo de robôs é utilizado nas indústrias para diversos fins. O aparecimento da robótica na nuvem deu início a uma nova era de ambientes de fabrico inteligentes (SME) na indústria, em que robôs autónomos equipados com recursos da nuvem são utilizados em tarefas industriais reais, como a gestão de armazéns, a embalagem automática, etc. Vários processos industriais, como a pintura, a maquinagem, o manuseamento de materiais, a soldadura e a montagem, estão agora a ser substituídos por robôs industriais automatizados. Os robôs industriais treinados por aprendizagem automática tornam-se mais conscientes das pessoas e do meio envolvente. Podem ajudar as empresas a fazer as coisas com menos erros. Na indústria transformadora, esses sistemas de robôs baseados na nuvem podem aprender a executar tarefas como enfiar fios ou cabos ou alinhar juntas a partir de uma base de conhecimentos profissionais. Outro paradigma potencial são os sistemas robotizados de entrega de compras [20]. A Figura 4.5 mostra a robótica em nuvem num ambiente industrial [21].

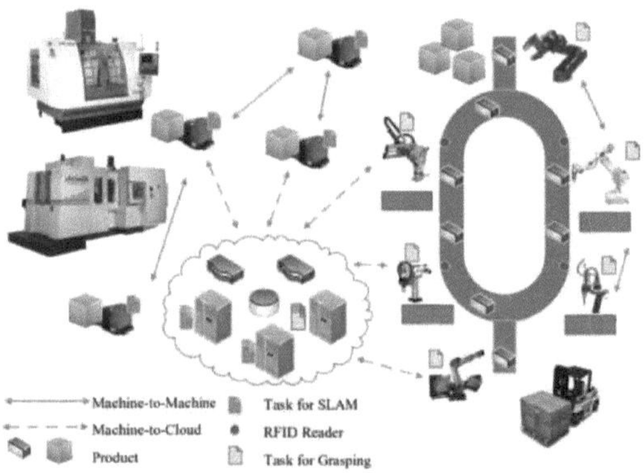

Figura 4.5 Robótica em nuvem num ambiente industrial [21].

- *RoboEarth:* Este sistema robótico foi financiado em 2010 pelo Sétimo Programa-Quadro da União Europeia especificamente para explorar o domínio da robótica em nuvem. O objetivo do RoboEarth é permitir que os sistemas robóticos beneficiem da experiência

- de outros robots. A base de dados do RoboEarth armazena o conhecimento gerado por humanos e robôs. A base de conhecimentos inclui componentes de software, mapas de navegação, conhecimentos sobre tarefas e modelos de reconhecimento de objectos. A arquitetura do RobotEarth é apresentada na Figura 4.6 [22].

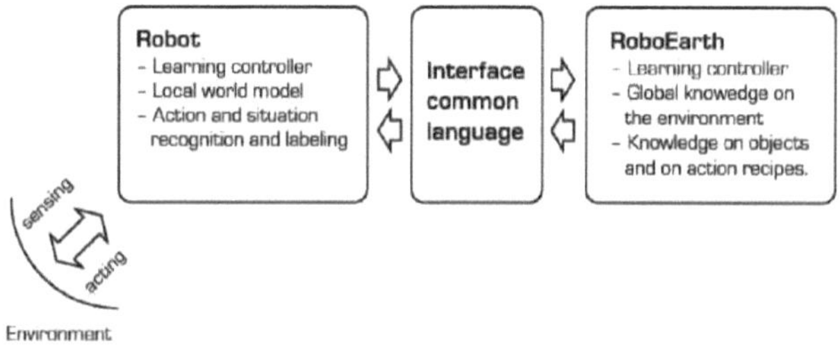

Figura 4.6 Arquitetura do RoboEarth [22].

- *Robôs em rede:* A computação em nuvem está a transformar o potencial da robótica, permitindo que equipas multi-robóticas realizem tarefas complexas na nuvem. Estes robôs em rede estão ligados como uma equipa de robôs através de uma rede de comunicação com ou sem fios. Resolvem o problema associado aos sistemas de robôs autónomos. Partilham dados uns com os outros e resolvem uma tarefa de forma cooperativa. O principal desafio que os robôs em rede enfrentam deve-se a limitações de recursos, limitações de aprendizagem e limitações de comunicação. As restrições de hardware de cada robô individual limitam a sua capacidade de computação e armazenamento, o que resulta numa limitação colectiva dos robôs em rede. Os robôs em rede mantêm a comunicação máquina-a-máquina [23].

- *Fabrico:* A indústria transformadora está a passar por uma grande quantidade de mudanças drásticas desde a introdução dos robôs. O sector da indústria transformadora foi um dos primeiros a utilizar robôs em nuvem. Os robôs em nuvem são utilizados para trabalhos de embalagem, controlo de qualidade e montagem. Estes robôs podem descobrir falhas, reagir a alterações nas linhas de produção e operar ao lado de pessoas de forma mais eficaz e segura. Quando associados às tecnologias de IA mais recentes, os robôs podem ser utilizados com êxito nas fábricas do sector da produção. O aumento do número de robôs na indústria transformadora colocou-os em estreita colaboração com os trabalhadores humanos. Um dos principais factores de crescimento no sector da robótica é a necessidade de reduzir os custos de fabrico. A elevada procura resulta da necessidade de compensar a falta de trabalhadores humanos.

- *Agricultura:* Os robôs na nuvem podem automatizar a colheita, monitorizar a saúde das culturas e gerir a utilização de recursos na agricultura. Estes robôs podem utilizar a nuvem para avaliar grandes volumes de dados de campo, prever rendimentos agrícolas e fazer julgamentos rápidos. Os robôs agrícolas assumem algumas das tarefas mais exigentes do ponto de vista físico que anteriormente eram executadas exclusivamente por humanos. Os drones também foram incluídos no sector agrícola por um número crescente de agricultores.

- *Internet das coisas robóticas:* A Internet das coisas robóticas (IoRT) é um ramo da robótica que descreve como dotar um robô de inteligência para executar tarefas críticas por si próprio. É um conceito em que a tecnologia inteligente pode monitorizar e manipular os eventos que ocorrem à volta dos robôs. As comunidades da IoT e da robótica estão a unir-se para criar a IoRT. A IoRT é um domínio relativamente novo, em que as máquinas autónomas recolhem dados de vários sensores e comunicam entre si para realizar determinadas tarefas [24]. As empresas de todo o mundo estão apenas a começar a adotar a Internet das Coisas Robótica.

Outras aplicações incluem o reconhecimento facial, o processamento de linguagem natural, a logística, a segurança, a vigilância, a orientação, a educação e a assistência pessoal.

4.6 BENEFÍCIOS

Os robôs, com as suas várias aplicações, trouxeram impactos económicos e sociais significativos para a vida humana. As vantagens da robótica incluem trabalhos pesados com precisão e repetibilidade. Aumentou a automatização no local de trabalho. As tecnologias de aprendizagem automática e de computação em nuvem estão a ser utilizadas para desenvolver robôs melhores, mais inteligentes, mais rápidos e mais úteis do que nunca. A robótica em nuvem é uma fusão poderosa e bem sucedida de tecnologias de nuvem e robótica. Tornou-se um fator de mudança porque tornou os robôs capazes de realizar várias tarefas que não podiam realizar anteriormente. As vantagens da robótica na nuvem incluem o acesso a grandes conjuntos de dados, algoritmos, códigos e programas de fonte aberta, computação paralela ou em grelha extremamente potente e a partilha de informações entre robôs. Em comparação com os robôs convencionais, os robôs na nuvem irão gerar novas cadeias de valor, novas tecnologias, novas arquitecturas e novos modelos de negócio.

Outros benefícios da robótica em nuvem incluem [15,25]:

- *Acessibilidade:* A computação em nuvem torna possível a construção de robôs leves, de baixo custo e mais inteligentes, com um "cérebro" inteligente na nuvem. A robótica na nuvem permite que os criadores de soluções de hardware e software de robótica produzam robôs económicos para aplicações comerciais ou domésticas. As empresas precisam de robôs acessíveis em massa para gerir grandes armazéns, embalagens, fabrico, etc. Um computador mínimo que possa analisar os dados da nuvem e dar instruções aos actuadores e sensores a bordo será suficiente. Assim, os robôs conterão menos hardware e o preço será mais baixo. Os preços estão a baixar e o hardware está a ficar mais pequeno.

- *Custo:* Os projectistas e criadores de robôs decidiram transferir uma parte dos processos de robótica para a nuvem para poupar nos custos de produção. A computação em nuvem envolve a prestação de serviços através da Internet a um custo mais baixo. Também tornou os robôs mais económicos e fáceis de instalar. Os criadores de hardware e software para robôs já não precisam de confiar nas capacidades de bordo do robô que está a ser desenvolvido.

- *Externalizar a computação:* Uma das principais vantagens da robótica na nuvem é a capacidade de transferir tarefas computacionalmente intensivas para a nuvem. Os programadores de robôs podem externalizar as capacidades de processamento para uma plataforma de robótica na nuvem. Os robôs não precisam de ter computadores de bordo e memórias pesadas para efectuarem eles próprios os cálculos. Os robôs podem aceder a dados da Internet, da intranet e de dispositivos IoT para realizar as suas tarefas. Podem utilizar a inteligência de soluções de inteligência artificial e de aprendizagem automática baseadas na nuvem.

- *Resolução de problemas online:* Uma empresa não precisa de contratar uma equipa interna de técnicos de robótica. O fabricante pode resolver os problemas dos robôs utilizando soluções na nuvem. Os técnicos do fabricante podem reparar o robô em linha.

- *Agilidade:* Os primeiros robôs pareciam enormes, uma vez que tinham de acomodar muitas máquinas no seu chassis. Atualmente, com a robótica na nuvem, os robôs estão a tornar-se pequenos, ágeis e atraentes. As empresas precisam de agilidade e capacidade para controlar milhares de robôs a partir de um único computador utilizando uma rede em nuvem.

- *Serviço polivalente:* A robótica em nuvem permite a reutilização de um robô para múltiplas tarefas. Permite a conceção de sistemas multi-robô com maior eficiência energética, elevado desempenho em tempo real e baixo custo. As empresas não precisam de comprar robôs especializados para diferentes fins. Podem obter robôs de serviço polivalentes que podem ser modificados utilizando soluções na nuvem para se adaptarem a requisitos específicos de processos automatizados. A coordenação do design, a identificação de objectos, o reconhecimento e a síntese da fala e a visão por computador são exemplos de actividades que podem ser dinamicamente transferidas para a nuvem. Os robôs de nuvem podem aproveitar o poder da computação em nuvem para realizar uma série de tarefas, como o processamento de linguagem natural, o reconhecimento de imagens e a aprendizagem automática.

- *Armazenamento:* O robô da nuvem tem à sua disposição mais capacidade de armazenamento de dados e de processamento. Os robôs que utilizam o armazenamento em nuvem têm acesso a salas de alta densidade onde podem armazenar grandes quantidades de dados para utilização futura. Isto é importante para situações em que os robôs acumulam sensores e outros dados, resultando numa grande quantidade de dados que é impossível armazenar localmente devido à capacidade limitada de armazenamento da maioria dos robôs.

- *Robots-as-a-Service:* A combinação da computação em nuvem e da robótica proporciona um modelo de negócio que permite a ligação do robô como um serviço (RaaS), o que permite uma implementação mais rápida de soluções robóticas adaptativas. As empresas de robótica podem alugar a sua tecnologia através da nuvem a terceiros por um custo recorrente. As tecnologias RaaS têm vindo a ganhar popularidade nos últimos anos, tal como a robótica.

- *Automatização:* A maquinaria física, o software informático e outras tecnologias são utilizados para automatizar o trabalho humano. A automatização é a utilização de software informático, maquinaria ou outra tecnologia para realizar uma atividade que, de outro modo, seria executada por um ser humano.

- *Colaboração:* Uma vantagem significativa da robótica em nuvem é a capacidade de partilhar conhecimentos e experiências entre robôs. A robótica baseada na nuvem permite a partilha de conhecimentos e de bases de dados em tempo real. Isto torna os robôs mais inteligentes, mais baratos e mais pequenos. A robótica na nuvem permite que os robôs partilhem dados e colaborem entre si. Esta tecnologia permite que os robôs trabalhem em conjunto para resolver problemas complexos e aprendam com as experiências uns dos outros. Ao ligarem-se a uma base de dados centralizada baseada na nuvem, os robôs podem aprender com as experiências uns dos outros, acelerando o processo de aprendizagem e melhorando o desempenho geral. Os robôs podem realizar tarefas cada vez mais complicadas, aprender com as experiências colectivas de outros robôs e modificar o seu comportamento com base na análise de dados em tempo real.

- *Inteligência:* Os robôs na nuvem podem realizar tarefas complexas que estão acima das capacidades da sua tecnologia de bordo, aumentando significativamente a sua inteligência e flexibilidade. Os robôs na nuvem podem utilizar a inteligência de soluções de inteligência artificial e de aprendizagem automática baseadas na nuvem. O objetivo da robótica na nuvem é colocar a inteligência na nuvem e a robótica simplificada no terreno. Os dados, por si só, não são suficientes. As empresas estão a exigir soluções de business intelligence em tempo real.
A capacidade de incorporar inteligência robótica autónoma aumentou graças à introdução e ao rápido desenvolvimento da inovação na nuvem e da Internet das coisas. A inteligência do robô já não está no próprio robô, mas é executada remotamente na nuvem.

- *Processamento de linguagem natural:* A robótica em nuvem permite que os robôs interajam com os seres humanos de forma mais natural e intuitiva, tornando-os mais fáceis de utilizar. Permite que os robôs compreendam e processem a linguagem humana.

4.7 DESAFIOS

A robótica tem enfrentado inúmeros desafios, nomeadamente questões relacionadas com a eficácia, a segurança e a relação custo-eficácia. A concentração de recursos de computação num ambiente de computação em nuvem coloca ameaças à segurança. O controlo do movimento de um robô, que depende fortemente de sensores (em tempo real) e do feedback do controlador, pode não beneficiar muito com a nuvem. Outros desafios técnicos que tendem a impedir o desempenho eficiente dos robôs na nuvem são os seguintes [25,26]:

- *Requisitos em tempo real:* As tarefas que envolvem a execução em tempo real e exigem processamento a bordo podem não beneficiar da computação em nuvem. Manter um equilíbrio entre os requisitos de tempo real de diferentes situações e a precisão do desempenho é uma tarefa difícil.

- *Resposta lenta:* As aplicações baseadas na nuvem podem ser lentas devido a respostas de alta latência.

- *Distância:* Pode haver alturas em que os robôs não consigam ligar-se à rede, por razões de segurança ou por motivos fisiográficos. É aqui que a computação periférica entra em cena como solução.

- *Ética:* A computação em nuvem dificilmente aborda as interações homem-máquina, que suscitam preocupações éticas e jurídicas distintas. Há uma interdependência e interações crescentes de elementos tangíveis e virtuais em ambientes de robótica em nuvem. Há que considerar algumas questões éticas para a robótica na nuvem. Quem deve ser responsabilizado por um robô que esteja fora de controlo e cause danos?

- *Complexidade técnica:* A natureza extremamente técnica das soluções de robótica em nuvem afasta aqueles que não são especialistas na área. Depois de os robôs serem concebidos, construídos e implementados, é tecnicamente difícil, se não impossível, alterar ou atualizar as suas configurações de recursos.

- *Grandes despesas de capital:* É necessário um montante substancial de capital para implementar uma solução de robótica na nuvem.

    - *Acessibilidade:* O problema inerente à rede da Internet é a falta de largura de banda quando muitos dispositivos tentam aceder ao mesmo recurso na nuvem. Os robôs da nuvem podem ficar inoperacionais se a infraestrutura de rede se avariar.

    - *Segurança:* A utilização crescente da tecnologia baseada na robótica em nuvem levanta questões sobre privacidade e segurança. Como os robôs recolhem e transmitem grandes quantidades de dados para a nuvem, existe um risco acrescido de violação de dados e de acesso não autorizado. Qualquer coisa na rede da nuvem pode ser pirateada. Os dados são armazenados e as operações são efectuadas remotamente na nuvem, deixando estes sistemas vulneráveis aos hackers. Por conseguinte, as soluções de robótica na nuvem serão fortemente visadas pelo phishing,
    pirataria informática, engenharia social, etc.

    - *A privacidade:* A robótica na nuvem implica a recolha e o tratamento de grandes quantidades de dados. Estes dados podem incluir informações sensíveis, como dados pessoais e informações comerciais confidenciais. É essencial garantir a privacidade destes dados.

    - *Velocidade:* As pessoas estão habituadas a velocidades rápidas com o seu correio eletrónico e aplicações, e o robô de nuvem deve seguir o exemplo. A velocidade no sentido da robótica implica um processamento em tempo real com latência zero. Por exemplo, um braço robótico tem de estar no sítio certo, precisamente no momento certo. Quando a rede em nuvem está ocupada, os robôs podem responder mais lentamente do que a taxa de resposta esperada. Pelo contrário, os mesmos robôs podem oferecer uma velocidade e uma precisão óptimas quando a rede em nuvem já não está ocupada.

    - *Atraso:* O principal problema da robótica na nuvem é o atraso na computação e na comunicação que ocorre entre os robôs e a nuvem para a grande maioria das aplicações. A comunicação entre os robôs e os serviços na nuvem pode causar atrasos significativos.

- *Conectividade:* Um dos principais desafios é a dependência da conetividade da rede. Uma vez que a robótica na nuvem depende de uma ligação constante à nuvem, qualquer perturbação na rede pode levar a uma perda de funcionalidade ou mesmo a uma falha total do robô. Isto suscita preocupações quanto à fiabilidade e robustez dos sistemas de robótica em nuvem, especialmente em aplicações de missão crítica. Imagine-se uma situação em que um robô de missão crítica, por exemplo um robô cirúrgico, perde subitamente a sua ligação à rede em nuvem. Isto é simplesmente inaceitável.

- *Consciência dos custos:* Existe sempre uma espécie de consciência de custos em termos de materiais de construção globais para robots.

- *Regulamentação:* É provável que surjam algumas questões legais e regulamentares quando os robôs são combinados com serviços em nuvem. Não foi desenvolvido um quadro regulamentar especificamente para a robótica na nuvem. Tal como acontece com qualquer tecnologia emergente, muitas leis e requisitos regulamentares existentes aplicam-se à robótica na nuvem.

- *Ambiente extremo:* Quando se enfrenta um ambiente extremo, como um terramoto ou a exploração de um espaço desconhecido, a robótica pré-programada não pode satisfazer as necessidades reais da aplicação.

Estes desafios actuais impedem que a robótica em nuvem se torne uma realidade.

4.8 CONCLUSÃO

A robótica em nuvem é a integração de dois conceitos em rápida evolução, a robótica e a computação em nuvem. Trata-se de uma tecnologia em rápido desenvolvimento, possibilitada pelo número crescente de poderosos serviços de computação em nuvem disponíveis. Pode ser considerada como a transferência de parte do processamento de um robô para a nuvem, permitindo-lhe partilhar recursos. É uma categoria de robótica que utiliza tecnologias de nuvem, incluindo computação em nuvem, armazenamento em nuvem e outras tecnologias da Internet. Este conceito está a ganhar popularidade em todo o mundo porque está a tornar os futuros robôs mais produtivos e eficientes.

Embora a robótica em nuvem seja um conceito relativamente recente e ainda esteja a dar os primeiros passos na maioria dos países, grandes empresas como a Microsoft, a Google e a IBM estão a investir fortemente no seu desenvolvimento. Os avanços tecnológicos na inteligência artificial e nas tecnologias relacionadas irão aumentar a adoção da robótica na nuvem. Para mais informações sobre a utilização da robótica na nuvem, consultar o livro [27-35] e as seguintes revistas relacionadas com a robótica na nuvem:

- *Robótica*
- *Robótica e sistemas autónomos*
- *Robótica avançada*
- *Revista de Sistemas Robóticos*
- *Jornal de Robótica*
- *Jornal de Cirurgia Robótica*
- *Revista de Sistemas Inteligentes e Robóticos*
- *Journal of Mechanisms and Robotics-Transactions of the ASME*
- *Robótica de serviço inteligente*

- *Revista IEEE sobre Robótica e Automação*
- *Revista IEEE Robotics & Automation*
- *Cartas de Robótica e Automação do IEEE*

- *IEEE Transactions on Robotics*
- *Revista Internacional de Robótica Médica e Cirurgia Assistida por Computador*
- *Jornal Internacional de Investigação em Robótica*
- *Revista Internacional de Robótica Social*
- *Revista Internacional de Robótica Humanoide*
- *Jornal de Computação em Nuvem*
- *Computação em nuvem do IEEE*
- *Transacções IEEE sobre computação em nuvem*
- *Jornal internacional de aplicações e computação em nuvem*
- *Revista Internacional de Computação em Nuvem e Ciência dos Serviços*

REFERÊNCIAS

[1] F. Iida e C. Laschi, "Soft robotics: Challenges and perspectives," *Procedia Computer Science,* vol. 7, 2011, pp. 99-102.

[2] M. N. O. Sadiku, Y. Wang, S. Cui e S.M. Musa, "Healthcare robotics: A primer", *International Journal of Advanced Research in Computer Science and Software Engineering,* vol. 8, no. 2, Feb. 2018, pp. 26-29.

[3] B. Kehoe et al., "A survey of research on cloud robotics and automation", *IEEE Transactions on Automation Science And Engineering,* vol. 12, n.º 2, abril de 2015, pp. 398-409.

[4] "Cloud robotics", *Wikipedia,* a enciclopédia livre https://en.wikipedia.org/wiki/Cloud_robotics

[5] M. N. O. Sadiku, O. D. Olaleye, A. Ajayi-Majebi, e S. M. Musa, "Cloud robotics: An introduction", *International Journal of Trend in Research and Development,* vol. 9, no. 3, maio-junho de 2022, pp. 56-60.

[6] "Interação homem-robô", *Wikipédia,* a enciclopédia livre https://en.wikipedia.org/wiki/Human-robot_interaction

[7] R. D. Davenport, "Robotics," in W. C. Mann (ed.), *Smart Technology for Aging, Disability, and Independence.* John Wiley & Sons, 2005, Capítulo 3, pp. 67-109.

[8] M. N. O. Sadiku, S. Alam e S.M. Musa, "Intelligent robotics and applications", *International Journal of Trends in Research and Development,* vol. 5, n.º 1, janeiro-fevereiro de 2018, pp. 101-104.

[9] "Robótica", *Wikipédia,* a enciclopédia livre https://en.wikipedia.org/wiki/Robotics

[10] L. Calderone, "Robots in manufacturing applications," agosto de 2016, https://www.manufacturingtomorrow.com/article/2016/07/robots-in-manufacturing-applications/8333

[11] N. Correll, "O que é a nuvem robótica?" Fonte desconhecida.

[12] M. N. O. Sadiku, S. M. Musa. e O.D. Momoh, "Cloud computing: Opportunities and challenges," *IEEE Potentials,* vol. 33, no. 1, Jan/Fev. 2014, pp.34-36.

[13] M. N. O. Sadiku, *Emerging Internet-Based Technologies.* Boca Raton, FL: CRC Press, 2019, pp. 63-79.

[14] "Computação em nuvem," https://www.utsin.com/cloud-computing/

[15] G. Hu et al., "Cloud robotics: Architecture, challenges and applications", *IEEE*

Network, maio/junho de 2012, pp. 21-28.
[16] "Livro Branco GTI 5G & Cloud Robotics," https://www.huawei.com/en/technology-insights/industry-insights/outlook/mobile-broadband/xlabs/insights-whitepapers/GTI-5G-and-Cloud-Robotics-White-Paper
[17] "O que é a robótica na nuvem?" setembro de 2021, https://www.techiexpert.com/what-is-cloud-robotics/
[18] A. Kharel et al., "Cloud robotics using ROS," *International Journal of Computer Applications,* 2014.
[19] "Cloud robotics: A new frontier for Internet technology," agosto, https://www.analyticsinsight.net/cloud-robotics-a-new-frontier-for-internet-technology/#:~:text=Robots%20with%20cloud%20capabilities%20are,data%20processing%20to%20the%20cloud.
[20] S. Shakya, "Survey on cloud based robotics architecture, challenges and applications," *Journal of Ubiquitous Computing and Communication Technologies,* vol. 2, n.º 1, 2020, pp. 10- 18.
[21] J. Wan et al., "Cloud robotics: Current status and open issues", *IEEE Access,* vol. 4, junho de 2016, pp. 2797-2807.
[22] M. Waibel et al., "RoboEarth," *IEEE Robotics & Automation Magazine,* vol. 18, no.
2, junho de 2011, pp. 69-82.
[23] "Um estudo abrangente das tendências recentes em arquitecturas e aplicações de robótica em nuvem", Fonte desconhecida.
[24] M. N. O. Sadiku, U. C. Chukwu, A. Ajayi-Majebi, e S. M. Musa, "Internet of robotic things," *International Journal of Trend in Scientific Research and Development,* vol. 6, no. 4, maio-junho de 2022, pp.445-451.
[25] T. Das, "Cloud robotics: O que é e quais são as suas capacidades?" https://geekflare.com/cloud-robotics/
[26] S. Bhattacharyya, "O que é a robótica na nuvem? Importância e desafios", junho de 2022, https://www.analyticssteps.com/blogs/what-cloud-robotics-importance-and-challenges
[27] M. Borgatti e K. Love, *Introduction to Squishy, Stretchy, and Flexible Robots (Introdução aos robôs moles, elásticos e flexíveis).* Make Community, 2018.
[28] R. C. Mello, M. R. N. Ribeiro, and A. Frizera-Neto, *Implementing Cloud Robotics for Practical Applications: Da Interação Homem-Robot à Navegação Autónoma.* Springer, 2024.
[29] A. Koubaa e E. Shakshuki (eds.), *Robots and Sensor Clouds.* Springer, 2015.
[30] P. Stakem, *Mobile Cloud Robotics.* Amazon Digital Services LLC, 2018.
[31] J. P. C. Rosa, *CloudRobotics - Robótica Distribuida usando Computação em Nuvem.* Universidade de Coimbra, 2016.
[32] B. Xu et al., *Cloud Robotics and Automation for Intelligent Manufacturing (Robótica e automação na nuvem para fabrico inteligente): Automação de montagem.* Emerald Publishing, 2021.
[33] A. K. Singh, *Benchmarks for Cloud Robotics.* Berkeley, PA: Universidade da Califórnia, 2016.
[34] *Robótica em nuvem um guia completo - Edição 2020.* Emereo Pty Limited, 2020.
[35] E. F. Villaronga, *Lei e regulamentação da robótica em nuvem.* SSRN, 2019.

CAPÍTULO 5 : FABRICO NA NUVEM

"A nuvem tem a ver com a forma como se faz a computação, não com o local onde se faz a computação." -Paul Maritz

5.1 INTRODUÇÃO

A indústria transformadora é crucial para a economia de qualquer nação. A indústria transformadora é um sector vital na nossa sociedade. Tem sido sempre um sector fundamental das economias desenvolvidas. Tem sido um forte impulso para o processo de industrialização e modernização. Atualmente, o sector da indústria transformadora inclui uma vasta gama de indústrias, desde a alimentar à automóvel e aeroespacial, desde a informática à eletrónica [1].

A indústria transformadora moderna sofreu alterações significativas devido à intensa concorrência global e aos notáveis avanços nas tecnologias da informação. Para sobreviver a uma pressão competitiva crescente, à globalização e ao rápido desenvolvimento tecnológico, a produção moderna exige um aprovisionamento e uma gestão flexíveis e dinâmicos, utilizando recursos de produção disponíveis a pedido através de redes informáticas. A tecnologia tem sido sempre o principal motor da transformação da indústria transformadora. A tecnologia da informação está a transformar a indústria transformadora através da digitalização de praticamente todas as facetas dos processos de fabrico modernos. Atualmente, a indústria transformadora está a passar de uma indústria orientada para a produção para uma indústria orientada para os serviços [2]. Os sistemas e processos de fabrico modernos estão a tornar-se cada vez mais complexos, exigindo que os utilizadores utilizem ferramentas avançadas como a computação em nuvem.

O fabrico em nuvem (CM) (também conhecido como fabrico como serviço (MaaS)), está a emergir recentemente como um novo paradigma de fabrico promissor desenvolvido a partir de modelos de fabrico avançados existentes. Trata-se de uma abordagem recente que consiste em adotar conceitos básicos bem conhecidos da computação em nuvem para os processos de fabrico e prestar serviços de fabrico partilhados, ubíquos e a pedido. Refere-se a uma abordagem centrada no cliente para permitir o acesso ubíquo, conveniente e a pedido, através da rede, a um conjunto partilhado de recursos e capacidades de fabrico que podem ser rapidamente disponibilizados e libertados com um esforço mínimo de gestão. A CM transforma os recursos e as capacidades de fabrico num conjunto de serviços virtualizados baratos e a pedido (nuvem de fabrico) para todo o ciclo de vida de um produto (por exemplo, conceção, simulação, produção, teste, verificação, nova conceção, nova utilização, manutenção). Num sistema CM, os recursos de fabrico podem ser ligados à Internet e geridos utilizando tecnologias da Internet das coisas (IoT), tais como RFID, redes de sensores com e sem fios e dispositivos incorporados [3].

Este capítulo apresenta uma introdução à produção em nuvem. Começa por fornecer uma visão geral da computação em nuvem. Explica o fabrico em nuvem. Descreve algumas das aplicações do fabrico em nuvem. Destaca os benefícios e desafios da CM. Aborda o fabrico em nuvem a nível mundial e o futuro do fabrico em nuvem. A última secção conclui com comentários.

5.2 VISÃO GERAL DA COMPUTAÇÃO EM NUVEM

A "nuvem" é uma metáfora para a Internet. A computação em nuvem (CC) representa a tecnologia de plataforma subjacente que permite o fabrico em nuvem. É uma tecnologia emergente de computação orientada para os serviços. Trata-se do fornecimento de recursos informáticos escaláveis como um serviço através da Internet. Trata-se de um modelo de fabrico em rede inteligente que permite o fabrico personalizado orientado para os serviços. Permite aos fabricantes utilizar muitas formas de novos sistemas de produção, como a impressão 3D, a computação de alto desempenho (HPC), a Internet das coisas industrial (IIoT) e os robots industriais. Está a transformar praticamente todas as facetas do fabrico moderno [4].

A computação em nuvem tem sido vista como uma inovação na computação cuja caraterística principal é a virtualização de recursos e serviços de computação. Todos os tipos de recursos e capacidades de fabrico (incluindo máquinas, centros de processamento e equipamento informático) serão virtualizados, unificados e centralizados para gestão e operação, de modo a alcançar uma situação inteligente em que todos ganham. Este extenso ambiente de recursos em rede proporcionará um elevado valor acrescentado, produtos de baixo custo e serviços de fabrico globais [5].

A computação em nuvem fornece recursos informáticos e dados partilhados aos utilizadores através da Internet. Permite o acesso ubíquo, conveniente e a pedido à rede para partilhar um conjunto de recursos informáticos, como redes, servidores, armazenamento e serviços. O seu objetivo é tornar a computação um serviço de utilidade pública, tal como os serviços de água, gás, eletricidade e telefone. A computação, que costumava estar confinada a um local, está agora centralizada em vastas instalações partilhadas [6].

A principal caraterística da computação em nuvem é a virtualização dos recursos e serviços de computação. Na computação em nuvem, tudo é tratado como um serviço (ou seja, XaaS). Existem três serviços principais: software como serviço (SaaS), plataforma como serviço (PaaS) e infraestrutura como serviço (IaaS). Estes serviços são ilustrados na Figura 5.1 e explicados da seguinte forma [7,8].

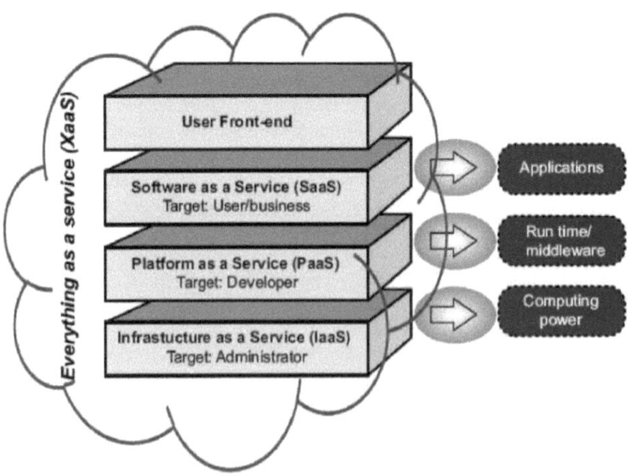

Figura 5.1 - Na computação em nuvem, tudo é um serviço [7].

- *SaaS:* Trata-se de um modelo de fornecimento de software em que o software e os dados associados são alojados na nuvem. Neste modelo, os fornecedores de serviços na nuvem oferecem acesso a pedido a recursos de computação, como máquinas virtuais e armazenamento na nuvem. Isto também é conhecido como "software a pedido". Por exemplo, um planeamento de recursos empresariais (ERP) baseado na nuvem para o fabrico é um tipo de SaaS utilizado na indústria.

- *PaaS:* A plataforma é fornecida como um serviço. Isto permite que o utilizador final crie uma solução de software utilizando ferramentas ou bibliotecas do fornecedor de serviços de plataforma. Neste modelo, os fornecedores de serviços de computação em nuvem fornecem plataformas de computação, como programação e execução.

- *IaaS:* Fornece recursos de hardware de infraestrutura (como computadores, armazenamento, servidores, etc.) como um serviço e permite que os utilizadores personalizem a sua própria infraestrutura de TI de forma dinâmica.

Tal como a computação em nuvem, os serviços de CM podem ser classificados em quatro grandes modelos de implantação (nuvens públicas, privadas, comunitárias e híbridas) [9,10]:

- *Nuvem privada* refere-se a um esforço de gerenciamento centralizado no qual os serviços de fabricação são compartilhados dentro de uma empresa ou de suas subsidiárias. Uma nuvem privada é frequentemente usada exclusivamente por uma organização, possivelmente com várias unidades de negócios.
- *A nuvem comunitária* é um esforço de colaboração em que os serviços de fabrico são partilhados entre várias organizações. Os serviços são fornecidos a várias organizações de uma determinada comunidade com objectivos comerciais semelhantes.
- *A nuvem pública* concretiza o conceito-chave de partilha de serviços com o público em geral. As nuvens públicas são normalmente implementadas através de centros de dados operados por fornecedores como a Amazon, a Google, a IBM e a Microsoft.
- *A nuvem híbrida* abrange essencialmente várias configurações e é composta por duas ou mais nuvens (privadas, comunitárias ou públicas), oferecendo as vantagens de vários modos de implantação.

A computação em nuvem provou ser uma tecnologia revolucionária. Está a tornar-se omnipresente e generalizada no nosso quotidiano. Está a mudar a forma como as indústrias fazem os seus negócios. Está a emergir como um dos principais facilitadores da indústria transformadora. Inspirou o fabrico em nuvem [11].

5.2 FABRICO NA NUVEM

O conceito de fabrico em nuvem foi proposto pela primeira vez em 2009 por Bo Li e Lin Zhang na China e apoiado pelo Ministério da Ciência e Tecnologia chinês em 2010. O termo "nuvem" significa que o seu software, dados e infra-estruturas relacionadas são alojados através da Internet. As tecnologias de ponta que permitem a CM incluem a computação em nuvem, a computação utilitária de pagamento consoante a utilização, a virtualização, os meios de comunicação social, a Internet das coisas (IoT), a RFID, a rede de sensores sem fios, o sistema incorporado, os grandes volumes de dados, as tecnologias vestíveis e a arquitetura orientada para os serviços (SOA). Dado que a IoT é conhecida pela sua computação omnipresente (utilizando sensores e actuadores incorporados) e tecnologias de deteção omnipresentes (como as etiquetas RFID), é capaz de automatizar os processos de fabrico ligando seres humanos, máquinas e processos de fabrico [8].

O fabrico em nuvem está a emergir como um novo paradigma de fabrico que aplica conceitos básicos bem conhecidos da computação em nuvem aos processos de fabrico e fornece serviços de fabrico partilhados, omnipresentes e a pedido. Trata-se de um modelo de fabrico inovador, baseado na Web. Promete transformar a atual indústria transformadora, que passará de uma produção orientada para a produção orientada para os serviços e altamente colaborativa do futuro.

O fabrico em nuvem é um sistema de fabrico inteligente, orientado para os serviços e baseado no conhecimento. Está integrado na tecnologia de computação em nuvem, na Internet das Coisas e na computação de alto desempenho. Através do fabrico em nuvem, os recursos de fabrico (tais como ferramentas de software de fabrico, equipamento de fabrico e capacidades de fabrico) são "virtualizados" e oferecidos como consumíveis da mesma forma que a eletricidade, o gás e a água. Os recursos de fabrico são fornecidos aos utilizadores como serviços através da Internet (nuvem) de uma forma paga conforme o uso [12,13].

O fabrico em nuvem é inspirado na computação em nuvem. A computação em nuvem permite que os fabricantes utilizem novas formas de sistemas de produção, como a impressão 3D (fabrico aditivo), os robôs industriais e a computação de alto desempenho. Tal como os computadores em nuvem partilham um conjunto de recursos de computação, o fabrico em nuvem permite o acesso à rede a pedido a um conjunto partilhado de recursos de fabrico, como equipamento de fabrico, software, materiais, armazenamento, activos e capacidades. A CM é considerada como fabrico como um serviço (MaaS) e espera-se que ajude a empresa a alcançar os benefícios comerciais de reduzir a capacidade ociosa e aumentar a utilização [14,15].

Existem dois tipos de adoção da computação em nuvem na indústria transformadora: adaptar as tecnologias de computação em nuvem diretamente à indústria transformadora ou utilizar a versão da computação em nuvem para a indústria transformadora, conhecida como fabrico em nuvem.

Como mostra a Figura 5.2, a arquitetura de fabrico em nuvem é composta pelas quatro camadas seguintes [7,9]:

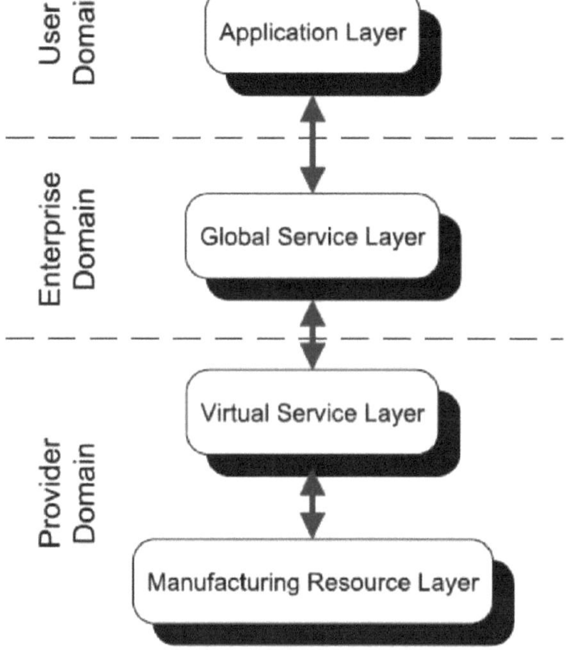

Figura 5.2 - Arquitetura de fabrico em nuvem [7].

(1) *Camada de recursos de fabrico:* Inclui os recursos físicos *(por exemplo,* hardware e software) e as capacidades.
(2) *Camada de serviço virtual:* Identifica e virtualiza os recursos e capacidades de fabrico e agrupa-os na nuvem como serviços. As tecnologias de apoio incluem RFID, redes de sensores sem fios, Internet industrial, sistemas ciberfísicos e computação em nuvem.
(3) *Camada de serviço global:* Esta camada controla todas as actividades operacionais da nuvem e permite uma interconexão eficaz entre objectos físicos e cibernéticos através da Internet industrial.
(4) *Camada de aplicação:* Fornece uma interface entre o utilizador e os serviços em nuvem.

O fabrico em nuvem desempenha um papel crucial em muitos domínios de fabrico, como o fabrico de moldes, a impressão 3D, o fabrico de semicondutores, a indústria de chapas metálicas, a maquinagem, a robótica e o desenvolvimento de produtos. A figura 5.3 mostra um sistema típico de fabrico em nuvem [16].

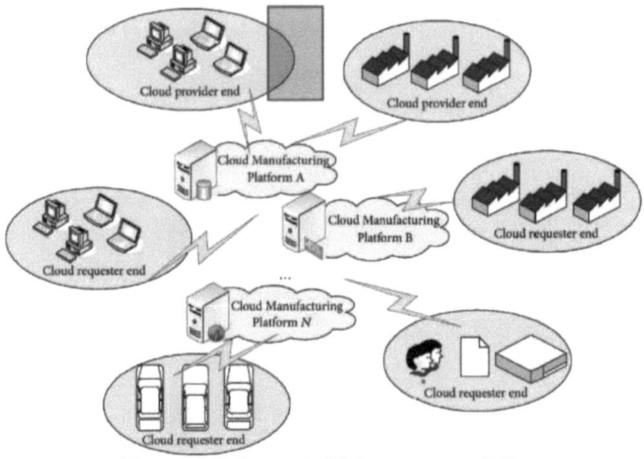

Figura 5.3 O sistema de fabrico em nuvem [16].

5.4 MIGRAÇÃO PARA A NUVEM

Qualquer empresa do sector da indústria transformadora tem de lutar para se manter relevante e competitiva. As empresas de fabrico de todas as dimensões podem beneficiar grandemente da computação em nuvem.

As pequenas e grandes empresas têm de perceber que a nuvem lhes oferece uma forma de melhorar as operações e reduzir o tempo. Um fabricante pode migrar para a nuvem seguindo os três passos seguintes [17]:

1. *Defina os seus objectivos comerciais:* Crie clareza sobre como, exatamente, espera que as soluções de nuvem maximizem a eficiência do negócio. A ideia aqui é que a nuvem não deve simplesmente fornecer uma nova forma de aprovisionamento de recursos de TI - mas permitir melhores formas de funcionamento. Poderá precisar de um parceiro estratégico eficaz para a sua migração para a nuvem. Recomenda-se que encontre um parceiro que tenha todos os futuros que são importantes para o seu negócio.
2. *Esclareça as suas expectativas de TI:* Em seguida, defina claramente quais os tipos de benefícios de TI a otimizar. A sua lista pode incluir itens como a redução da pegada da infraestrutura de TI nos locais de fabrico, melhores relações preço/desempenho devido à flexibilidade de escalonamento das soluções na nuvem, melhores capacidades de recuperação de desastres e automatização.
3. *Dar prioridade à segurança na nuvem:* Por fim, defina a sua estratégia, governação e infraestrutura de segurança na nuvem. Tendo em conta a forma como as suas soluções na nuvem se ligam a infra-estruturas de TI e de tecnologia operacional críticas para a empresa, é essencial tê-las implementadas.

5.3 APLICAÇÕES

O fabrico é uma componente crítica de muitas empresas. Eis alguns dos sectores em que as empresas já estão a utilizar o fabrico em nuvem [18]:

- Automóvel
- Aeroespacial
- Eletrónica
- Retalho
- Farmacêutico
- Alimentação e bebidas
- Distribuição
- Mobiliário

Existem várias formas de utilizar a nuvem na indústria transformadora. Algumas aplicações comuns do fabrico na nuvem incluem:

- *Automatização:* Pode ter um enorme benefício para a sua empresa. A sua importância para a indústria transformadora vai continuar a aumentar. . O CM acelera as implementações e a produção, automatizando a comunicação entre a produção e a contabilidade. Por exemplo, o serviço ao cliente é tão importante na indústria transformadora como em qualquer outra atividade. A nuvem oferece tecnologias para automatizar o serviço ao cliente, receber encomendas em linha e permitir que os utilizadores verifiquem o estado das encomendas em qualquer altura. À medida que a adaptação à automatização aumenta, o equipamento automatizado e a monitorização de processos tornam-se importantes.
- *Indústria de maquinagem:* As empresas de fabrico de máquinas-ferramentas utilizam o fabrico na nuvem para desenvolver máquinas-ferramentas inteligentes e novos modelos de negócio para aumentar a sua competitividade e obter lucros [19].
- *Robótica em nuvem:* A disponibilidade de novas tecnologias, como a computação em nuvem e os grandes volumes de dados, e as suas possíveis utilizações na robótica conduziram a uma nova linha de investigação denominada *robótica em nuvem,* que é utilizada para a preensão e a navegação A utilização da robótica em nuvem baseia-se na integração da computação em nuvem e dos robôs industriais. O armazenamento de grandes quantidades de dados na nuvem é uma solução fundamental para fazer face às limitações dos robôs [20,21].
- *Indústria eletrónica:* O conceito de fabrico em nuvem foi aplicado às operações de fabrico de semicondutores, nomeadamente à simulação de fabrico de bolachas, à gestão da cadeia e à gestão das operações de ensaio [22]. Com o fabrico em nuvem, a prototipagem de PCB deve ser mais rápida.
- *Marketing baseado na nuvem:* A natureza abrangente da tecnologia de nuvem torna-a adequada para campanhas de marketing. Os fabricantes utilizam aplicações baseadas na nuvem para ajudar no planeamento, execução e gestão de campanhas de marketing e também para acompanhar a eficácia das campanhas de marketing [23].

- *Desenvolvimento de produtos:* O software de fabrico em nuvem é cada vez mais procurado por empresas com componentes de produção pesada, porque serve como uma ferramenta que ajuda as empresas a agilizar e visualizar o processo de produção desde a criação até à distribuição. Sendo uma solução baseada na nuvem, estes sistemas fornecem um suporte móvel que permite aos funcionários no terreno ou no local de produção aceder a informações importantes em vários locais, a qualquer hora e em qualquer lugar [24]

5.4 BENEFÍCIOS

Para os fabricantes, a nuvem oferece possibilidades infinitas de ligação em rede e partilha de recursos. O fabrico na nuvem está a tornar-se popular entre os fabricantes porque vai ao encontro das suas necessidades e fornece serviços a custos mais baixos. Está a ajudar as empresas a redefinirem o seu nicho e a reformularem a sua marca para poderem atingir novos patamares de fabrico. É uma excelente escolha para empresas com pequenos departamentos de TI e ideal para empresas sem TI. A equipa de TI não tem de se ocupar da manutenção do software. Isto resulta numa redução das despesas de capital. Utilizando sistemas baseados na nuvem para racionalizar áreas-chave do seu negócio, os fabricantes estão a libertar mais tempo para investir em novos produtos e vender mais [25]. Apoia as necessidades das pequenas empresas, tornando acessíveis as tiragens de pequenas quantidades. Permite a uma organização ou a uma empresa encontrar um parceiro de serviços de fabrico que oferece cotações em tempo real em linha.

Outros benefícios dos fabricantes de nuvens incluem os seguintes [26-30]:

- *Sustentabilidade:* A sustentabilidade deve estar no topo da lista de considerações dos fabricantes. A principal razão para a crescente popularidade do fabrico em nuvem é a sua sustentabilidade. Os fabricantes devem mudar a forma como implementam as operações, utilizam os dados, interagem com os clientes e criam um ecossistema globalmente mais sustentável. Isto pode ser conseguido com uma estratégia baseada na nuvem.
- *Escalabilidade:* A computação em nuvem pode crescer com a empresa ou pode ser facilmente reduzida durante períodos mais lentos.
- *Fiabilidade:* A tecnologia de software baseada na nuvem tem menos problemas técnicos do que o software utilizado em computadores individuais.
- *Custo-eficácia:* As soluções na nuvem não requerem servidores internos. O custo é um dos principais factores quando os fabricantes escolhem soluções baseadas na nuvem para melhorar o seu software ERP. A nuvem pode fazer a diferença na minimização dos custos das operações de fabrico.
- *Tempos curtos de colocação no mercado:* O fabrico em nuvem reduz claramente os tempos de colocação no mercado. As soluções na nuvem melhoram o tempo de execução e reduzem o tempo de colocação no mercado para aumentar a quota de mercado.
- *Vantagem de mercado em relação às empresas que não utilizam a tecnologia de nuvem:* Uma melhor produtividade e comunicações dão às empresas que utilizam soluções de fabrico na nuvem uma vantagem competitiva.
- *Gerenciamento centralizado:* Os programas Access podem ser implementados a partir de qualquer computador da organização, melhorando as capacidades de gestão.
- *Menos pontos de falha:* O fabrico na nuvem engloba todas as etapas, desde o orçamento até à entrega. Por conseguinte, existe apenas um ponto de contacto e menos pontos de possíveis falhas.

- *Equipamento atualizado:* A tecnologia baseada na nuvem mantém-se actualizada sem que os departamentos de TI percam tempo a garantir que todos têm a versão mais recente do software. As soluções baseadas na nuvem eliminam os atrasos, os erros e as frustrações comuns na experiência tradicional de correio eletrónico e espera. Os utilizadores ou fabricantes não precisam de investir em computadores topo de gama ou de se preocupar com actualizações de software. A nuvem elimina o desafio de atualizar regularmente o equipamento e a maquinaria, uma vez que é possível actualizá-los sem um enorme custo inicial. Em vez disso, paga-se uma taxa mensal para aceder aos recursos necessários.

- *Impacto ambiental mínimo:* O fabrico em nuvem pode reduzir significativamente o impacto ambiental do fabrico e do transporte de mercadorias em todo o mundo. Permite que os clientes façam escolhas quanto a designs e materiais que podem levar a peças mais sustentáveis.
- *Prototipagem:* A criação de protótipos é uma parte tradicionalmente difícil do processo de desenvolvimento de produtos. O fabrico em nuvem foi concebido para tornar fácil, económica e rápida a produção de protótipos e pequenos lotes. Isto permite aos designers iterar, melhorar e entregar a tempo.
- *Irrelevância da localização:* A nuvem introduziu a noção de "irrelevância da localização" na produção. De acordo com este conceito, não deve ser importante onde o produto fica, quer seja fabricado por si ou por alguém que o fabrique para si. Isto é especialmente verdadeiro para o fabrico moderno, em que os planeadores de produtos, os designers e os fabricantes que colaboram não precisam de estar no mesmo local específico ao mesmo tempo.

A Figura 5.4 mostra alguns dos benefícios do fabrico em nuvem.

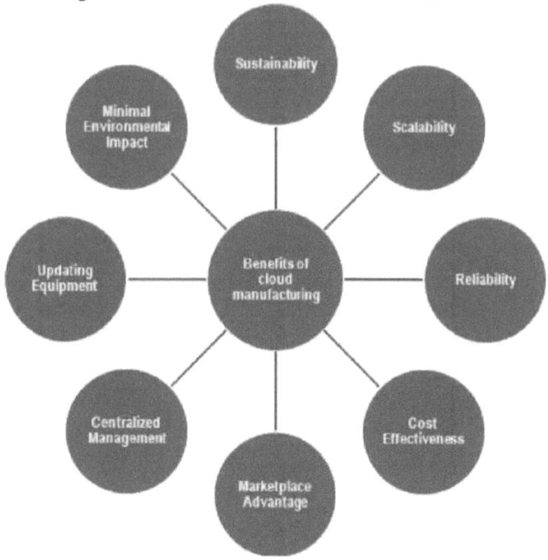

Figura 5.4 Alguns benefícios do fabrico em nuvem.

5.5 DESAFIOS

Existem alguns inconvenientes inerentes à adoção de aplicações baseadas na nuvem. A CM está a dar os primeiros passos e há muitos problemas que têm de ser resolvidos para que se torne madura. Faltam quadros de software para apoiar o fabrico em nuvem. Outros desafios são os seguintes [31-34]:

- *Segurança:* A segurança dos dados é uma preocupação fundamental. O principal desafio envolve a segurança das aplicações de missão crítica. Os fabricantes precisam de poder partilhar informações sem expor materiais sensíveis e confidenciais, como a sua propriedade intelectual. A confiança e a reputação desempenham um papel crucial no paradigma do fabrico em rede orientado para os serviços.
- *Violações de dados:* Com o fabrico a emergir como uma indústria quente, as violações de dados são comuns. Os cibercriminosos, tanto dentro como fora de uma empresa, estão à espera de um momento oportuno para exfiltrar dados sensíveis para espionagem e ganhos monetários. Os dados mais frequentemente comprometidos na indústria transformadora incluem credenciais, dados de operações internas, patentes confidenciais e revelações de invenções e outros segredos da empresa.
- *Custos contínuos:* Embora o custo de subscrição de um sistema baseado na nuvem possa ser uma vantagem na maioria dos casos, uma vez que se observa que uma solução baseada na nuvem não tem investimento inicial; no entanto, existe uma taxa mensal contínua para utilizar o serviço. As actualizações regulares podem acarretar custos adicionais.
- *Falta de padrão:* Para permitir uma mudança perfeita entre fábricas, as ferramentas e os materiais devem ser padronizados para serem prontamente consumidos por uma determinada fábrica. A indústria transformadora carece de uma norma de dados uniforme devido à grande variedade de recursos de produção e à procura, oferta, variações de peças sobresselentes e volatilidade das encomendas. Há ainda o desafio adicional da falta de um protocolo de comunicação padronizado entre diferentes equipamentos de máquinas de diferentes fornecedores.
- *Factores humanos:* Estes factores podem desempenhar um papel fundamental para permitir a adoção do MC, garantindo simultaneamente a segurança e o bem-estar dos utilizadores envolvidos num ambiente de MC.

Estes desafios são ilustrados na Figura 5.5.

Figura 5.5 Desafios do fabrico em nuvem.

Estas preocupações não são pequenas; pelo contrário, estão a ser rapidamente abordadas porque a maioria das empresas não está preparada para executar sistemas de produção de fabrico de alta velocidade na nuvem. Para resolver estas preocupações, alguns fabricantes estão a implementar nuvens internas/privadas ou nuvens híbridas públicas/privadas.

5.6 FABRICO GLOBAL EM NUVEM

O fabrico em nuvem (CM) surgiu como um paradigma orientado para os serviços que permite a modularização e a servitização a pedido ou a reinvenção completa e a pedido do modelo de negócio do fabrico e dos seus recursos associados. Para que os fabricantes de todo o mundo permaneçam relevantes e competitivos no novo ambiente altamente dinâmico, precisam de olhar para a transformação digital, especificamente para o fabrico em nuvem. Todas as empresas devem ser consideradas como estando numa viagem digital. A América do Norte tem a cobertura máxima do mercado global de fabrico em nuvem, uma vez que vários líderes de mercado pertencem a esta zona. Vamos agora analisar a forma como algumas nações adoptam o fabrico em nuvem.

- *Estados Unidos:* O Instituto Nacional de Normas e Tecnologia dos EUA (NIST) define a computação em nuvem (CC) como "um modelo que permite o acesso ubíquo, conveniente e a pedido à rede a um conjunto partilhado de recursos de computação configuráveis (por exemplo, redes, servidores, armazenamento, aplicações e serviços) que podem ser rapidamente aprovisionados e libertados com um esforço mínimo de gestão ou interação com o fornecedor de serviços". A computação em nuvem está a emergir como um dos principais facilitadores para a indústria transformadora. Com base na definição de CC do NIST,. A CM é considerada como um modelo de fabrico orientado para a computação e os serviços, desenvolvido a partir de modelos de fabrico avançados existentes [35]. A maioria dos fabricantes norte-americanos está relutante em adotar o fabrico em nuvem. O estado da indústria transformadora americana tornou-se discutível. Por um lado, a indústria transformadora é vista como um sector da economia em dificuldades. Há vinte anos, a indústria transformadora dos EUA empregava cerca de 17 milhões de americanos. Mas atualmente esse número caiu para apenas 12 milhões, uma perda de cinco milhões de postos de trabalho. A computação em nuvem está a mudar o paradigma do fabrico para grandes e pequenos fabricantes. Está a inovar, a reduzir os custos e a reforçar a competitividade da indústria transformadora americana. Por exemplo, fabricantes de automóveis como a Ford, a Tesla e a Hyundai (entre outros) estão a utilizar a nuvem para fornecer actualizações sem fios aos sistemas de propulsão, info-entretenimento, navegação e segurança dos veículos. A Ford está a testar uma solução baseada na nuvem no Google Earth para permitir a navegação virtual nas suas fábricas de montagem. A Pfizer, fabricante de medicamentos, utilizou a computação em nuvem para reformular completamente a sua complexa cadeia de abastecimento global. A Merck utilizou com êxito a computação em nuvem para melhorar o seu processo de fabrico de vacinas [36].

- *Reino Unido:* A prosperidade económica do Reino Unido depende cada vez mais do desenvolvimento e da manutenção de um sector transformador resistente e sustentável. O sector deve ser capaz de produzir uma variedade de produtos de forma mais rápida, melhor e a preços mais acessíveis. Deve também minimizar a utilização de materiais, energia, transportes e recursos, maximizando simultaneamente a sustentabilidade ambiental e a competitividade económica [37].
- *China:* A indústria transformadora é um importante pilar da economia chinesa. O governo chinês considera a tecnologia de fabrico como uma medida estratégica para concretizar a modernização e a industrialização. As ferramentas de fabrico avançadas podem ser utilizadas para melhorar a qualidade dos produtos, o serviço, os testes, a formação, a utilização, a manutenção e a eficiência energética. Os custos de produção e os tempos de desenvolvimento também são reduzidos. O serviço, o ambiente de recursos e a inovação baseada no conhecimento são factores-chave para aumentar a competitividade central na indústria transformadora. Em 2009, a China tornou-se o segundo maior país industrializado do mundo, atrás apenas dos EUA. No entanto, ainda não se transformou numa potência de produção de alta qualidade. O "Made-in-China" é geralmente considerado como estando na parte inferior da cadeia de valor internacional. O conceito de fabrico em nuvem foi proposto para promover o desenvolvimento da informatização do fabrico. A investigação sobre a tecnologia de fabrico em nuvem acelerará o desenvolvimento de uma indústria transformadora em rede inteligente e orientada para os serviços na China [38,39].

5.7 FUTURO DO FABRICO EM NUVEM

O fabrico em nuvem permite que as organizações de fabrico gerem a sua carteira de produtos utilizando as mesmas ferramentas que as empresas de software têm vindo a utilizar há anos. O fabrico na nuvem é o próximo grande avanço na produção optimizada. O fabrico baseado na nuvem será o futuro da indústria porque representa o futuro da forma como as coisas serão fabricadas. Isso é bom tanto para os fabricantes como para os consumidores. O fabrico na nuvem está pronto para se tornar o novo modo de fabrico orientado para os serviços. É o futuro do fabrico.

O desenvolvimento futuro do fabrico em nuvem enfrentará alguns desafios. Para além das tecnologias de integração da computação em nuvem, da Internet das coisas e dos sistemas incorporados, é necessário resolver várias questões técnicas importantes, como os motores de gestão da nuvem, a colaboração entre aplicações de fabrico em nuvem e a visualização e interfaces de utilizador em ambientes de nuvem.

Atualmente, a maioria das empresas não está preparada para executar sistemas de produção de alta velocidade na nuvem, mas não há dúvida de que a tecnologia da nuvem está a entrar na indústria transformadora [40]. Agora é o momento certo para os fabricantes adoptarem a nuvem. Os líderes da indústria transformadora devem lembrar-se de que não evoluir e não adotar a mudança significa estar fora do negócio.

5.8 CONCLUSÃO

O fabrico em nuvem é um novo modelo de fabrico orientado para os serviços, baseado no conhecimento, de elevado desempenho e eficiente em termos energéticos. Trata-se de um modelo empresarial orientado para os serviços, centrado nos dados e orientado para a procura, que permite partilhar capacidades e recursos de fabrico numa plataforma de computação em nuvem. O conceito de fabrico em nuvem começou a ter impacto em todos os sectores da vida (governo, indústria, universidades, investigação). A CM está a transformar o modelo de negócio tradicional de fabrico, ao mesmo tempo que ajuda o fabricante a criar redes de fábricas inteligentes que permitem a colaboração em toda a empresa. A maioria das empresas está apenas a arranhar a superfície da realização do potencial dos seus dados. Atualmente, os fabricantes têm de optar por adotar a tecnologia de nuvem ou arriscar-se a perder competitividade no mercado em constante evolução.

Embora o fabrico em nuvem ainda se encontre numa fase inicial de desenvolvimento, está a receber uma atenção significativa por parte do mundo académico, da indústria e do governo. Todas as empresas deveriam aderir ao fabrico em nuvem, dadas as imensas oportunidades que oferece para estimular o rápido crescimento industrial, a criação sustentada de emprego e o aumento dos lucros. Para mais informações sobre o fabrico em nuvem, consultar os livros em [39-41] e as seguintes revistas relacionadas:

- *International Journal OfManufacturing Research,*
- *Cartas de fabrico*
- *Jornal de Sistemas de Fabrico*
- *Jornal de Tecnologia de Fabrico Avançado*
- *Revista Internacional de Fabrico Integrado por Computador*
- *Jornal Internacional de Tecnologia de Fabrico Avançada*

REFERÊNCIAS

[1] O. Fisher et al., "Cloud manufacturing as a sustainable process manufacturing route", *Journal of Manufacturing Systems,* vol. 47, 2018, pp. 53-68.

[2] Lei Ren et al., "Cloud manufacturing: from concept to practice", *Enterprise Information Systems*, vol. 9, n.º 2, 2015, pp. 186-209.

[3] "Fabrico na nuvem", *Wikipedia,* a enciclopédia livre https://en.wikipedia.org/wiki/Cloud_manufacturing

[4] S. Ezell e B. Swanson , "How cloud computing enables modern manufacturing", junho de 2017

[5] L. Xiao-gang e Mao Jian, "The overview of cloud manufacturing technology research," *International Journal of Research in Engineering and Science,* vol. 3, no. 8, August 2015, pp. 7-14.

[6] M. N. O. Sadiku, S. M. Musa, e O.D. Momoh, "Cloud computing: Opportunities and challenges," *IEEE Potentials,* vol. 33, no. 1, Jan/Fev. 2014, pp.34-36.

[7] X. Xu, "From cloud computing to cloud manufacturing," *Robotics and Computer-Integrated Manufacturing,* vol. 28, 2012, pp. 75-86.

[8] D. Wu et al., "Cloud-based design and manufacturing: a new paradigm in digital manufacturing and design innovation", *Computer-Aided Design,* vol. 59, Feb. 2015, pp. 1-14.
[9] M. Moghaddam, J. R. Silva, S. Y. Nof, "Manufacturing-as-a-service - from ework and service-oriented architecture to the cloud manufacturing paradigm," *IFAC-PapersOnLine,* vol 48, no. 3, 2015, pp. 828-833.
[10] M. N. O. Sadiku, *Emerging Internet-Based Technologies.* Boca Raton, FL: CRC Press, 2019, pp.63-79.
[11] X. Xu, "From cloud computing to cloud manufacturing," *Robotics and Computer-Integrated Manufacturing* , vol. 28, 2012, pp. 75-86.
[12] M. N. O. Sadiku, Y. Wang, S. Cui e S.M. Musa, "Cloud manufacturing", *International Journal of Advanced Research in Computer Science and Software Engineering,* vol. 8, n.º 2, Fev. 2018, pp. 39-41.
[13] M. N. O. Sadiku, T. J. Ashaolu, A. Ajayi-Majebi e S. M. Musa, "The essence of cloud manufacturing", *International Journal of Scientific Advances,* vol. 1, n.º 2, setembro-outubro de 2020.
[14] L. Wang, "An overview of internet-enabled cloud-based cyber manufacturing," *Transactions of the Institute of Measurement and Control,* vol. 39, no. 4, 2017, pp. 388397.
[15] L. Ren et al., "Cloud manufacturing: Key characteristics and applications", *International Journal of Computer Integrated Manufacturing,* vol. 30, n.º 6, 2017, pp. 501-515.
[16] L. Zhu, Y. Zhao, e W. Wang, "A bilayer resource model for cloud manufacturing services," *Mathematical Problems in Engineering,* 205.
[17] "Fabrico em nuvem", janeiro de 2021 https://www.accenture.com/us-en/insights/industry-x/cloud-enabled-manufacturing
[18] L. Jenkins, "O melhor software ERP de fabrico na nuvem", https://www.selecthub.com/enterprise-resource-planning/myths-cloud-erp-manufacturing/
[19] C. C. Chen et al., "A novel cloud manufacturing framework with auto-scaling capability for the machining industry," *International Journal of Computer Integrated Manufacturing*, vol. 29, no. 7, 2016, pp. 786-804.
[20] X. V. Wang et al., "Sistema de fabrico ubíquo baseado na nuvem: Uma aplicação robótica", *Robotics and Computer-Integrated Manufacturing,* vol. 45, 2017, pp. 116125.
[21] H. Yan et al., "Cloud robotics in smart manufacturing environments: Challenges and countermeasures ," *Computers and Electrical Engineering,* vol. 63, 2017, pp. 56-65.
[22] X. Wu, F. Qiao e K. Poon, "Aplicação de fabrico em nuvem na indústria de semicondutores", *Actas da Conferência de Simulação de inverno de 2014*, 2014, pp. 2376-2383.
[23] "How the manufacturing industry uses cloud technology", outubro de 2020,

https://mantec.org/how-the-manufacturing-industry-uses-cloud-tech/

[24] A. Velling, "O que é o fabrico em nuvem? E quem pode beneficiar com isso?" outubro
2 019,
https://fractory.com/cloud-manufacturing/
[25] D. Emerson, "O efeito da computação em nuvem no fabrico". https://www.areadevelopment.com/advanced-manufacturing/December-2015/Cloud-Computing-Effect-on-Manufacturing-234455.shtml

[26] C. Primeiro, "O que é o fabrico na nuvem?" junho de 2016 http://erpsoftwareblog.com/cloud/2016/06/what-is-cloud-manufacturing/
[27] "10 maneiras pelas quais a computação em nuvem está a revolucionar o fabrico," https://www.forbes.com/sites/louiscolumbus/2013/05/06/ten-ways-cloud-computing-is-revolutionizing-manufacturing/#20961d58859c
[28] S. Saslow, "How cloud-based manufacturing applications can revolutionize your plant", outubro de 2014, https://itgcloud.com/how-cloud-based-manufacturing-applications-can-revolutionize-sua-planta/
[29] D. Golightly et al. "Manufacturing in the cloud: Uma perspetiva de factores humanos,", vol. 55, setembro de 2016, pp. 12-21.
[30] L. Columbus, "The importance of securing multi-cloud manufacturing systems in a zero trust world," novembro de 2019, https://cloudcomputing-news.net/news/2019/nov/14/securing-multi-cloud-manufacturing-sistemas-em-um-mundo-de-confiança-zero/
[31] "Vantagens e desvantagens do software de fabrico baseado na nuvem", janeiro 2020, https://manufacturing-software-blog.mrpeasy.com/advantages-and-disadvantages- of-cloud-based-manufacturing-software/
[32] Y. Yadekar, E. Shehab e J. Mehnen, "Challenges of cloud technology in manufacturing environment", *Actas da 11.ª Conferência Internacional sobre Investigação em Fabrico,* Reino Unido, setembro de 2013, pp 177-182
[33] L. Zeballos e O. Quiroga, "From computer integrated manufacturing to fabrico em nuvem," http://www.clei2017-46jaiio.sadio.org.ar/sites/default/files/Mem/Sn/sii-16.pdf
[34] S. Ezell e B. Swanson, "How cloud computing enables modern fabrico", junho de 2017, https://www2.itif.org/2017-cloud-computing-enables-manufacturing.pdf
[35] "Grupo de investigação em tecnologia de fabrico avançado," https://www.nottingham.ac.uk/research/groups/advanced-manufacturing-technology-research-group/research/digital-manufacturing/cloud-manufacturing.aspx
[36] L. Bohu, Z. Lin e C. Xudong, "Introdução ao fabrico em nuvem", dezembro de 2019, https://www.zte.com.cn/global/about/magazine/zte-communications/2010/4/en_140/196752.html

[37] L. Xiao-gang e M. Jian, "The overview of cloud manufacturing technology research," *International Journal of Research in Engineering and Science,* vol. 3, no. 8, August 2015, pp. 7-14.
[38] M. Davidson, "O futuro das aplicações de fabrico baseadas na nuvem", julho de 2013, https://blog.lnsresearch.com/blog/bid/183519/The-Future-of-Cloud-Based-Manufacturing-Applications
[39] W. Li e J. Mehnen (ed.), *Cloud Manufacturing: Distributed Computing Technologies for Global and Sustainable Manufacturing [Tecnologias de computação distribuída para fabrico global e sustentável].* Springer, 205.
[40] D. Schaefer (ed.), *Cloud-Based Design and Manufacturing (CBDM):A Service-oriented Product Development Paradigm for the 21st Century. Springer, 2014.*
[41] B. Sokolov, D. Ivanov, e A. Dolgui (eds.), *Scheduling in Industry 4.0 and Cloud Manufacturing*. Springer, 2020.

CAPÍTULO 6 : COMPUTAÇÃO EM NUVEM NAS EMPRESAS

" Com a computação em nuvem, já não se trata de uma questão de "se", mas sim de "quando" e "como".

- Ludmila Morozova-Bussva

6.1 INTRODUÇÃO

As empresas precisam de meios para melhorar a sua eficiência, produtividade e desempenho geral no atual clima de concorrência, e a tecnologia de computação em nuvem oferece um meio flexível para o fazer. A computação em nuvem é a prestação de serviços de computação, incluindo servidores, armazenamento, bases de dados, redes, software, análises e inteligência através da Internet (a nuvem ou espaço virtual). Esta aplicação implica que as empresas transfiram todas as suas operações para a nuvem. Muitas empresas não estão dispostas a fazer esta mudança porque se trata de uma operação dispendiosa e por vezes complicada. A nuvem pode ajudar uma empresa a poupar dinheiro, a tornar-se mais ágil e a funcionar de forma mais eficiente [1].

A computação em nuvem é a disponibilidade a pedido de serviços informáticos através da Internet para oferecer inovação, agilidade e crescimento às empresas. A principal motivação subjacente à computação em nuvem é permitir que as empresas tenham acesso a centros de dados e gerem tarefas a partir de uma localização remota, a nuvem ou o espaço virtual. Esta abordagem ajuda as empresas a reduzir os seus custos operacionais e a gerir as infra-estruturas de forma mais eficiente [2].

A evolução da computação em nuvem ao longo dos últimos anos é potencialmente um dos maiores avanços na história da computação. A computação em nuvem surge como o combustível para a transformação digital. Representa uma convergência de duas grandes tendências nas tecnologias da informação: A eficiência das TI e a agilidade empresarial.

Este capítulo apresenta uma introdução à computação em nuvem para empresas. Identifica os pontos fortes, os pontos fracos, as oportunidades e as ameaças da utilização da computação em nuvem no ambiente empresarial. Começa por discutir o que é a computação em nuvem. Apresenta várias utilizações e aplicações da computação em nuvem nas empresas. Destaca as vantagens e os desafios da computação em nuvem nas empresas. Aborda a utilização global da computação em nuvem nas empresas. A última secção conclui com comentários.

6.2 CONCEITO DE COMPUTAÇÃO EM NUVEM

A computação em nuvem é um novo meio de fornecer recursos e serviços informáticos. É uma infraestrutura de Internet a pedido e de autosserviço. Oferece computação e armazenamento de grande escala, partilha de dados e acesso a recursos a pedido, a qualquer hora e em qualquer lugar. A Figura 6.1 mostra um modelo típico de computação em nuvem [3], enquanto a Figura 6.2 resume a história da computação em nuvem [4].

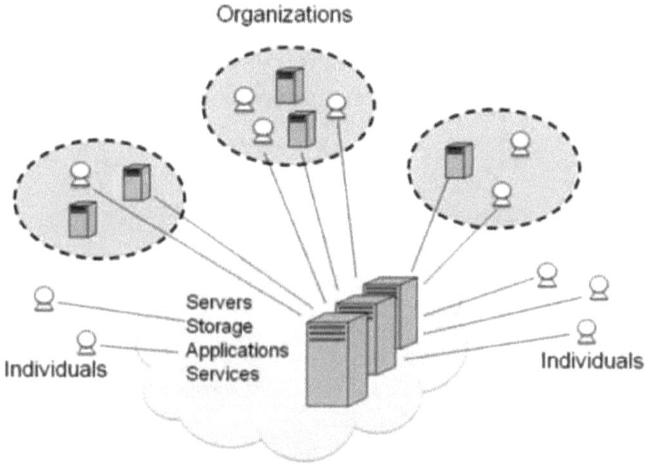

Figura 6.1 Um modelo típico de computação em nuvem [3].

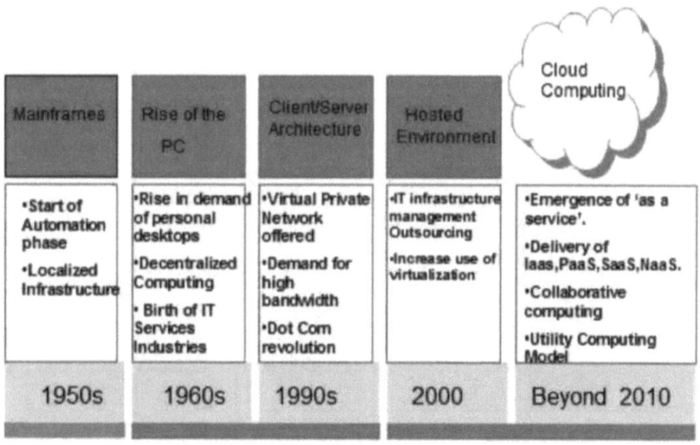

Figura 6.2 Um breve historial da computação em nuvem [4].

A computação em alta velocidade apresenta várias caraterísticas, tais como [5]:

- Agrupamento de recursos
- Melhor utilização dos recursos
- Elasticidade rápida
- Serviço medido
- Dinâmico (distribuído)
- Escalabilidade

- Virtualizado

Algumas destas caraterísticas estão representadas na Figura 6.3 [4].

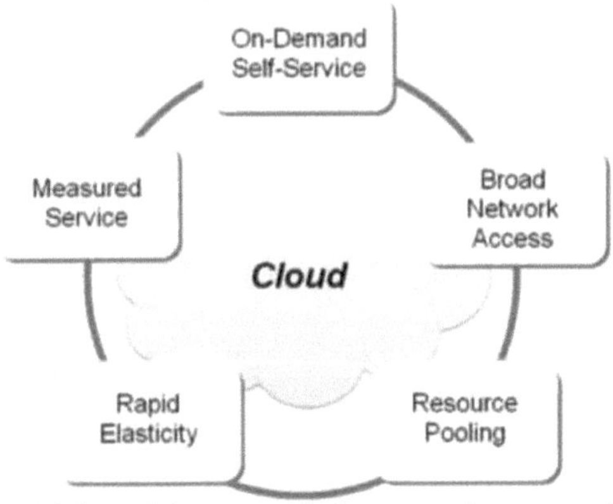

Figura 6.3 Caraterísticas essenciais da computação em nuvem [4].

Do ponto de vista dos serviços, a computação em nuvem inclui três modelos: software, plataforma e infraestrutura [6]. Esses modelos de serviço são mostrados na Figura 6.4 [6] e explicados a seguir.

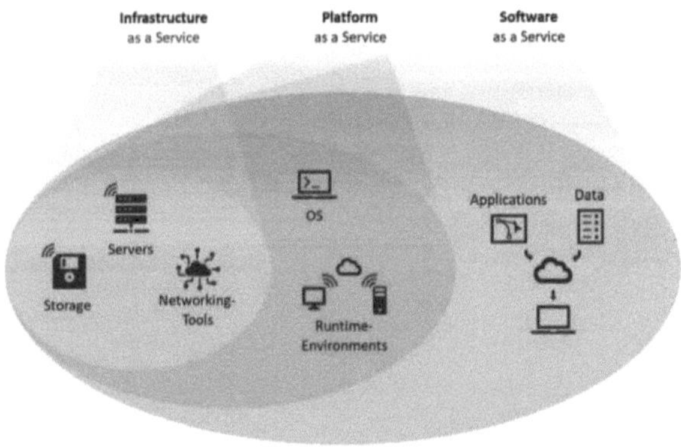

Figura 6.4 Modelos de serviços de computação em nuvem [7].

(1) *Software como um serviço (SaaS):* As aplicações são alojadas por um fornecedor de serviços na nuvem e disponibilizadas aos clientes através da Internet. Como um SaaS, a nuvem pode oferecer às organizações serviços alojados a pedido.
(2) *Plataforma como um serviço (PaaS):* As ferramentas de desenvolvimento (por exemplo, sistemas operativos) estão alojadas na nuvem e são acedidas através de um browser. Utilizando um ambiente PaaS, a Microsoft fornece um serviço para abastecer os fornecedores com redes, servidores e armazenamento.
(3) *Infraestrutura como um serviço (IaaS):* Os fornecedores de serviços de computação

em nuvem criam enormes infra-estruturas, como servidores, dispositivos de armazenamento, hardware, etc., para serem utilizadas por potenciais clientes.

Os modelos de implantação da computação em nuvem são [8]:

(1) *Nuvem pública:* Uma nuvem pública é um ambiente de nuvem acessível ao público pertencente a um provedor de nuvem terceirizado. O fornecedor de serviços disponibiliza recursos ao público em geral através da Internet numa base de pagamento consoante o uso.

(2) *Nuvem privada:* Uma infraestrutura de nuvem pertence e é operada exclusivamente por uma única organização. As organizações criam a sua infraestrutura de nuvem para utilização pelas suas unidades de negócio. Elas também podem escolher entre nuvem privada ou nuvem pública.

(3) *Nuvem comunitária:* Uma nuvem comunitária é semelhante a uma nuvem pública, exceto que o seu acesso é limitado a uma comunidade específica de consumidores de nuvem. A infraestrutura da nuvem é partilhada por várias organizações com preocupações comuns.

(4) *Nuvem híbrida:* Uma nuvem híbrida é uma combinação de uma nuvem pública e privada.

A Figura 6.5 ilustra estes tipos de computação em nuvem [2].

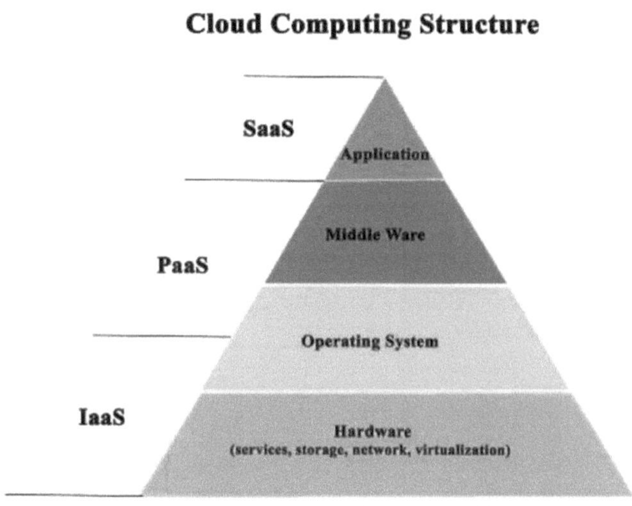

Figura 6.5 Tipos de computação em nuvem [1].

Por exemplo, o Microsoft Azure é uma das plataformas de computação em nuvem mais importantes do mercado, criada pela Microsoft. A computação em nuvem pública, oferecida por empresas como a Amazon Web Services, a Microsoft Azure e a Google Cloud, continua a ser vista por muitos como uma forma mais económica e eficiente de as empresas armazenarem e processarem dados.

Uma empresa pode melhorar a eficiência, aumentar a produtividade e poupar custos se transferir os seus dados para a nuvem. Atualmente, muitos líderes empresariais estão na linha da frente para se adaptarem à transformação digital com uma estratégia de computação em nuvem. Optar por transferir a sua empresa para a nuvem é uma escolha significativa que terá impacto em todos os aspectos das operações comerciais. Os funcionários podem receber dados que os ajudarão a servir os consumidores em qualquer altura e a partir de qualquer local. Podem interagir com possíveis consumidores através da nuvem utilizando uma variedade de dispositivos, incluindo telemóveis, computadores portáteis e computadores de secretária.

6.3 UTILIZAÇÃO DA COMPUTAÇÃO EM NUVEM

A implementação de novas tecnologias enfrenta o problema do aumento dos custos e da incerteza. A utilização da computação em nuvem nas empresas é uma forma eficaz de lidar com estas questões. Além disso, a computação em nuvem proporciona uma forma de a sua empresa gerir os seus recursos informáticos em linha. Esta prática permite que as empresas acedam às suas informações virtualmente em qualquer lugar e a qualquer momento. A utilização da computação em nuvem reduz o custo das operações e cuida dos aspectos ambientais.

A computação em nuvem é uma tecnologia baseada na Internet que permite que a informação seja armazenada em servidores e fornecida como um serviço a pedido dos clientes. A computação em nuvem é uma solução abrangente em que todos os recursos informáticos (hardware, software, armazenamento, etc.) são fornecidos rapidamente aos utilizadores em função da procura. A maior vantagem da computação em nuvem nas empresas actuais é a eficiência de custos. O custo da implementação da computação em nuvem depende em grande medida da dimensão da empresa, dos recursos informáticos existentes e das competências informáticas dos empregados. A computação em nuvem pode também contribuir significativamente para os grandes objectivos sociais de eficiência energética, proteção ambiental e desenvolvimento sustentável [9].

A computação em nuvem tem um impacto indireto e substancial na promoção da criação de novas empresas e no desempenho macroeconómico de qualquer nação. É considerada uma vantagem para uma empresa poder realizar o seu trabalho a baixo custo e com menos esforço. Um número crescente de empresas oferece infra-estruturas como serviço (IaaS), software como serviço (SaaS) e plataformas como serviço (PaaS) para criar valores comerciais e atrair clientes. A computação em nuvem é uma solução eficaz para o problema sempre existente da complexidade dos sistemas de informação no domínio empresarial. Pode também ser considerada como um modelo de negócio emergente, como mostra a Figura 6.6 [10].

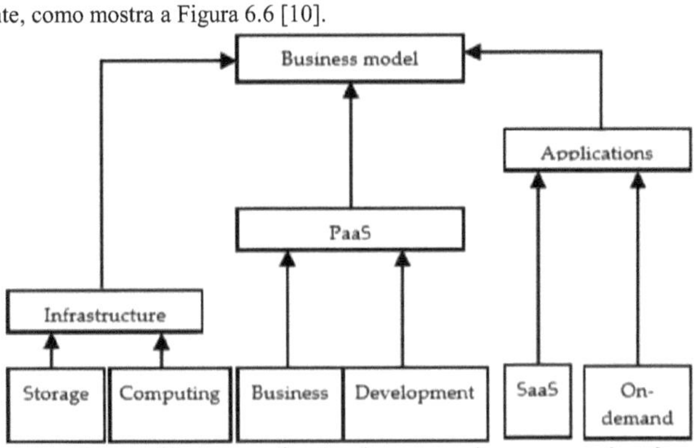

Figura 6.6 Estrutura do modelo de negócio da nuvem [10].

A computação em nuvem foi estabelecida como o modelo mais recente e flexível de fornecimento de tecnologias da informação. As vantagens da computação em nuvem superam os riscos potenciais.

6.4 APLICAÇÕES DA COMPUTAÇÃO EM NUVEM NAS EMPRESAS

Na sequência do abrandamento económico, as organizações estão cada vez mais à procura de formas de fazer mais com os mesmos recursos. A computação em nuvem permite às empresas externalizar dados e pode ser acedida em qualquer lugar e a qualquer momento. Oferece muitas opções para o utilizador comum de computadores, incluindo grandes e pequenas empresas. As aplicações comuns de computação em nuvem para empresas são discutidas a seguir.

- *Gestão:* A computação em nuvem tornou-se imperativa para a gestão de empresas de todas as dimensões. A tecnologia da informação altera a gestão principalmente através de mudanças na forma como a informação é recolhida. Uma abordagem moderna e alternativa à gestão empresarial é a utilização de serviços baseados na computação em nuvem.

- *Alojamento Web na nuvem:* O alojamento na nuvem é uma alternativa popular ao alojamento tradicional. Um anfitrião Web tradicional utiliza um espaço de servidor físico para satisfazer as necessidades de alojamento Web dos seus clientes. Dentro do espaço de alojamento tradicional, os serviços são dedicados ou partilhados, sendo que cada opção tem os seus méritos. O alojamento baseado na nuvem dedica um espaço de servidor virtual a cada utilizador. Os serviços de alojamento em nuvem utilizam um modelo de pagamento consoante o uso [11].

- *Empresas:* Uma empresa é um conjunto de actividades diferentes, cada uma das quais acrescenta um valor marginal ao produto ou serviço final, e estas actividades constituem uma cadeia de valor. Pode aceder a recursos informáticos alojados por terceiros na rede

  Internet em vez de construir a sua infraestrutura de TI. Com os serviços em nuvem fornecidos em linha, as empresas têm de ter acesso à Internet para os poderem utilizar.

- *Pequenas empresas:* A computação em nuvem é uma tecnologia que as médias e grandes empresas adoptam como a nova forma de fazer negócios. Muitas pequenas empresas não estão a utilizar serviços na nuvem e estão a ficar para trás em relação ao resto do mundo empresarial. Com os serviços que estão disponíveis através da nuvem, cada pequena empresa tem o potencial de ser a próxima grande corporação. Afinal, todas as grandes empresas foram, em tempos, uma pequena empresa. As pequenas empresas devem tirar partido dos benefícios da nuvem para obter mais negócios e aumentar a rentabilidade. A computação em nuvem pode beneficiar as pequenas empresas porque, através dela, elas terão acesso a tecnologias que antes não eram acessíveis e podem começar a competir com outras pequenas empresas ou mesmo com as grandes.

- *Serviços de backup na nuvem:* Os melhores serviços de cópia de segurança na nuvem combinam armazenamento, sincronização e restauro de dados, cópias de segurança em tempo real, arquivo e segurança de alto nível. Muitos serviços de armazenamento em nuvem também oferecem a funcionalidade de backup em nuvem.

6.5 BENEFÍCIOS

São inúmeras as vantagens que uma empresa pode retirar da computação em nuvem, quer seja utilizada para o armazenamento e análise de dados em grande escala, para a prestação de um serviço baseado na Web, para o dimensionamento da infraestrutura ou para fins de recuperação de desastres. A computação em nuvem oferece uma forma mais económica, mais flexível e mais eficiente de gerir as despesas de TI das empresas. Os principais benefícios inatos são os seguintes [12-16].

- *Acessibilidade:* A computação em nuvem é um sistema informático de fácil acesso. As empresas utilizam a computação em nuvem para aceder às informações em qualquer lugar utilizando um dispositivo digital ligado à Internet. A informação está disponível a partir de um hub central baseado na Web que dá a qualquer pessoa autorizada acesso instantâneo a partir de qualquer local e em qualquer altura. Um fornecedor de computação em nuvem armazena os dados por si sem todas as desvantagens.

- *Mobilidade:* Talvez a vantagem mais importante da computação em nuvem seja o facto de proporcionar mobilidade à empresa. A computação em nuvem proporciona aos empregados a flexibilidade de trabalhar a partir de qualquer local, permitindo assim a mobilidade. Com a ajuda de uma ligação à Internet, é possível obter actualizações em tempo real sobre todas as operações da empresa utilizando a computação em nuvem.

- *Escalabilidade:* Refere-se à expansão da infraestrutura para lidar com um aumento do volume de trabalho de cada aplicação. Devido à incerteza do mercado, as empresas têm-se debatido tradicionalmente com a escalabilidade. A escalabilidade da computação em nuvem permite que as empresas cresçam de forma eficaz. A computação em nuvem é fácil de escalar. A computação em nuvem é o principal motor da satisfação da procura em constante mudança de computação e desenvolvimento. As capacidades de computação, como o armazenamento, a capacidade de processamento ou a largura de banda da rede, podem ser aumentadas quase instantaneamente e reduzidas novamente consoante a procura.

- *Flexibilidade:* Muitas empresas escolhem a flexibilidade e a conveniência da computação em nuvem em vez do alojamento local tradicional e do software no local. A computação em nuvem promove a flexibilidade no local de trabalho. Permite que os empregados sejam suficientemente flexíveis, acedendo aos dados a partir de qualquer lugar e em qualquer altura. Permite uma programação flexível do trabalho. As empresas podem alugar equipamento e aplicações de TI conforme necessário, em vez de comprarem activos de hardware e software.

- *Eficiência de custos:* A relação custo-eficácia ou a redução de custos é uma das principais razões pelas quais a computação em nuvem é importante para as empresas.

A computação em nuvem tornou-se um fator de mudança no mundo empresarial. Uma plataforma de computação em nuvem permite às empresas aceder a serviços em função das necessidades. A computação em nuvem torna as aplicações e os dados acessíveis através da Internet e reduz os custos.

- *Agilidade:* No ambiente empresarial atual, é necessário manter-se competitivo. Uma forma de tornar uma organização diferente das outras é a capacidade de responder às necessidades em rápida mudança dos clientes. A computação em nuvem pode alcançar este objetivo de uma forma mais eficaz. Devido à disponibilidade da Internet, a computação em nuvem funciona 24 horas por dia.

- *Manutenção sem esforço:* A computação em nuvem é fácil de manter. A capacidade de manutenção do código na computação em nuvem é bastante elevada, permitindo a coordenação de toda a organização.

- *Segurança dos dados:* Ao contrário da opinião popular, a utilização de uma plataforma de nuvem é um método muito seguro para armazenar os seus dados e operar a sua empresa. É difícil gerir a segurança dos seus próprios dados sem recursos substanciais. A computação em nuvem proporciona um elevado nível de segurança no que respeita às nuvens públicas e privadas. Guarda os dados e garante zero violações de dados. Normalmente, os fornecedores de serviços de computação em nuvem investem fortemente em medidas de segurança para proteger os dados e as aplicações dos seus clientes. Esta disposição inclui firewalls, encriptação de dados e cópias de segurança regulares, que podem ajudar as empresas a garantir a segurança dos seus dados e aplicações críticos.

- *Colaboração:* A colaboração é parte integrante da computação em nuvem porque permite que todos os membros da equipa trabalhem em conjunto, independentemente da sua localização. A computação em nuvem fornece uma solução óptima para ajudar as equipas a trabalharem mais rapidamente e à vontade. É uma das formas mais eficazes de melhorar o desempenho da equipa.

- *Controlo de qualidade:* Um fraco controlo de qualidade é prejudicial para o sucesso de uma empresa. Num sistema baseado na nuvem, todos os documentos são armazenados num único local e num único formato. Com todos a acederem à mesma informação, é possível manter a consistência dos dados, evitar erros humanos e ter um registo de quaisquer revisões ou actualizações.

  - *Actualizações automáticas:* Nada é mais irritante do que esperar que as actualizações do sistema sejam instaladas. As empresas que gerem a sua própria infraestrutura de TI têm de lidar com actualizações de software de tempos a tempos. As aplicações baseadas na nuvem actualizam-se automaticamente. Esta atualização automática poupa tempo valioso ao pessoal de TI.

  - *Inovação:* Isto está diretamente ligado ao crescimento do negócio. O uso de tecnologias legadas pode prejudicar a capacidade de uma organização de experimentar novas soluções. A utilização da nuvem como uma base de infraestrutura para a inovação pode levar a um melhor desempenho, a custos mais baixos e a uma maior agilidade. A computação em nuvem permitiu que a indústria da IoT inovasse, criasse e produzisse novos produtos que estão a mudar o mundo.

- *Elasticidade rápida:* Uma das principais vantagens da computação em nuvem é a capacidade de ter um serviço de computação flexível que pode expandir-se ou contrair-se de acordo com a procura comercial. As capacidades podem ser provisionadas de forma rápida e elástica, em alguns casos automaticamente, para serem rapidamente escalonadas para fora e rapidamente libertadas para serem rapidamente escalonadas para dentro.

- *Recuperação de desastres:* Como diz a lei de Murphy, tudo o que pode correr mal, corre mal. Um dos problemas das antigas infra-estruturas de TI é o facto de serem mais propensas a falhar. O tempo de inatividade nunca é bom para uma empresa. Pode resultar em baixa produtividade, receitas e reputação da marca. Felizmente, operar na nuvem dá-lhe paz de espírito quando ocorre uma catástrofe, porque continuará a ter acesso aos seus dados, uma vez que estes são armazenados remotamente em servidores de terceiros. Independentemente da catástrofe ou do contratempo, as aplicações na nuvem darão à sua empresa uma sensação de resiliência contra os elementos.

- *Experiência do cliente:* Atualmente, a experiência do cliente é de importância vital e os consumidores esperam que as empresas estejam muito mais atentas às suas necessidades. As soluções baseadas na nuvem podem permitir que as empresas ofereçam uma melhor experiência ao cliente. As empresas que o conseguem fazer têm muito mais probabilidades de estabelecer relações duradouras com os clientes.

- *Comunicação:* Este aspeto é crucial para o sucesso nos negócios, e a nuvem tornou muito mais fácil a colaboração com colegas e clientes em todo o mundo. A computação em nuvem pode melhorar a colaboração ao promover uma melhor comunicação.

- *Fiabilidade:* Muitos fornecedores de serviços oferecem serviços 24 horas por dia, o que resulta em interrupções do sistema que podem causar perdas momentâneas devastadoras ou monetárias. Para garantir que o seu sistema é fiável em qualquer altura, é importante ter planos rigorosos para monitorizar o desempenho chave e os aspectos operacionais.

Alguns destes benefícios são apresentados na Figura 6.7 [17]. Outros benefícios incluem [18]:

Figura 6.7 Alguns dos benefícios da computação em nuvem para as empresas [17].

- Fácil de configurar e utilizar imediatamente.
- Fácil de partilhar o acesso com vários membros do pessoal no ambiente de trabalho e à distância.
- Fácil de partilhar documentos e registos comerciais com os seus prestadores de serviços profissionais (por exemplo, contabilidade, jurídico).
- As aplicações para o software empresarial mais comum estão disponíveis para tablets, telemóveis e outros dispositivos.
- As versões do software são actualizadas regularmente.
- Muitas ferramentas comerciais comuns são compatíveis com outras ferramentas e plataformas digitais e interagem sem problemas com elas.
- Não requer infra-estruturas de rede dispendiosas nas instalações da sua empresa (por exemplo, um servidor de rede, cópias de segurança e pessoal altamente qualificado).
- Pode fornecer infra-estruturas de armazenamento e cópias de segurança de dados.
- O software pode manter-se em funcionamento durante uma catástrofe natural ou outros incidentes.

6.6 DESAFIOS

A computação em nuvem traz benefícios significativos, mas também alguns desafios comerciais. A computação em nuvem conduziu a um enorme crescimento empresarial porque torna as aplicações e os dados acessíveis através da Internet e reduz os custos. Embora a tecnologia de computação em nuvem possa revelar-se um grande trunfo para a sua empresa, também pode causar danos se não for corretamente implementada ou utilizada. Algumas empresas queixam-se do crescimento desenfreado de serviços de computação em nuvem não utilizados, e os custos da computação em nuvem são difíceis de prever e, muitas vezes, ultrapassam o orçamento. Outros desafios são os seguintes

[19,20]:

- *Menos controlo:* O controlo é um dos factores que contribuem para o sucesso de uma empresa. A utilização da computação em nuvem implica um menor controlo sobre o software, os sistemas e os activos informáticos da sua empresa. Com menos supervisão e controlo, torna-se mais difícil avaliar a eficiência do sistema de segurança. Haverá sempre coisas que estão completamente fora do seu controlo.

- *Segurança:* Esta tem sido sempre uma grande preocupação com a nuvem, especialmente quando se trata de registos médicos e informações financeiras sensíveis. Embora os regulamentos obriguem os fornecedores de computação em nuvem a reforçar as suas medidas de segurança e conformidade, a segurança continua a ser um problema permanente. Muitas organizações têm preocupações de segurança quando se trata de adotar uma solução de computação em nuvem. É difícil saber se os ficheiros, programas e outros dados estão protegidos. Se pode aceder remotamente aos seus dados, o que impede um cibercriminoso de fazer o mesmo?

- *Formação:* A implementação de qualquer nova tecnologia requer a formação do pessoal. Inicialmente, também se pode encontrar resistência entre alguns funcionários, especialmente aqueles que não estão familiarizados com a tecnologia de nuvem.

- *Perda de dados:* A perda e a fuga de dados são a maior preocupação de segurança da computação em nuvem. Os dados da nuvem podem ser perdidos se o fornecedor da nuvem os apagar acidentalmente, se ocorrer uma catástrofe física, como um incêndio ou um terramoto, que danifique os servidores remotos, ou se uma chave de encriptação se perder.

- *Custos incorridos:* A nuvem pode ser dispendiosa e, nesse caso, não terá outra opção senão continuar a receber muito dinheiro para manter a sua presença virtual. Devido a restrições orçamentais, poderá ter de pensar duas vezes antes de adotar uma plataforma de nuvem.

- *Natureza inflexível:* A migração pode tornar-se difícil para um empresário que pretenda mudar de fornecedor para fornecedor.

- *Falta de conhecimentos especializados:* Um dos desafios que as empresas enfrentam na utilização da computação em nuvem é a falta de conhecimentos especializados. A necessidade de conhecimentos especializados continua a crescer. Este desafio pode ser minimizado através da formação adicional do pessoal de TI e de desenvolvimento.

- *Conformidade:* Este é um problema para qualquer empresa que utilize serviços de cópia de segurança ou armazenamento na nuvem. Sempre que uma empresa transfere dados do armazenamento interno para uma nuvem, tem de estar em conformidade com os regulamentos e leis oficiais. Todas as empresas têm de garantir que as normas e os regulamentos de conformidade são respeitados e cumpridos.

- *Compatibilidade:* Nem todas as aplicações e dados são compatíveis com a computação em nuvem, o que pode resultar em problemas de compatibilidade para as empresas.

Alguns desses desafios são apresentados na Figura 6.8. Os desafios devem ser enfrentados para que a computação em nuvem atinja o seu potencial no ambiente empresarial.

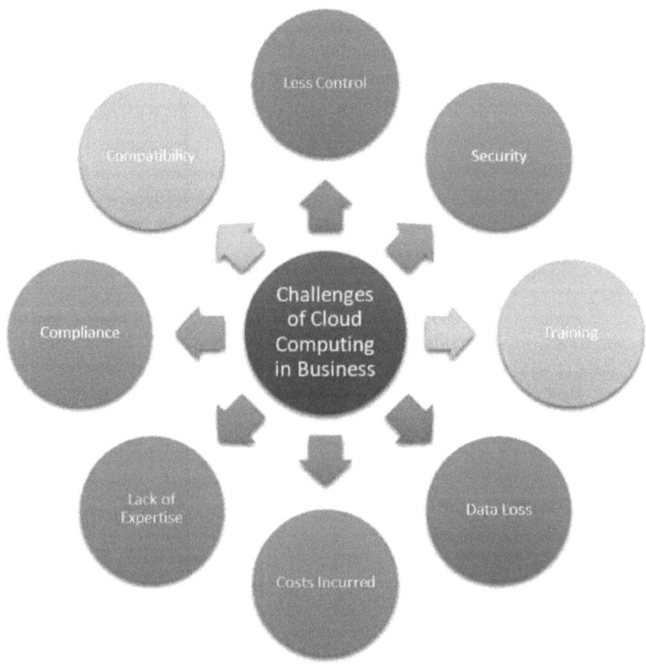

Figura 6.8 Alguns desafios da computação em nuvem nas empresas.

6.7 UTILIZAÇÃO GLOBAL DA COMPUTAÇÃO EM NUVEM NAS EMPRESAS

A nuvem é a força motriz da transformação digital atual. A computação em nuvem centra-se na prestação de serviços aos utilizadores através da Internet. Fornece vários recursos e ferramentas, como aplicações de armazenamento de dados, bases de dados, servidores, software e redes. Pode ser potencialmente uma das inovações empresariais mais transformadoras do século XXI, permitindo às empresas e às agências governamentais escalar rapidamente os recursos, aumentar a portabilidade e aumentar a segurança e a produtividade. O acesso à Internet e a ubiquidade dos dispositivos móveis tornam a computação em nuvem uma opção viável para as pequenas empresas em todo o mundo. A dependência global da computação em nuvem só deverá aumentar à medida que sectores como o da saúde e o financeiro continuarem a migrar para a nuvem. Embora atualmente a computação em nuvem ocorra sobretudo em grandes centros de dados, esta tendência irá inverter-se até 2025, altura em que se espera que 80% de todos os dados sejam processados em dispositivos inteligentes mais próximos do utilizador, a chamada computação periférica. Vamos agora analisar a forma como a computação em nuvem é utilizada nas empresas em algumas regiões.

- *Estados Unidos:* Os EUA têm uma grande quantidade de empresas de computação em nuvem, como a Amazon Web Services (AWS), a VMWare, a Microsoft e a Verizon. As empresas estão a aproveitar a nuvem como o principal facilitador para completar a sua transformação digital. A nuvem está a tornar-se um dos principais pontos da agenda, uma vez que as empresas estão a fazer a transição de uma abordagem fragmentada para uma transformação digital mais holística de ponta a ponta, com a nuvem no seu centro. Os vencedores de amanhã serão os que aceitarem esta rápida mudança, fizerem as escolhas certas e se envolverem com os parceiros adequados [21].

- *Reino Unido:* Este é o maior mercado de computação em nuvem da Europa. É o segundo maior mercado de TIC na classificação das despesas de TIC per capita (sendo os EUA o primeiro). O governo britânico também tem apoiado fortemente a adoção de tecnologias de computação em nuvem. A computação em nuvem oferece oportunidades de crescimento significativas. Quase todas as empresas de software no Reino Unido utilizam a nuvem; existem oportunidades tanto no sector público como no privado para as empresas que oferecem serviços de nuvem ou serviços conexos. As empresas do Reino Unido estão a procurar serviços de computação em nuvem para as ajudar a automatizar o trabalho e os processos empresariais. A Amazon Web Services (AWS), a Microsoft Azure e a Google Cloud são os principais intervenientes, sendo a AWS o líder de mercado dos serviços de infra-estruturas de computação em nuvem. A procura de serviços públicos de computação em nuvem acelerou o crescimento do sector das TI no Reino Unido [22].

- *Europa:* A Comissão Europeia tem por objetivo proporcionar às empresas e autoridades públicas europeias acesso a infra-estruturas e serviços de computação em nuvem seguros, sustentáveis e interoperáveis. Um número crescente de empresas europeias está a integrar serviços de computação em nuvem nos seus processos empresariais. Em 2014, apenas 18% de todas as empresas europeias utilizavam serviços de computação em nuvem, mas a percentagem aumentou rapidamente para 41% em 2021. A transferência gradual dos dados e serviços de computação em nuvem para a periferia é parte integrante do objetivo. As acções propostas na Estratégia de Dados da UE facilitarão a passagem para a periferia. A UE planeia compilar um conjunto de regras sob a forma de um manual da UE sobre a computação em nuvem e de orientações sobre contratos públicos de serviços de tratamento de dados. O manual fornecerá um quadro europeu único relevante para as regras vinculativas e não vinculativas aplicáveis aos utilizadores e fornecedores de serviços de computação em nuvem na Europa [23].

- *China:* Esta é uma das maiores economias do mundo, com milhares de empresas a dependerem dos serviços de nuvem para satisfazerem as suas expectativas de desenvolvimento, implementação e gestão de aplicações. A China deu passos rápidos na migração para a computação em nuvem e agora tem o segundo maior mercado do mundo, depois dos Estados Unidos. A adoção da nuvem na China tem sido liderada em grande parte por empresas orientadas para o consumidor. Os desafios à migração para a computação em nuvem incluem a perceção do custo e da dificuldade da migração, a segurança e a conformidade regulamentar. A migração para a nuvem na China está agora a entrar na sua segunda vaga, que poderá ser liderada pelos sectores industriais e de produção críticos da China. Os fornecedores de serviços de computação em nuvem que pretendam crescer na China precisarão de uma proposta forte de computação em nuvem privada e pública e da capacidade de apoiar as empresas na gestão de uma infraestrutura de computação em nuvem híbrida [24].

- *Índia:* A tecnologia de nuvem tornou-se popular na Índia porque o governo indiano tem apoiado a adoção da nuvem. As empresas na Índia querem investir mais em computação em nuvem devido à sua maior escalabilidade, segurança, manutenção e previsibilidade de custos. Os investimentos em tecnologia de computação em nuvem aceleraram na Índia durante a pandemia. A computação em nuvem permitiu que as empresas subscrevessem o modelo "pague o que usar" dos fornecedores de serviços de nuvem. O programa Digital India liderou a transformação das empresas indianas e incentivou-as a utilizar plataformas de computação em nuvem para aplicações de comunicações e tecnologias da informação. Vários fornecedores de serviços de computação em nuvem, como a AWS, a GCP e a Azure, estão a desenvolver plataformas que satisfazem os requisitos de uma variedade de empresas e a oferecer assistência a essas empresas para as ajudar a implementar a computação em nuvem nas suas operações sem terem conhecimentos técnicos adequados [25].

6.8 CONCLUSÃO

A computação em nuvem é a prestação de serviços informáticos a pedido através da Internet, incluindo aplicações, armazenamento de dados e processamento de dados. É a última grande evolução da computação. É uma das principais tecnologias que impulsionam a forma como trabalhamos e nos divertimos. Cada vez mais empresas dependem dos serviços de computação em nuvem e dos centros de dados para as suas operações diárias. A maioria das empresas está a aceder à nuvem para melhorar a sua capacidade de partilhar ficheiros internamente com os funcionários ou externamente com os clientes. Atualmente, a computação em nuvem está a revolucionar as empresas e as suas operações. Está a receber uma grande atenção, desde os indivíduos até ao governo nacional. Captou a atenção dos actuais CIOs, oferecendo um enorme potencial para operações de TI mais flexíveis e rentáveis.

As várias vantagens da nuvem em termos de armazenamento infinito, segurança de dados, encriptação de dados, segurança de dados, flexibilidade e fiabilidade ajudaram as empresas a concentrarem-se nos principais impulsionadores do negócio e na agilidade empresarial. As empresas bem-sucedidas não se concentrarão na mudança para a nuvem, mas na sua utilização para proporcionar um valor comercial tangível. Para mais informações sobre a computação em nuvem nas empresas, consulte os livros em [26-42].

REFERÊNCIAS

[1] M. N. O. Sadiku, U. C. Chukwu e J. O. Sadiku, "Cloud computing in business", *International Journal of Human Computing Studies,* vol. 5, n.º 3, maio de 2023, pp.157-166.

[2] "Computação em nuvem - Um guia completo para alcançar o objetivo empresarial," julho de 2020, https://www.bursys.com/cloud-computing-a-complete-guide/

[3] "Computação em nuvem para empresas - O que é a nuvem?" http://www.opengroup.org/cloud/cloud_for_business/p6.htm
[4] "Tutorial de computação em nuvem,"

https://www.tutorialspoint.com/cloud_computing/cloud_computing_tutorial.pdf
[5] H. Jemal et al., "Cloud computing and mobile devices based system for healthcare application," *Actas do Simpósio Internacional IEEE sobre Tecnologia na Sociedade,* 2015.
[6] M. N. O. Sadiku, S. M. Musa, e O.D. Momoh, "Cloud computing: Opportunities and challenges," *IEEE Potentials,* vol. 33, no. 1, Jan/Fev. 2014, pp.34-36.
[7] J. Haucap, D. Fritz, e S. Thorwarth, "The economic impact of cloud computing in Europe," https://www.europeancloudalliance.com/wp-content/uploads/2022/11/Cloud-Computing- in-Europe-fin.pdf
[8] F. Alharbi et al., "Strategic value of cloud computing in healthcare organisations using the balanced scorecard approach: Um estudo de caso de um hospital saudita", *Procedia Computer Science,* vol. 98, 2016, pp. 332 - 339.
[9] V. Kumar e P. Vidhyalakshmi, "Cloud computing for business sustainability," *Asia-Pacific Journal of Management Research and Innovation,* vol. 8, no. 4, 2012, pp. 461-474.
[10] K. H. Masiyev et al., "Cloud computing for business", *Actas da 6.ª Conferência Internacional sobre a Aplicação das Tecnologias da Informação e da Comunicação*, 2012.
[11] N. Reckmann, "Cloud computing: A small business guide", fevereiro de 2023, https://www.businessnewsdaily.com/4427-cloud-computing-small-business.html
[12] B. Anand, "The importance of cloud computing in business [2023]," fevereiro de 2023, https://www.knowledgehut.com/blog/cloud-computing/importance-of-cloud-computing
[13] "12 benefícios da computação em nuvem", https://www.salesforce.com/products/platform/best-practices/benefits-of-cloud-computing/
[14] N. Morpus, "The 7 major benefits of cloud computing for small businesses," agosto de 2022, https://www.fool.com/the-ascent/small-business/crm/articles/benefits-of-cloud- computing/
[15] "Os 10 principais benefícios da computação em nuvem". https://www.ringcentral.com/us/en/blog/benefits-of-cloud-computing/
[16] C. T. S. Xue e F. T. W. Xin, "Benefits and challenges of the adoption of cloud computing in business," *International Journal on Cloud Computing: Services and Architecture*, vol. 6, no. 6. dezembro de 2016.
[17] "14 Incredible benefits of cloud computing for businesses," maio de 2021, https://www.techfunnel.com/information-technology/benefits-of-cloud-computing/
[18] "Cloud computing for business," https://www.business.qld.gov.au/running-business/digital-business/online-risk- security/cloud
[19] "Os aspectos negativos e positivos da computação em nuvem para as empresas", Fonte desconhecida.
[20] "As vantagens e desvantagens da computação em nuvem para as empresas", fevereiro de 2023, https://www.kunal-chowdhury.com/2023/02/cloud-computing-for-businesses.html
[21] "Introdução à computação em nuvem", https://www.accenture.com/us-en/cloud/insights/cloud-computing-index
[22] "United kingdom cloud services market," https://www.trade.gov/market-

intelligence/united-kingdom-cloud-services- market#:-
:text=Revenue%20in%20the%20United%20Kingdom,leader%20for%20cloud
%20infrastructure%20services.
[23] "Computação em nuvem", https://digital-strategy.ec.europa.eu/en/policies/cloud-computação
[24] "Nuvem na China: The outlook for 2025", julho de 2022,
https://www.mckinsey.com/capabilities/mckinsey-digital/our-insights/cloud-in-china-the-perspectivas-para-2025
[25] "Como a computação em nuvem está a ajudar as empresas indianas,"
https://www.indiatvnews.com/business/news/how-cloud-computing-is-helping-indian-empresas-2023-04-03-860121
[26] T. Shelton, *Business Models for the Social Mobile Cloud: Transform Your Business Using Social Media, Mobile Internet, and Cloud Computing.* Wiley, 2013.
[27] M. H. Hugos e D. Hulitzky, *Business in the Cloud: What Every Business Needs to Know About Cloud Computing [O que todas as empresas precisam de saber sobre a computação em nuvem].* Wiley 2010,
[28] I. Faynberg, H. Lu, e D. Skuler, *Cloud Computing: Business Trends and Technologies.* Wiley, 2016.
[29] Grace Fox et al. (eds.), *Measuring the Business Value of Cloud Computing.* Springer, 2020.
[30] J. Weinman, Cloudonomics: *The Business Value of Cloud Computing.* Wiley, 2012.
[31] M. Malhotra e S. Aljawarneh, *Impacts and Challenges of Cloud Business Intelligence.* IGI Global, 2020.
[32] A. Mulholland, J. Pyke e P. Fingar, *Enterprise Cloud Computing: A Strategy Guide for Business and Technology Leaders-- and the Rest of Us.* Meghan-Kiffer Press, 2 010.
[33] K. Jamsa, *Computação em nuvem: SaaS, PaaS, IaaS, Virtualização, Modelos de Negócio, Mobile, Segurança e Mais.* Jones & Bartlett Learning, 2013.
[34] M. H. Hugos e D. Hulitzky, *Business in the Cloud: What Every Business Needs to Know About Cloud Computing.* John Wiley & Sons, 2010.
[35] C. Harding, *Cloud Computing for Business-The Open Group Guide.* Van Haren, 2 011.
[36] N. B. Ruparelia, *Cloud Computing.* MIT Press, 2016.
[37] V. Kale, *Guide to Cloud Computing for Business and Technology Managers: From Distributed Computing to Cloudware Applications.* Boca Raton, FL: CRC Press, 2014.
[38] D. Dempsey e F. Kelliher, *Industry Trends in Cloud Computing: Alternative Business-to-Business Revenue Models.* Palgrave Macmillan, 2018.
[39] G. Singh, *A Study of Impact of Erp and Cloud Computing In Business Enterprises (Um estudo do impacto do Erp e da computação em nuvem nas empresas).*
LAP LAMBERT Academic Publishing, 2013.
[40] S. Srinivasan, *Segurança, Confiança e Aspectos Regulamentares da Computação em Nuvem em Ambientes de Negócios.* IGI Global, 2014.
[41] T. Lynn et al. (eds.), *Measuring the Business Value of Cloud Computing.* Palgrave Macmillan, 2020.
[42] K. Stanoevska, T. Wozniak, e S. Ristol (eds.), *Grid and Cloud Computing: A Business Perspective on Technology and Applications.* Springer Science & Business Media, 2009.

CAPÍTULO 7 : COMPUTAÇÃO EM NUVEM NA EDUCAÇÃO

"*A educação, portanto, para além de todos os outros dispositivos de origem humana, é o grande equalizador das condições dos homens, a roda de equilíbrio da máquina social.*"- Horace Mann

7.1 INTRODUÇÃO

A educação desempenha um papel fundamental no crescimento económico de qualquer nação. O mundo está a mudar rapidamente. Consequentemente, a educação está a mudar. A sala de aula está a mudar. O ensino e a aprendizagem já não se limitam aos manuais escolares e às salas de aula, mas envolvem a utilização de computadores e dispositivos móveis. A tecnologia e a educação estão intimamente relacionadas. O modelo educativo em muitos países evoluiu com a tecnologia. Atualmente, os alunos são nativos digitais e estão sempre ligados. Estão a exigir mais serviços tecnológicos às suas instituições. Desde as aulas até à entrega de trabalhos, tudo se baseia agora na Internet. Daí a necessidade da computação em nuvem [1].

A computação em nuvem refere-se a uma configuração de recursos informáticos que podem ser partilhados em qualquer lugar, independentemente da localização dos utilizadores. Trata-se de um novo paradigma de computação emergente para a prestação de serviços informáticos. Está a mudar a forma como os serviços de tecnologia da informação são fornecidos. Uma plataforma em nuvem facilita o acesso a recursos educativos para alunos e professores. Os planos de aula, os trabalhos de curso e as tarefas podem ser carregados, actualizados e acedidos em qualquer altura pelos alunos. É fácil para os educadores monitorizarem os cursos e acederem ao progresso dos alunos sem se encontrarem pessoalmente. Os professores podem trabalhar a partir de qualquer lugar, ligar os seus alunos a vários programas e aplicações e guardar todos os seus planos de aulas e trabalhos na nuvem.

Os recursos informáticos podem ser servidores de rede, aplicações, plataformas, armazenamento, segmentos de infra-estruturas de software e serviços. São abstraídos e fornecidos como serviços numa rede ou na Internet [2]. O hardware e o software do centro de dados constituem o que designamos por nuvem. A computação em nuvem assenta em várias tecnologias existentes, por exemplo, a Internet, a virtualização, a computação em grelha, os serviços Web, etc. O utilizador não necessita de conhecimentos especializados para controlar o segmento de infraestrutura das nuvens.

A computação em nuvem difere de outros modelos históricos de TI porque se centra principalmente nos serviços e não na tecnologia. A tecnologia (armazenamento, CPU, equipamento de rede) não é o serviço, mas os elementos constitutivos de um serviço. A computação em nuvem no sector da educação consiste em transferir os dados e os recursos informáticos de um sistema escolar para um servidor em nuvem. Várias instituições de ensino superior já estão a tirar partido das muitas vantagens que a nuvem oferece, incluindo a redução de custos, a escalabilidade, a agilidade e a modernização [3].

Este documento apresenta uma introdução à computação em nuvem para a educação. Começa por explicar o conceito de computação em nuvem. Apresenta algumas aplicações da computação em nuvem na educação. Destaca as vantagens e os desafios da incorporação da computação em nuvem na educação. Aborda a utilização global da computação em nuvem no ensino. A última secção encerra com comentários.

7.2 CONCEITO DE COMPUTAÇÃO EM NUVEM

A computação em nuvem é um novo meio de fornecer recursos e serviços informáticos. É uma infraestrutura da Internet a pedido e de autosserviço. Oferece computação e armazenamento de grande escala, partilha de dados e acesso a recursos a pedido, a qualquer hora e em qualquer lugar. A figura 7.1 ilustra a computação em nuvem [4].

Figura 7.1 Computação em nuvem [4].

A computação em nuvem apresenta várias caraterísticas, tais como [5]:

- A partilha de recursos
- Melhor utilização dos recursos
- Elasticidade
- Dinâmico (distribuído)
- Escalabilidade
- Virtualizado

Do ponto de vista do serviço, a computação em nuvem inclui três modelos: software, plataforma e infraestrutura [6].

(1) *Software como um serviço (SaaS):* As aplicações são alojadas por um fornecedor de serviços na nuvem e disponibilizadas aos clientes através da Internet. Como um SaaS, a nuvem pode oferecer às organizações serviços alojados a pedido.

(2) *Plataforma como um serviço (PaaS):* As ferramentas de desenvolvimento (por exemplo, sistemas operativos) estão alojadas na nuvem e são acedidas através de um browser. Utilizando um ambiente PaaS, a Microsoft fornece um serviço para abastecer os fornecedores com redes, servidores e armazenamento.

(3) *Infraestrutura como um serviço (IaaS):* Os fornecedores de serviços de computação em nuvem criam enormes infra-estruturas, como servidores, dispositivos de armazenamento, hardware, etc., para serem utilizadas por potenciais clientes.

Os três modelos são apresentados na Figura 7.2 [7].

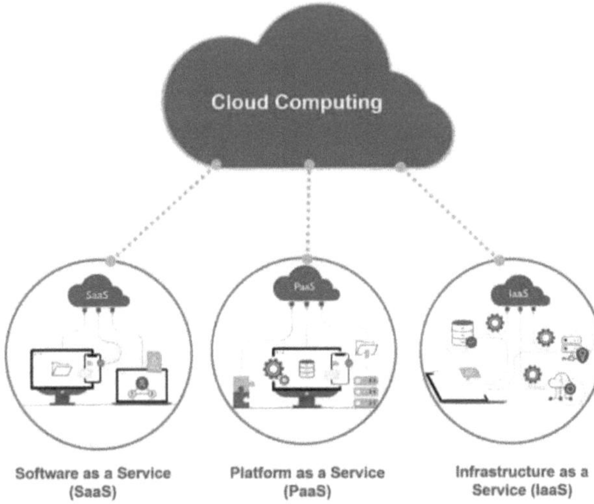

Figura 7.2 Três modelos de computação em nuvem [7].

Os modelos de implantação da computação em nuvem [8].

(1) *Nuvem pública:* Uma nuvem pública é um ambiente de nuvem acessível ao público pertencente a um provedor de nuvem terceirizado. O fornecedor de serviços disponibiliza recursos ao público em geral através da Internet numa base de pagamento consoante o uso.

(2) *Nuvem privada:* Uma infraestrutura de nuvem é detida e operada exclusivamente por uma única organização. As organizações constroem a sua infraestrutura de nuvem para utilização pelas suas unidades de negócio. Também podem escolher entre nuvem privada ou nuvem pública.

(3) *Nuvem comunitária:* Uma nuvem comunitária é semelhante a uma nuvem pública, exceto que o seu acesso é limitado a uma comunidade específica de consumidores de nuvem. Várias organizações partilham a infraestrutura de nuvem com preocupações comuns.

(4) *Nuvem híbrida:* Uma nuvem híbrida é uma combinação de uma nuvem pública e privada

A Figura 7.3 ilustra estes tipos de computação em nuvem [9], enquanto a Figura 7.4 mostra alguns fornecedores populares de computação em nuvem [9]. Por exemplo, o Microsoft Azure é uma das plataformas de computação em nuvem mais importantes criadas pela Microsoft.

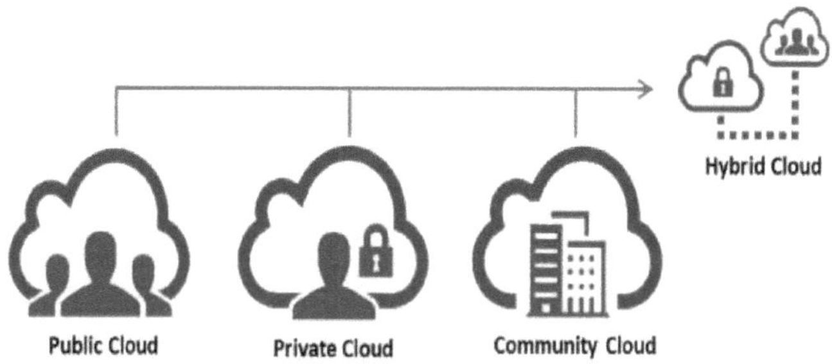

Figura 7.3 Tipos de computação em nuvem [9].

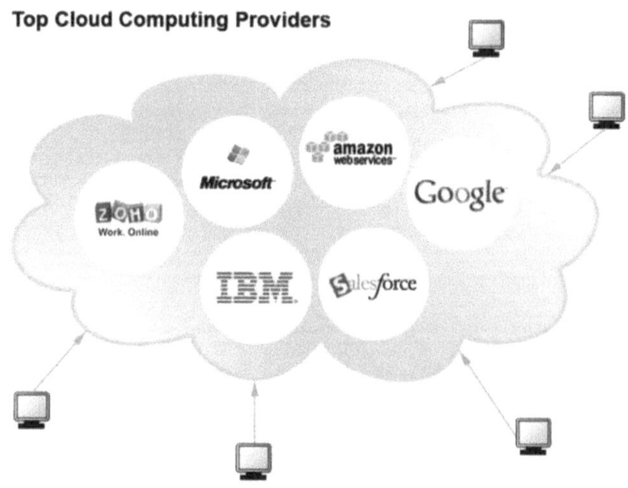

Figura 7.4 Alguns fornecedores populares de computação em nuvem [9].

7.3 APLICAÇÕES DA COMPUTAÇÃO EM NUVEM NA EDUCAÇÃO

A computação em nuvem é uma tecnologia emergente que se baseia na transferência do armazenamento de dados informáticos e do poder de processamento para a nuvem (ou Internet). Refere-se à estrutura física de uma rede de comunicações, onde os dados são armazenados em grandes centros de dados e podem ser acedidos em qualquer lugar, a qualquer momento, utilizando diferentes dispositivos. Oferece muitas vantagens para o ensino, desde as escolas do ensino básico até aos estudantes universitários. As aplicações mais comuns da computação em nuvem no sector da educação são as seguintes [10,11]:

- *Ensino:* os serviços baseados na nuvem oferecem uma plataforma ideal para acolher palestras e dar feedback aos alunos. As tecnologias baseadas na nuvem podem alterar significativamente a forma como o ensino funciona, seja em salas de aula tradicionais, cursos em linha ou aprendizagem mista. Os professores podem utilizar tecnologias baseadas na nuvem para ajudar a compreender os materiais do curso e envolver os alunos no processo de aprendizagem. Podem também acompanhar o progresso dos seus alunos em qualquer altura, criando oportunidades de aprendizagem personalizadas. Podem também utilizar a computação em nuvem para criar estruturas de sala de aula novas e criativas.

- *Aprendizagem:* Atualmente, os alunos e professores têm acesso a computadores e dispositivos móveis que estão sempre ligados. Os alunos precisam de um computador portátil, de um tablet ou de qualquer dispositivo móvel, bem como de uma ligação à Internet para aceder a recursos baseados na nuvem. A nuvem garante que os alunos, educadores, funcionários, tutores e pessoal tenham acesso a dados básicos utilizando qualquer dispositivo e em qualquer lugar. Nada supera a facilidade de ter a aprendizagem na ponta dos dedos, e a tecnologia de nuvem permite-lhe fazê-lo. A computação em nuvem permite que os estudantes que têm dificuldade em frequentar instituições de ensino tradicionais prossigam os seus estudos.

- *E-learning:* Trata-se de um conceito que integra a tecnologia da informação no ensino e na aprendizagem. É um sistema de aprendizagem baseado na Internet que utiliza a tecnologia para desenvolver, executar, escolher, gerir, facilitar e melhorar a aprendizagem. As tecnologias baseadas na nuvem apoiaram a aprendizagem eletrónica durante o surgimento da pandemia da COVID-19. São essenciais para a aprendizagem eletrónica, especialmente a aprendizagem móvel, a aprendizagem à distância e a aprendizagem colaborativa baseada na Web. Em vez das salas de aula tradicionais, a computação em nuvem facilita a aprendizagem em linha através de salas de aula virtuais.

- *Livros de texto electrónicos:* O problema dos manuais escolares impressos é que as escolas e os alunos precisam de comprar constantemente novos livros para obter edições actualizadas. Os livros de texto electrónicos são benéficos, especialmente em matérias que estão em constante mudança, como a tecnologia. Os materiais baseados na nuvem podem reduzir o volume de papel que as escolas têm de imprimir para os folhetos e trabalhos e, consequentemente, reduzir o custo da educação. Os utilizadores de materiais baseados na nuvem podem destacar e editar texto e escrever notas facilmente.

- *Ensino superior:* Atualmente, os estudantes do ensino superior chegam aos campus com muitos dispositivos digitais e procuram oportunidades para os utilizar. A computação em nuvem cria infinitas possibilidades para transformar a educação através da inovação e impulsionar o sucesso dos estudantes. As faculdades e universidades precisam de um parceiro tecnológico sólido que esteja preferencialmente "na nuvem" para gerir a sua complexidade e manter as partes interessadas ligadas, produtivas, inovadoras e eficientes. A computação em nuvem no ensino superior fornece uma plataforma em linha para os institutos de ensino através de várias aplicações e modelos de subscrição. Transforma a forma como as instituições de ensino superior funcionam e servem a sua comunidade.

As instituições de ensino superior estão a adotar rapidamente o poder da tecnologia de computação em nuvem para aumentar a forma como servem os seus constituintes. A Figura 7.5 mostra por que razão o ensino superior deve adotar a computação em nuvem [12].

Figura 7.5 Razões pelas quais o ensino superior deve adotar a computação em nuvem [12].

O Coursera oferece uma variedade de cursos em linha de universidades e instrutores estabelecidos através da sua plataforma na nuvem. Os Cursos Online Abertos e Massivos (MOOC) são plataformas educativas baseadas na nuvem que prometem transformar o ensino superior. A Figura 7.6 mostra um sistema de ensino superior baseado na nuvem [13].

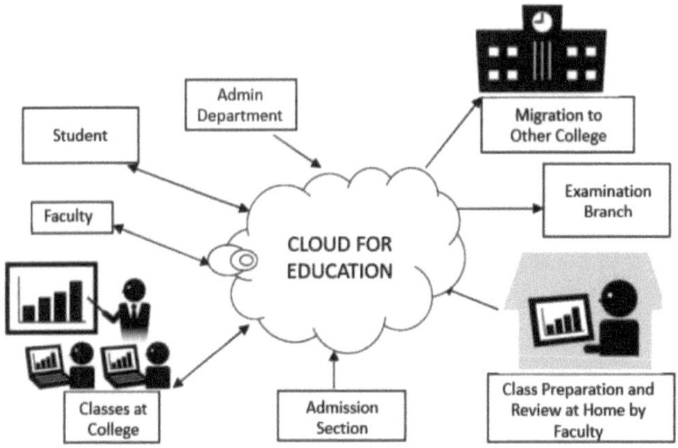

Figura 7.6 Sistema de ensino superior baseado na nuvem [13].

7.4 BENEFÍCIOS

Os prestadores de serviços de educação e os que procuram educação podem beneficiar muito com a nuvem. A sala de aula do século XXI precisa de mais flexibilidade em termos de conceção e disposição. A computação em nuvem pode tornar a aprendizagem mais conveniente, económica, ágil e flexível para alunos e professores. A fácil acessibilidade, a colaboração e o desenvolvimento da comunidade num ambiente seguro são fáceis com um modelo educativo baseado na nuvem. A sala de aula do século XXI precisa de mais flexibilidade em termos de conceção e disposição.
As vantagens da computação em nuvem para o sector da educação são muitas. Entre elas contam-se [1416]:

- *Acessibilidade:* O potencial da nuvem é incomparável no que diz respeito à acessibilidade. Os utilizadores podem aceder a ela a qualquer hora e em qualquer lugar, tornando a vida muito mais fácil e conveniente. Com os materiais de aprendizagem a residir na nuvem, os alunos podem aceder aos seus cursos 24 horas por dia, 7 dias por semana, através de vários dispositivos, como computadores de secretária, computadores portáteis, tablets ou smartphones, em qualquer altura. Têm acesso aos seus ficheiros a partir de qualquer lugar onde exista uma ligação à Internet. Esta funcionalidade acrescenta um elemento de conveniência a todo o processo de aprendizagem e elimina as limitações espaciais e temporais.

- *Conveniência:* As aplicações baseadas na nuvem podem ser acedidas pelos utilizadores em qualquer lugar e com qualquer dispositivo, o que as torna práticas e fáceis de utilizar. O único requisito é um dispositivo digital que possa aceder à Internet.

- *Custo:* Uma das principais vantagens da computação em nuvem é a capacidade de aumentar o armazenamento por um custo menor. A computação em nuvem pode melhorar a eficiência, o custo e a conveniência para o sector educativo. Reduz o custo de TI para as organizações, libertando-as do incómodo de instalar e manter aplicações localmente. Os utilizadores da computação em nuvem têm maior probabilidade de reduzir a sua pegada de carbono. Com os materiais digitais armazenados na nuvem, as escolas podem poupar imenso em papel, tinta e toner.

- *Colaboração:* A colaboração em tempo real é um aspeto importante do ensino da computação em nuvem. A computação em nuvem permite a colaboração, a partilha e a transmissão de ideias sem esforço e em tempo real. Permite que vários utilizadores trabalhem e editem documentos em simultâneo. Os professores podem facilmente partilhar planos de aula e trabalhar neles em conjunto, em qualquer lugar ou momento. Podem criar grupos de alunos para trabalharem em projectos e tarefas na nuvem. O software em nuvem ajuda a apoiar a comunicação com os alunos e a criar portais de gestão de professores.

- *Escalabilidade:* À medida que uma empresa cresce, o mesmo acontece com os seus requisitos técnicos. A escalabilidade refere-se à capacidade das aplicações de computação em nuvem para corresponder ao número crescente de utilizadores. A nuvem permite aos utilizadores escalar os seus recursos em tempo real, sem custos ocultos. Independentemente do número de alunos que tem ou das instalações de ensino superior que gere, o seu sistema de nuvem pode crescer consigo.

- *Hardware mínimo:* Uma vez que todos os recursos de aprendizagem são transferidos para a nuvem, as instituições de ensino lidam com o mínimo de hardware no campus. Com as aplicações baseadas na nuvem, os requisitos de recursos de hardware são mínimos.

- *Segurança:* A segurança é uma das vantagens mais importantes da tecnologia de computação em nuvem. Os fornecedores de serviços investem fortemente na proteção das suas soluções baseadas na nuvem contra qualquer intrusão. Tudo o que é armazenado na nuvem requer normalmente autenticação (ID e palavra-passe, por exemplo). Os alunos podem ter a certeza de que os seus dados estão seguros. A plataforma de computação em nuvem oferece funcionalidades de autenticação e segurança para garantir que os materiais de aprendizagem só estão disponíveis para os utilizadores certos. A computação em nuvem ajuda as instituições académicas a cumprirem as obrigações de proteção de dados para manterem seguras as informações dos estudantes e do pessoal.

- *Flexibilidade:* Os utilizadores podem criar, editar e guardar ficheiros na nuvem de acordo com as suas necessidades, como um self-service. As perturbações devidas à COVID-19 demonstraram a necessidade de uma tecnologia flexível.

- *Estabilidade:* A computação em nuvem é uma tecnologia estável na qual se pode confiar.

- *Rastreabilidade:* A computação em nuvem guarda várias revisões e versões de um documento para que possa seguir cronologicamente a sua evolução.

- *Educação a preços acessíveis:* A nuvem pode tornar a educação muito mais acessível para as massas.

- *Poupança de custos a longo prazo:* A redução de custos é uma das principais vantagens do software educativo na nuvem. A computação em nuvem reduz os custos de armazenamento de dados e a manutenção mínima do centro de dados.

- *Implementação rápida:* A computação em nuvem dá-lhe a vantagem de uma implementação rápida. Todo o seu sistema pode estar totalmente funcional numa questão de minutos.

Alguns destes benefícios são apresentados na Figura 7.7 [17].

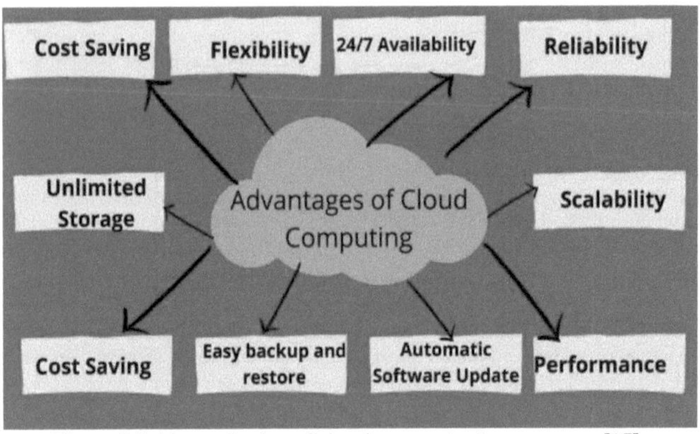

Figura 7.7 Alguns dos benefícios da computação em nuvem [17].

7.5 DESAFIOS

Apesar dos benefícios, a computação em nuvem no sector da educação tem vários inconvenientes e obstáculos. Sendo um serviço de computação emergente, existem receios, incertezas e preocupações quanto à maturidade da tecnologia. As principais preocupações estão relacionadas com o controlo, os custos iniciais, o bloqueio do fornecedor, o desempenho, a latência, a segurança, a privacidade e a fiabilidade. A dependência da computação em nuvem de uma ligação à Internet é inconveniente. Outros desafios incluem [14,18]:

- *Grande salto:* estamos a tornar-nos uma sociedade sem papel. Mas, por natureza, os seres humanos são conservadores. Passar do papel para o digital requer um grande salto de fé. Podemos sentir, ver e tocar no papel, mas não nos objectos digitais.

- *Menos controlo:* Os utilizadores têm menos controlo sobre as actualizações, formação e outras funcionalidades. O fornecedor de serviços na nuvem encarrega-se disso e não é possível mudar facilmente de fornecedor de serviços. Tudo é alojado fora do local, pelo que terá menos controlo sobre a infraestrutura e a configuração do sistema.

- *Segurança dos dados:* A segurança dos dados na nuvem é a principal preocupação das instituições académicas devido aos algoritmos de encriptação não eficientes da computação em nuvem. Existem riscos de segurança inerentes quando todos os activos são alojados em linha, pelo que a segurança dos dados se torna uma grande preocupação. A segurança dos dados de pais, alunos, funcionários e professores é uma preocupação. Os sistemas de computação em nuvem com segurança inadequada podem ser vulneráveis a ciberataques.

- *Custos iniciais:* Existem alguns custos iniciais. Os custos da infraestrutura de TI são muitas vezes substanciais e são tratados como despesas de capital. A migração pode ser dispendiosa, dependendo do número de aplicações ou serviços que estão a ser transferidos para a nuvem. Existe também o custo necessário para formar o pessoal no novo sistema.

- *Fiabilidade:* Este é um problema para as instituições académicas que utilizam a nuvem. Em caso de falha do serviço, a recuperação de dados torna-se uma grande preocupação.

7.4 UTILIZAÇÃO GLOBAL DA COMPUTAÇÃO EM NUVEM NA EDUCAÇÃO

A computação em nuvem no sector da educação está a aumentar a nível mundial. O sector da educação melhorou muito com o advento da computação em nuvem. Os educadores de todo o espetro, desde os profissionais dos primeiros anos até aos do ensino superior, têm procurado formas de criar uma infraestrutura de computação em nuvem que ajude a reduzir os custos e a melhorar as experiências de aprendizagem para a geração de nativos digitais. Vamos agora analisar a forma como a computação em nuvem está incorporada nos sistemas educativos de algumas nações.

- *Estados Unidos:* O mandato do governo para um sector público que prioriza a nuvem pressiona os profissionais da educação a explorar novas tecnologias. Algumas universidades nos EUA oferecem programas de bacharelato em ciências (BS) em computação em nuvem. O programa abrange áreas fundamentais como redes, segurança e arquitetura. Foi concebido para dar aos estudantes uma base sólida e uma compreensão avançada das áreas nucleares da tecnologia da informação/ciência dos computadores relevantes para a computação em nuvem. Prepara os estudantes para cargos de nível básico e médio em várias áreas da computação em nuvem, como SysOps, suporte, operações, arquitetura e desenvolvimento [19]. Algumas universidades oferecem programas de mestrado on-line em computação em nuvem. O programa foi concebido para ajudar os licenciados a lidar com ambientes tecnológicos empresariais cada vez mais complexos. O programa dá aos estudantes as competências técnicas e de gestão necessárias para conceber, operar e manter sistemas de computação em nuvem. Os licenciados estarão equipados para orientar estratégias de migração, gerir ambientes multi-nuvem e otimizar a arquitetura da nuvem em termos de desempenho, segurança e fiabilidade [20].

- *Reino Unido:* Embora a utilização de serviços de computação em nuvem no sector da educação do Reino Unido possa trazer muitos benefícios, as escolas e outros departamentos do sector público estão a retrair-se. Muitas escolas podem ter técnicos de TI competentes, mas as dificuldades culturais em ambientes académicos podem ser um desafio. Algumas escolas consideram normalmente as

TI como um "mal necessário", que deve ser tolerado e não adotado. É necessária uma mudança fundamental no pensamento para que as escolas vejam os principais benefícios da utilização de serviços de virtualização e armazenamento de dados na nuvem. A mudança para a nuvem é uma grande consideração para qualquer instituição. Uma maneira de levar a computação em nuvem para as escolas é incorporá-la ao currículo [21]. Algumas instituições académicas nos EUA oferecem programas de mestrado em computação em nuvem, dando aos estudantes as competências altamente procuradas de que necessitam para lançar as suas carreiras digitais.

- *China:* O fornecedor chinês de serviços em nuvem, 3Tcloud, está a implementar o maior projeto de educação em nuvem do país. A Alibaba está a ajudar os estudantes das zonas rurais da China através de computadores na nuvem. A China lançou uma plataforma nacional de aprendizagem na nuvem para milhões de estudantes, limitada às suas casas, e garante que 50 milhões de estudantes possam aceder à plataforma de aprendizagem na nuvem em simultâneo. A plataforma de aprendizagem na nuvem está aberta aos alunos das escolas primárias e secundárias, fornecendo-lhes recursos educativos gratuitos até poderem regressar às suas salas de aula normais. A plataforma nacional fornece recursos de aprendizagem em seis módulos: Educação para a prevenção de epidemias, educação moral, educação para temas especiais, aprendizagem curricular, materiais didácticos electrónicos e educação através do cinema e da televisão. O módulo de aprendizagem curricular foi complementado por cursos recentemente gravados por professores de Pequim e de outras cidades e por programas de aprendizagem eletrónica. As empresas e plataformas de ensino em linha fornecem numerosos cursos em linha gratuitos para satisfazer os planos escolares [22].

- *Índia:* Embora as inovações tecnológicas tenham tomado de assalto o sector do ensino indiano, este está a adotar rapidamente as tecnologias digitais. Os avanços tecnológicos transformaram completamente o sistema educativo indiano. A computação em nuvem foi implementada na Índia, facilitando a partilha de informações e a aprendizagem dos estudantes. A infraestrutura de computação em nuvem está a dar resposta aos desafios do sector educativo indiano, oferecendo uma colaboração sem falhas entre alunos e professores. A computação em nuvem melhorou o sector da educação, transformando-o drasticamente de e-mail para estudantes em plataformas de ensino à distância. Está também a melhorar a qualidade do ensino. Uma vez que o sector da educação está a tornar-se mais crucial na Índia, a computação em nuvem foi adoptada para facilitar a partilha de informações e o processo de aprendizagem. A computação em nuvem permite um acesso fácil a tutoriais de aprendizagem e torna o material didático facilmente acessível a estudantes com rendimentos mais baixos. Ultrapassa o desafio associado à falta de professores qualificados ou de infra-estruturas escolares em zonas remotas [23].

7.5 CONCLUSÃO

A computação em nuvem consiste essencialmente no acesso a serviços de computação através da Internet. Utiliza a virtualização como tecnologia-chave. O seu sucesso reside no seu modelo de computação fácil de utilizar e nas vantagens que traz aos utilizadores. Embora a computação em nuvem seja um conceito relativamente novo, está a tornar-se cada vez mais popular e uma parte integrante da vida de muitos estudantes. A utilização de meios de comunicação mistos pode envolver os alunos de forma mais eficaz e melhorar o desempenho na sala de aula.

Nunca é demais sublinhar a importância da computação em nuvem na educação. Nada supera a conveniência de ter a educação na ponta dos dedos. Todos no sector da educação estão a sentir o impacto positivo da tecnologia de computação em nuvem [24]. Após a rápida adoção da computação em nuvem no sector da educação, a educação tornou-se mais acessível e as instituições de ensino podem agora manter-se relevantes. Para mais informações sobre a computação em nuvem no sector da educação, consulte os livros em [25-42].

REFERÊNCIAS

[1] "Computação em nuvem para a educação," http://cappadocia-education.com/cloud-computing-for-education/

[2] A. D. Baharuddin et al., "Implementation of cloud computing system in learning system development in engineering education study program", *International Journal of Education in Mathematics, Science, and Technology,* vol. 9, no. 4, 2021, pp. 728-740.

[3] M. N. O. Sadiku, U. C. Chukwu e J. O. Sadiku, "Cloud computing in education", *International Journal of Human Computing Studies,* vol. 5, n.º 3, maio de 2023, pp.167-175.

[4] "Computação em nuvem," http://www.contrib.andrew.cmu.edu/~dyafei/CC.html#

[5] H. Jemal et al., "Cloud computing and mobile devices based system for healthcare application," *Actas do Simpósio Internacional IEEE sobre Tecnologia na Sociedade,* 2015.

[6] M. N. O. Sadiku, S. M. Musa, e O.D. Momoh, "Cloud computing: Opportunities and challenges," *IEEE Potentials,* vol. 33, no. 1, Jan/Fev. 2014, pp. 34-36.

[7] "Porque é que a computação em nuvem é um fator-chave para a administração pública digital," https://development.asia/explainer/why-cloud-computing-key-enabler-digital-government

[8] F. Alharbi et al., "Strategic value of cloud computing in healthcare organisations using the balanced scorecard approach: Um estudo de caso de um hospital saudita", *Procedia Computer Science,* vol. 98, 2016, pp. 332 - 339.

[9] "Computação em nuvem, porquê e no futuro!" Fonte desconhecida.

[10] J. Obana, "Cloud computing in education", maio de 2016, https://www.linkedin.com/pulse/cloud-computing-education-jesus-obana-cpa-mba

[11] N. Samyan e P. O. St Flour, "The impact of cloud computing on e-Learning during COVID-19 pandemic", *International Journal of Studies in Education and Science (IJSES),* vol. 2, n.º 2, 2021, pp. 146-172.

[12] C. Suvin, "The ultimate guide to higher education cloud computing," junho de 2021, https://www.creatrixcampus.com/blog/ultimate-guide-higher-education-cloud-computing

[13] https://www.researchgate.net/figure/Figure2-Cloud-Computing-in-Higher-Education-systems-12_fig1_318817076

[14] "Os principais benefícios e desafios da computação em nuvem na educação", https://www.buchanan.com/benefits-cloud-computing-education/

[15] "12 maneiras como a computação em nuvem está a transformar a educação," https://www.dincloud.com/blog/how-cloud-computing-transforming-in-education-sector

[16] A. M. Mansuri, M. Verma e P. Laxkar, "Benefício da computação em nuvem para instituições de ensino e marketing on-line", *Segurança da informação e fraude*

informática, vol. 2, n.º 1, 2014, pp. 5-9.
[17] B. X. Hien, "13 Advantages of cloud computing to boost your business", janeiro de 2023,
https://biplus.com.vn/advantages-of-cloud-computing/
[18] "Cloud computing in education - Benefits, challenges and future," fevereiro de 2022, https://www.rapyder.com/blogs/cloud-computing-in-education-benefits-challenges-and- future/
[19] "Computação em nuvem,"
https://www.tesu.edu/ast/programs/bs/cloud-computing?gclid=EAIaIQobChMI79Ldn-2k_wIVrnxMCh3mngotEAAYAiAAEgI_G_D_BwE&gclsrc=aw.ds
[20] "Mestrado em linha em gestão da computação em nuvem,"
https://onlinecybersecurity.seas.gwu.edu/online-masters-cloud-computing/?ace_campaign=google_search&cid=1985&.source=google&.medium=cpc&.campaign={campaign}&.term=cloud%20computing%20masters%20degree%20online&.content=468148979277&.device=c&.campaign_id=10747746136&.adgroup_id=108731312334&.target_id=kwd-962991449749&.matchtype=b&.network=g&.loc_physical=9012004&.loc_interest=&.feeditemid=&.target=&.placement=&trkid=V3ADW379364_108731312334_kwd-962991449749__468148979277_g_c__&gad=1&gclid=EAIaIQobChMI79Ldn-2k_wIVrnxMCh3mngotEAAYBCAAEgLLc_D_BwE
[21] "O crescimento da utilização da nuvem no ensino no Reino Unido"
https://www.safedatastorage.co.uk/blog/the-growth-in-the-use-of-the-cloud-in-uk-educação
[22] H. Yabin, "China launches national cloud learning platform as teaching goes online amid epidemic," fevereiro de 2020, https://news.cgtn.com/news/2020-02-19/China-launches-national-cloud-learning- platform-for-online-education-Ods9XruOR2/index.html
[23] "Como o sector da educação indiano está a adotar a computação em nuvem,"
https://www.esds.co.in/blog/how-the-indian-education-sector-is-embracing-cloud-computing/#:~:text=Com%20o%20sector%20da%20educação%20em crescimento, crescerá%20para%2026%25%20em%2021.
[24] "Eis as razões pelas quais precisamos de computação em nuvem nas escolas da Nigéria".
https://edufirst.ng/education-in-nigeria/the-importance-of-cloud-computing-in-education/
[25] M. Despotovi-Zraki, *Handbook of Research on High Performance and Cloud Computing in Scientific Research and Education [Manual de Investigação sobre Computação de Alto Desempenho e em Nuvem na Investigação Científica e no Ensino].* IGI Global, 2017.
[26] G. C. Delta, *Perspectivas da computação em nuvem na educação e na governação eletrónica: Um Estudo Analítico.* LAP LAMBERT Academic Publishing, 2012.
[27] D. Srivastava, *Cloud Computing in Indian Education (Computação em nuvem no ensino indiano).* BlueRose Publishers, 2020
[28] L. Chao, *Cloud Computing for Teaching and Learning (Computação em nuvem para ensino e aprendizagem): Strategies for Design and Implementation [Estratégias de conceção e implementação].* Referência em Ciência da Informação, 2012.
[29] K. C. Koutsopoulos, K. Doukas e Y. Kotsanis, *Handbook of Research on Educational Design and Cloud Computing in Modern Classroom Settings (Manual de investigação sobre design educativo e computação em nuvem em contextos modernos de sala de aula).* IGI Global, 2017.
[30] G. C. Deka, *Perspectivas da computação em nuvem na educação e na governação*

eletrónica. LAP LAMBERT Academic Publishing, 2012.
[31] N. Kishor et al. (eds.), *Digitalization of Higher Education Using Cloud Computing: Implications, Risk, and Challenges (Implicações, riscos e desafios).* Boca Raton, FL: CRC Press, 2021.
[32] A. Belie, M. Despotovic-Zrakic e V. Milutinovic, *Handbook of Research on Computação de alto desempenho e em nuvem na investigação científica e no ensino.* IGI Global, 2017.
[33] H. Yang et al. (eds.), *Technology for Education in Cloud.* Springer, 2013.
[34] L. Chao (ed.), *Handbook of Research on Cloud-Based STEM Education for Improved Learning Outcomes [Manual de investigação sobre o ensino STEM baseado na nuvem para melhorar os resultados da aprendizagem].* IGI Global, 2016.
[35] N. Cavus e M. R. Munyavi, *Adoção da computação em nuvem no ensino superior.* LAP LAMBERT Academic Publishing, 2016.
[36] E. S. C. Rodríguez et al. (eds.), *Workshop sobre Tecnologia de Aprendizagem para Educação em Nuvem (LTEC'12).* Springer, 2012.
[37] R. N. Katz, *A Torre e a Nuvem: Higher Education in the Age of Cloud Computing [O Ensino Superior na Era da Computação em Nuvem].* EDUCAUSE, 2010.
[38] D. Srivastava, *Cloud Computing in Indian Education System (Computação em nuvem no sistema educativo indiano): Step-up Guia.* Kindle Edition, 2019.
[39] P. Korzeniowski, *Profiles of the Use of Cloud Computing in Higher Education (Perfis da utilização da computação em nuvem no ensino superior).* Grupo de Investigação Primária, 2013.
[40] T. Erl, R. Puttini, e Z. Mahmood, *Cloud Computing: Conceitos, tecnologia e arquitetura.* Pearson, 2013.
[41] P. M. Parker, *The 2023-2028 Outlookfor Cloud Computing in Education in Japan [As perspectivas de 2023-2028 para a computação em nuvem na educação no Japão].* ICON Group International, 2022.
[42] P. M. Parker, *O relatório de 2023 sobre computação em nuvem na educação: Mercado Mundial Segmentação por cidade.* ICON Group International, 2022.

CAPÍTULO 8: COMPUTAÇÃO EM NUVEM NOS CUIDADOS DE SAÚDE

"A computação em nuvem oferece aos indivíduos o acesso a dados e aplicações a partir de praticamente qualquer ponto de acesso à Internet, oferece às empresas uma forma totalmente nova de reduzir os custos das infra-estruturas técnicas e oferece às grandes empresas informáticas um mercado potencialmente gigante para hardware e serviços. " - Jamais Cascio

8.1 INTRODUÇÃO

A computação em nuvem é uma das tecnologias emergentes mais revolucionárias do mundo. Trata-se de um novo meio de fornecer recursos e serviços informáticos. É uma infraestrutura da Internet a pedido e de autosserviço [1]. Oferece computação e armazenamento de grande escala, partilha de dados, acesso a recursos a pedido, a qualquer hora e em qualquer lugar. As organizações que não dispõem de recursos suficientes para construir a sua própria infraestrutura podem agora tirar partido dos serviços de computação em nuvem para satisfazer as suas necessidades específicas. A adoção de serviços de computação em nuvem está a evoluir cada vez mais, pelo que o número de fornecedores de serviços de computação em nuvem também está a aumentar.

A computação em nuvem (ou cloud computing) é uma nova tecnologia emergente que pode ser integrada nos cuidados de saúde. O termo "nuvem" é utilizado como uma metáfora da Internet. Uma plataforma típica de computação em nuvem é apresentada na Figura 8.1 [2].

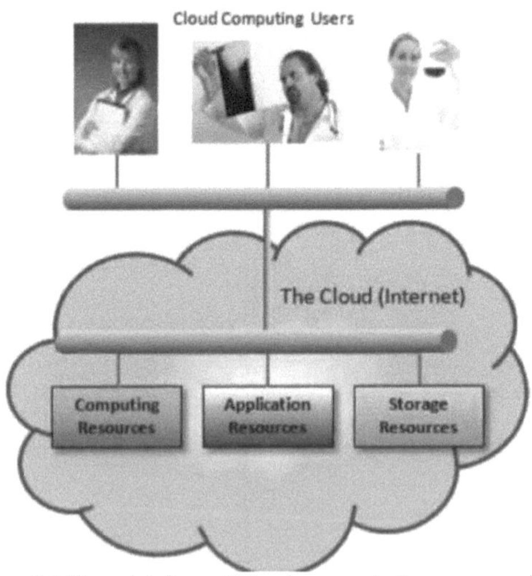

Figura 8.1 Uma plataforma típica de computação em nuvem [2].

Os fornecedores populares e estabelecidos de serviços de computação em nuvem incluem o Amazon AWS, o Google Cloud, o IBM Cloud e o Microsoft Azure. Investiram fortemente na construção de grandes centros de dados para suportar a computação em nuvem. São responsáveis pelo fornecimento de recursos informáticos, como a instalação de hardware e software, actualizações, manutenção, cópias de segurança, armazenamento de dados e segurança.

Os cuidados de saúde referem-se ao serviço prestado aos indivíduos pelos prestadores de cuidados de saúde para promover, manter, monitorizar ou restaurar a saúde. Os serviços de cuidados de saúde têm vindo a aumentar exponencialmente em todo o mundo. Não é segredo que as organizações de cuidados de saúde ficam atrás da maioria das outras indústrias na adoção de novas tecnologias. O sector da saúde tem hesitado em adotar a computação em nuvem devido à preocupação com a privacidade e a integridade dos dados. Os especialistas afirmam que a computação em nuvem pode melhorar os serviços de cuidados de saúde e beneficiar a investigação neste sector. Por exemplo, a computação em nuvem pode reduzir as despesas de arranque dos registos de saúde electrónicos (EHR) e, por conseguinte, incentivar a sua adoção. Várias empresas de software de renome mundial investiram fortemente na nuvem, alargando as suas ofertas de serviços de registos médicos e prometendo uma explosão no armazenamento de informações pessoais de saúde em linha [3]. O sector dos cuidados de saúde está a entrar num período de TI em que as tecnologias móveis e de computação em nuvem estão no centro da transformação dos cuidados de saúde.

Este capítulo aborda brevemente o conceito de computação em nuvem e o seu impacto nos cuidados de saúde. Começa por abordar as caraterísticas da computação em nuvem. Apresenta a computação em nuvem no sector da saúde e dá alguns exemplos de serviços em nuvem. Aborda algumas aplicações da computação em nuvem nos cuidados de saúde. Destaca as vantagens e os desafios da computação em nuvem nos cuidados de saúde. A última secção conclui com comentários.

8.2 CARACTERÍSTICAS DA NUVEM

A computação em nuvem refere-se a uma infraestrutura de Internet a pedido e de autosserviço que permite ao utilizador aceder a recursos e serviços informáticos a qualquer momento e em qualquer lugar. É amplamente adoptada por organizações de cuidados de saúde em todo o mundo. Está a tornar-se uma ferramenta vital para os profissionais de saúde em todo o mundo. Está a mudar a forma como os médicos, enfermeiros, clínicas, companhias de seguros, farmacêuticos, pessoal de laboratório e pessoal hospitalar prestam cuidados de saúde rentáveis aos doentes.

Para compreender a computação em nuvem no sector da saúde, é necessário compreender as caraterísticas básicas da computação em nuvem. A computação em nuvem apresenta várias caraterísticas, tais como [4]:

- A partilha de recursos
- Melhor utilização dos recursos
- Elasticidade
- Dinâmico (distribuído)
- Escalabilidade
- Virtualizado

Do ponto de vista dos serviços, a computação em nuvem inclui três modelos: software, plataforma e infraestrutura [5]. Os principais factores que impulsionam a adoção da nuvem estão representados na Figura 8.2 [6].

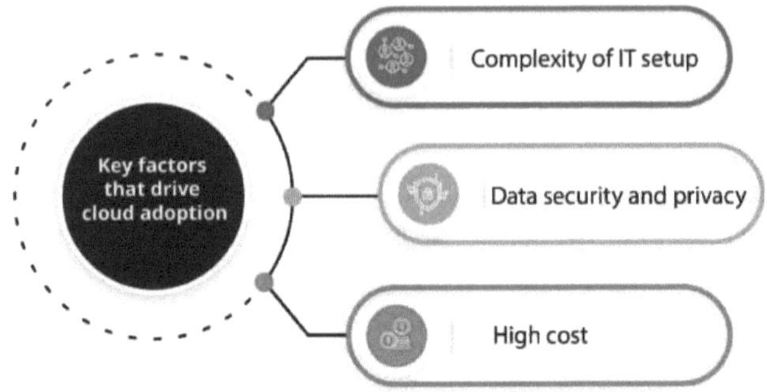

Figura 8.2 Os principais factores que impulsionam a adoção da nuvem [6].

(1) *Software como um serviço* (SaaS): As aplicações (por exemplo, EHRs) são alojadas por um fornecedor de serviços na nuvem e disponibilizadas aos clientes através da Internet. Como um SaaS, a nuvem pode oferecer às organizações de saúde serviços alojados a pedido. É um meio de fornecer o registo médico eletrónico (EMR) ou o registo de saúde eletrónico (EHR) como um serviço.
(2) *Plataforma como um serviço* (PaaS): As ferramentas de desenvolvimento (por exemplo, sistemas operativos) estão alojadas na nuvem e são acedidas através de um browser. Utilizando um ambiente PaaS, a Microsoft fornece um serviço para abastecer os fornecedores com redes, servidores e armazenamento.
(3) *Infraestrutura como um serviço* (IaaS): Os fornecedores de serviços de computação em nuvem criam enormes infra-estruturas, como servidores, dispositivos de armazenamento, hardware, etc., para serem utilizadas por potenciais clientes. As soluções de computação em nuvem podem oferecer computação a pedido e grande capacidade de armazenamento para instalações médicas.

Existem quatro modelos de implantação da computação em nuvem [7].
(1) *Nuvem pública:* Uma nuvem pública é um ambiente de nuvem acessível ao público pertencente a um provedor de nuvem terceirizado. O fornecedor de serviços disponibiliza recursos ao público em geral através da Internet numa base de pagamento consoante o uso.
(2) *Nuvem privada:* Uma infraestrutura de nuvem é de propriedade e operada exclusivamente para uma única organização. As organizações criam a sua própria infraestrutura de nuvem para utilização pelas suas unidades de negócio. As organizações de saúde também podem escolher entre nuvem privada ou nuvem pública.
(3) *Nuvem comunitária:* Uma nuvem comunitária é semelhante a uma nuvem pública, exceto que o seu acesso é limitado a uma comunidade específica de consumidores de nuvem. A infraestrutura da nuvem é partilhada por várias organizações com preocupações comuns.
(4) *Nuvem híbrida:* Uma nuvem híbrida é uma combinação de uma nuvem pública e privada.

8.3 NUVEM NO CONTEXTO DOS CUIDADOS DE SAÚDE

H s cuidados de saúde estão a tornar-se cada vez mais intensivos em dados e em colaboração. A computação em nuvem está a mudar a forma como os prestadores de cuidados de saúde (médicos, clínicas e hospitais) prestam serviços aos seus pacientes. Os prestadores de cuidados de saúde estão a enfrentar uma concorrência cada vez mais intensa e são obrigados a fazer mais por menos. Estão a voltar-se rapidamente para a nuvem para responder às necessidades da empresa e dos doentes. Do lado dos doentes, as pessoas estão habituadas a gerir as suas próprias necessidades de cuidados de saúde.

A computação em nuvem é um método económico que facilita a recolha, o armazenamento e o intercâmbio de dados entre organizações de cuidados de saúde. A nuvem abriu várias oportunidades no sector dos cuidados de saúde que reduzem os custos e criam melhores cuidados. Os sistemas de registo de dados electrónicos baseados na nuvem estão a tornar-se populares como uma potencial resposta ao problema da interoperabilidade. A computação em nuvem tem acesso à rede e agrupamento de recursos para suportar grandes conjuntos de dados de EHR. É a solução para o desafio dos "grandes volumes de dados" porque a infraestrutura da nuvem se caracteriza por um elevado rendimento e um elevado volume de armazenamento. A Figura 8.3 mostra os serviços de cuidados de saúde orientados para a nuvem [8].

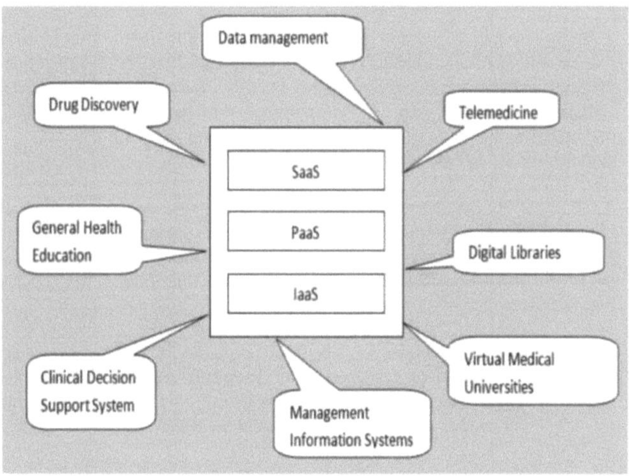

Figura 8.3 Serviços de saúde orientados para a nuvem [8].

Atualmente, a maioria dos hospitais e dos estabelecimentos de saúde abandonou a prática da manutenção de registos em papel no que diz respeito aos registos de saúde e está a recorrer ao armazenamento em nuvem no sector da saúde. A computação em nuvem no sector da saúde fornece às organizações uma infraestrutura segura que torna o sistema de gestão de dados mais escalável e flexível. Tem várias vantagens, incluindo uma colaboração fácil e conveniente entre utilizadores, custos reduzidos, maior velocidade, escalabilidade e flexibilidade.

As áreas de aplicação incluem cuidados de saúde de emergência, cuidados de saúde ao domicílio, cuidados de saúde de assistência, telemedicina, armazenamento, partilha e processamento de grandes recursos médicos. A computação em nuvem pode ajudar as organizações de cuidados de saúde a partilhar informações como os registos de saúde electrónicos, receitas médicas, informações sobre seguros e resultados de exames. A nuvem facilita o arquivo e a utilização de registos de pacientes e imagens médicas. A nuvem também facilita a colaboração e a prestação de cuidados em equipa. As soluções de nuvem podem oferecer computação a pedido e grande armazenamento para instalações médicas.

8.3 EXEMPLOS DE SERVIÇOS EM NUVEM

Atualmente, as empresas estão a utilizar cada vez mais a computação em nuvem para uma vasta gama de fins, incluindo a recuperação de desastres, a cópia de segurança de dados, os computadores de secretária virtuais, o correio eletrónico, o desenvolvimento de software e os testes. Eis os exemplos mais proeminentes de serviços em nuvem para empresas do sector da saúde [9-11].

- *A NetApp* é uma empresa de serviços de dados em nuvem híbrida. A sua plataforma de gestão fornece dados clínicos em tempo real para ajudar a tornar as operações mais rápidas e eficientes.

- *A Medsphere* é uma empresa de serviços de saúde que oferece uma variedade de soluções de TI baseadas na nuvem para instituições de saúde. Utilizando a plataforma de nuvem Azure segura da Microsoft, a empresa também ajuda os prestadores a lidar com agendamento, registo, registos médicos, faturação, reclamações, etc. Presta serviços a várias empresas clínicas, financeiras, contabilísticas, de enfermagem e outras.

- *A ClearData* é uma empresa de computação em nuvem cujo principal objetivo é transferir dados e aplicações médicas para a nuvem, de modo a permitir que os utilizadores os recuperem. Foi concebida para funcionar bem com outras nuvens públicas e proteger os dados sensíveis dos doentes através de salvaguardas de conformidade.

- *A Nintex* elimina os documentos em papel, optimiza os processos manuais e retira os dados importantes dos seus silos. Simplifica os processos manuais e fornece serviços de automatização a especialistas do sector da saúde, desde médicos e enfermeiros a fabricantes de produtos farmacêuticos e dispositivos médicos

- *A Carecloud* tem muitas aplicações que incluem gestão do ciclo de receitas, gestão de práticas, registos de saúde electrónicos, experiência do paciente, suporte de aplicações móveis, análise de cuidados de saúde e muito mais. A sua plataforma aberta ajuda os prestadores de cuidados de saúde a melhorar a sua eficiência e eficácia. Também lhes permite estabelecer uma ligação direta com os doentes para prestar melhores cuidados.

- *A Pfizer* é uma empresa farmacêutica e de biotecnologia que utiliza a computação em nuvem na medicina para uma melhor colaboração desde 2016. Utiliza a computação em nuvem na medicina para uma melhor comunicação e colaboração entre todas as partes do processo. A Pfizer esteve recentemente no centro das atenções ao desenvolver a vacina contra a COVID-19 em parceria com a BioNTech.

- *A YouCOMM* é uma empresa emergente de tecnologia de cuidados de saúde que utiliza a computação em nuvem para melhorar a comunicação e o envolvimento dos pacientes. Ao oferecer ferramentas de comunicação seguras e fáceis de utilizar, a YouComm facilita a colaboração entre pacientes, prestadores de cuidados de saúde e prestadores de cuidados...

- *A Allscripts* é uma plataforma baseada na nuvem que inclui várias aplicações e serviços de gestão de documentação de saúde, envolvimento dos pacientes e análise. Em 2020, a Microsoft anunciou uma extensão de colaboração de cinco anos como fornecedor de serviços na nuvem para a Allscripts.

- *A Medable* é uma plataforma de nível médico que facilita a colaboração e os cuidados de saúde diretos aos doentes, suportando aplicações clínicas e armazenando informações de saúde pessoais.

- *A Microsoft* cria uma miríade de aplicações de software, várias das quais são utilizadas no sector dos cuidados de saúde. A plataforma de nuvem Azure da Microsoft pode ser utilizada para monitorizar as informações e análises dos pacientes, tudo na nuvem. Também ajuda os prestadores de serviços a lidar com agendamento, registo, registos médicos, faturação, reclamações, etc.

8.4 APLICAÇÕES DA COMPUTAÇÃO EM NUVEM NOS CUIDADOS DE SAÚDE

A computação em nuvem é o próximo ponto de viragem na transformação digital do sector dos cuidados de saúde. A computação em nuvem oferece muitas oportunidades para fornecer acesso de alta qualidade, com elevada largura de banda e resiliente a recursos informáticos que podem ser rapidamente fornecidos ou libertados conforme necessário. A computação em nuvem no sector da saúde consiste essencialmente na implementação do acesso remoto ao servidor através da Internet para armazenar, gerir e processar dados médicos. O potencial transformador da computação em nuvem no sector da saúde é vasto, uma vez que oferece uma série de vantagens e aplicações. As aplicações da computação em nuvem no sector da saúde são as seguintes [12]:

- *Telemedicina:* A computação em nuvem impulsionou o crescimento da telemedicina e da monitorização remota dos doentes, melhorando a prestação de cuidados de saúde. A telemedicina permite que os médicos colaborem em situações médicas complicadas, como a telecirurgia ou a telerradiologia, e permite que os pacientes recebam cuidados clínicos adequados independentemente da sua localização. A telemedicina também ajuda a partilhar os dados médicos dos doentes em tempo real em diferentes localizações geográficas. A Figura 8.4 mostra diversas aplicações de telemedicina baseadas na nuvem [13].

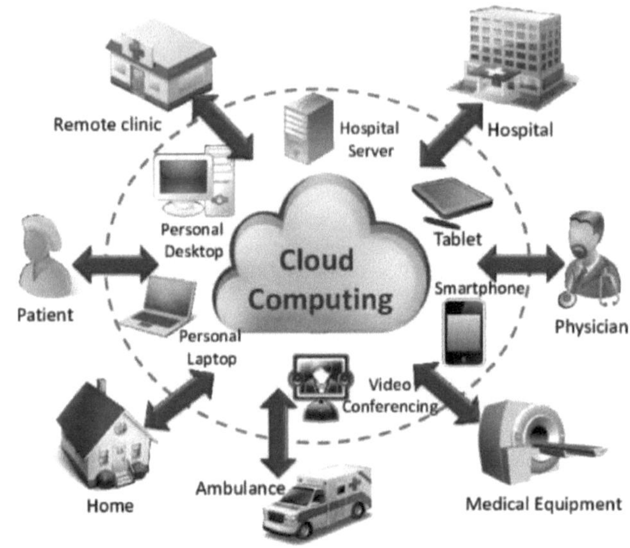

Figura 8.4 Diversas aplicações de telemedicina baseadas na nuvem [13].

- *Sistemas de informação do sector da saúde* (HIS): O sector dos cuidados de saúde utiliza sistemas de informação de gestão baseados na nuvem para prestar melhores cuidados aos doentes e fornecer melhores serviços de consulta, faturação, finanças e recursos humanos.

- *Registos pessoais de saúde* (PHR): Os programas baseados na nuvem para registos pessoais de saúde (PHR) permitem aos utilizadores aceder, gerir e partilhar facilmente os dados.

- *Descoberta de medicamentos:* Este sector pode beneficiar grandemente dos investimentos na nuvem. A descoberta de medicamentos exige muito poder de computação para descobrir diferentes moléculas a partir de muitos arranjos químicos. As plataformas baseadas na computação em nuvem aceleram a descoberta de medicamentos e as iniciativas de investigação, fornecendo acesso a vastos recursos computacionais e ao armazenamento de dados em grande escala.

- *Sistemas de apoio à decisão clínica* (CDSS): A computação em nuvem permite o desenvolvimento e a implantação de sistemas de suporte a decisões clínicas baseados em IA. Estes sistemas aproveitam os algoritmos de aprendizagem automática para analisar os dados dos pacientes, ajudar nos diagnósticos e fornecer recomendações de cuidados personalizados.

- *Gestão da saúde da população:* Uma das principais vantagens da utilização de sistemas de computação em nuvem nos cuidados de saúde é o facto de funcionarem em tempo real e à escala global. Isto significa que as organizações de cuidados de saúde e os hospitais que utilizam serviços de computação em nuvem podem facilmente monitorizar e mapear doenças emergentes ou prevalecentes.

S ome destas aplicações são apresentadas na Figura 8.5 [14].

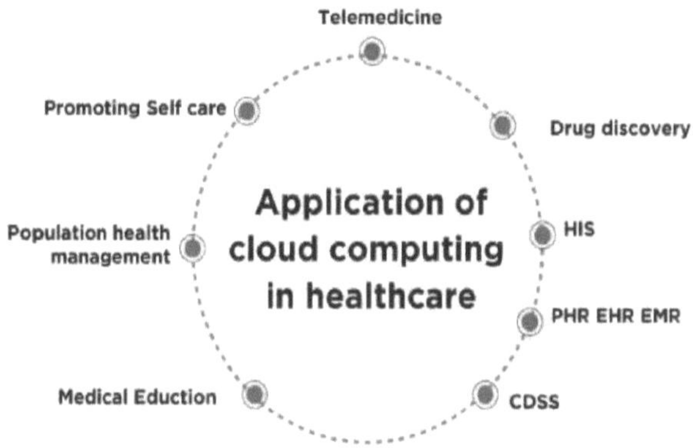

Figura 8.5 Algumas aplicações da computação em nuvem no sector da saúde [14].

8.6 BENEFÍCIOS

A importância da computação em nuvem nos cuidados de saúde é enorme. A computação em nuvem nos cuidados de saúde trouxe uma enorme mudança na criação, consumo, armazenamento e partilha de dados médicos. Teve um enorme impacto positivo nas empresas e clínicas do sector da saúde. Em comparação com a computação convencional, a computação em nuvem oferece quatro vantagens principais: recursos de computação maciços disponíveis a pedido, elevada acessibilidade dos dados, eliminação de um compromisso inicial por parte dos utilizadores e pagamento pela utilização a curto prazo, conforme necessário [15]. A gama de serviços oferecidos através da nuvem está a expandir-se rapidamente. Outras vantagens são as seguintes [9,16] :

- *Acessibilidade:* Uma nuvem torna a informação prontamente disponível para utilização, receção e partilha, bem como acessível a partir de qualquer lugar. Através dos serviços em nuvem, os dados podem ser actualizados em tempo real e cada especialista pode aceder e actualizá-los se tiver autorização para tal. Os doentes podem também consultar em linha as alterações das suas receitas e consultas sem terem de se deslocar ao hospital. A telemedicina permite receber cuidados e consultas médicas à distância. Isto permite que as pessoas com deficiência e de zonas remotas evitem a necessidade de se deslocarem a clínicas tradicionais.

- *Segurança:* A segurança dos dados é uma prioridade máxima tanto para os profissionais de saúde como para os doentes. É uma das questões centrais da tecnologia de computação em nuvem no sector da saúde. O sector da saúde lida com uma enorme quantidade de dados, o que o torna um ponto de atração para os atacantes maliciosos. A segurança é uma das principais vantagens da computação em nuvem no sector da saúde. Permite guardar os dados mesmo em caso de catástrofes naturais ou eventos semelhantes. Uma vez que o sector dos cuidados de saúde lida sempre com dados como diagnósticos, análises laboratoriais, historial médico, registos de faturação, etc., a sua perda pode causar danos irreparáveis ao sector. Os servidores na nuvem estão equipados com diferentes firewalls de métricas de segurança, encriptação de ponta a ponta, etc., que mantêm os dados dos cuidados de saúde seguros. Ao implementarem uma estratégia de nuvem, as organizações eliminam o elevado risco que advém das medidas de armazenamento de dados que não estão na nuvem. O fornecedor de serviços de computação em nuvem faz um grande esforço para garantir aos clientes que os seus dados estão seguros.

- *Flexibilidade:* Os fornecedores de serviços em nuvem oferecem uma abordagem de pagamento consoante o uso para mais de 160 serviços em nuvem. Isto dá às empresas e organizações uma grande flexibilidade, uma vez que pagam apenas pelos serviços que utilizam.

- *Redução de custos:* O custo é sempre um fator importante na decisão do modelo de implementação a selecionar. A manutenção da infraestrutura de TI de uma unidade de saúde é dispendiosa. A principal vantagem da computação em nuvem é o seu baixo custo e os recursos de computação disponíveis a pedido. Não existem encargos iniciais associados à adoção da computação em nuvem para os cuidados de saúde. Os utilizadores só terão de pagar pelos recursos que utilizarem.

- *Colaboração:* A utilização de uma nuvem permite a colaboração entre departamentos, com diferentes membros do pessoal, como enfermeiros e médicos, e até mesmo com as partes interessadas. Isto também torna possíveis sistemas como a conferência remota. Além disso, permite a colaboração entre diferentes instalações de cuidados de saúde.

- *Escalabilidade:* A computação em nuvem oferece escalabilidade e flexibilidade ilimitadas ao permitir a criação de servidores. Uma estratégia de nuvem para a gestão de dados tem em consideração as constantes alterações nos dados, como o aumento, a redução, a remoção e a entrada de dados, e adapta-se às necessidades da organização.

- *Interoperabilidade:* A interoperabilidade entre os dispositivos médicos ligados, a tecnologia médica e os vários sistemas está a tornar-se uma questão cada vez mais importante. A interoperabilidade nos cuidados de saúde refere-se à capacidade de as várias tecnologias de informação dos cuidados de saúde trocarem, interpretarem e utilizarem dados de forma coesa. Centra-se no estabelecimento de integrações de dados em todo o sistema de saúde, independentemente do local onde os dados são armazenados. A interoperabilidade na nuvem permite o acesso eficiente a várias plataformas diferentes a partir de um único ambiente.

- *Armazenamento:* A utilização da nuvem para armazenamento está entre as suas funções mais populares e mais procuradas. O armazenamento de dados é um componente crítico do sector dos cuidados de saúde. Os sistemas de armazenamento baseados na nuvem são uma excelente forma de armazenar registos médicos electrónicos (EMRs), uma vez que podem ser acedidos a partir de qualquer dispositivo e em qualquer altura. Isto torna-os mais eficientes e fáceis de utilizar do que nunca.

- *Automatização:* A computação em nuvem torna a partilha de registos médicos mais segura e automatiza vários processos operacionais. A computação em nuvem nos cuidados de saúde facilita a partilha de registos médicos e automatiza as operações de retaguarda.

- *Capacitação:* As aplicações da computação em nuvem no sector da saúde democratizam os dados e permitem que os doentes controlem a sua saúde. Facilita a participação dos doentes na tomada de decisões cruciais relacionadas com a sua saúde, permitindo um melhor envolvimento e educação dos doentes. Aumenta a participação dos doentes na prestação de serviços médicos, dando-lhes acesso em tempo real a dados médicos e resultados de exames.

- *Procedimentos acelerados:* A velocidade inigualável da computação em nuvem mantém-na um passo à frente de outros serviços de armazenamento de dados. A computação em nuvem permite o acesso rápido a actualizações de dados e a actualizações com uma velocidade admirável, sem qualquer intervenção humana. Os médicos podem aceder facilmente a toda a informação relacionada com o doente num instante.

- *Recuperação de desastres:* A prevenção da perda de dados é vital. As catástrofes podem tornar as instalações no local inacessíveis. Os prestadores de serviços podem não ter acesso a ferramentas de agendamento, bases de dados de pacientes e prestadores de cuidados ou registos de pacientes. A computação em nuvem oferece acesso seguro às informações. É necessário um esforço mínimo para recuperar ou processar dados geridos durante ou após uma catástrofe. Além disso, os serviços em nuvem fornecem ferramentas para backups automatizados e segurança de dados.

- *Implementação de IA/ML:* A escolha da computação em nuvem abre novas oportunidades para a implementação e aplicação de tecnologias de ponta como a inteligência artificial (IA) e a aprendizagem automática (ML). Aplicando soluções de IA e ML, é possível efetuar uma análise exaustiva de todos estes dados, o que, a longo prazo, pode permitir aos médicos especialistas prever melhor a estratégia de tratamento dos doentes.

Alguns destes benefícios são apresentados na Figura 8.6 [17].

Figura 8.6 Alguns benefícios da computação em nuvem nos cuidados de saúde [17].

8.7 DESAFIOS

Embora a nuvem apresente vários benefícios para as organizações de cuidados de saúde, também apresenta alguns desafios. A nuvem enfrenta desafios críticos para satisfazer as exigências mais significativas do sector da saúde. Os desafios mais comuns incluem a resistência cultural à partilha de dados, o esgotamento de recursos, a imprevisibilidade do desempenho, a interoperabilidade, os estrangulamentos na transferência de dados, a segurança dos dados e a otimização dos custos. A utilização da computação em nuvem também apresenta muitas questões jurídicas, como os direitos de propriedade intelectual, a jurisdição dos dados e a privacidade dos dados. Estas questões devem ser abordadas para garantir a fiabilidade dos sistemas de computação em nuvem. A Lei da Portabilidade e Responsabilidade dos Seguros de Saúde (HIPAA) regula a privacidade e a segurança dos dados dos doentes, quer estejam ou não na nuvem. A conformidade com a HIPAA é o requisito básico para a transferência de registos médicos para a nuvem. Outros desafios são os seguintes [18]:

- *Custo elevado:* As organizações médicas processam uma enorme quantidade de dados recolhidos de diferentes dispositivos. Mantê-los em hardware exige uma manutenção constante e é dispendioso. O custo de manutenção associado ao armazenamento, ao processamento e à proteção privada dos dados pode revelar-se dispendioso e limitativo. Os serviços de pagamento conforme o uso oferecidos pelas plataformas de nuvem permitem o uso de armazenamento e escalabilidade apenas conforme necessário. A longo prazo, as organizações verão uma queda significativa nos custos e um maior retorno do investimento em serviços de nuvem.

- *Falta de confiança:* Um dos principais desafios da computação em nuvem é a falta de confiança dos utilizadores na segurança e na privacidade dos dados. Esta é talvez a maior resistência à adoção da computação em nuvem nos cuidados de saúde. As preocupações com a confiança surgem quando os seus dados sensíveis são transferidos para um paradigma de computação em nuvem em que os fornecedores não podem garantir os seus controlos de segurança e privacidade. Quando se passa para um fornecedor de serviços de computação em nuvem, está-se a entregar o controlo das operações de TI e de todos os dados. Existe a possibilidade de os dados dos doentes serem utilizados indevidamente ou caírem nas mãos erradas.

- *Falta de especialistas:* A computação em nuvem no sector da saúde é relativamente nova e encontrar especialistas competentes é um grande desafio. São necessários especialistas em tecnologia com os conhecimentos e as competências certas para criar a sua infraestrutura de nuvem, gerir a sua transição e garantir que a sua empresa tira o máximo partido das vantagens da nuvem. A migração para a nuvem requer um nível profundo de especialização e proficiência tecnológica que nem sempre se encontra nas organizações de cuidados de saúde. É difícil encontrar especialistas em nuvem no domínio da saúde.

- *Segurança:* O armazenamento de dados médicos na nuvem é fundamental para a adoção da nuvem nos cuidados de saúde. Mas isso aumenta o risco de violações de dados. As preocupações com a segurança podem ocorrer como resultado da natureza partilhada, virtualizada e pública do paradigma da computação em nuvem.

- *Medo:* Existem alguns receios na implantação da tecnologia de nuvem numa área complexa como os cuidados de saúde. Embora os cépticos da nuvem permaneçam, as muitas vantagens e potenciais vantagens da nuvem são difíceis de ignorar.

A figura 8.7 mostra alguns destes desafios [19].

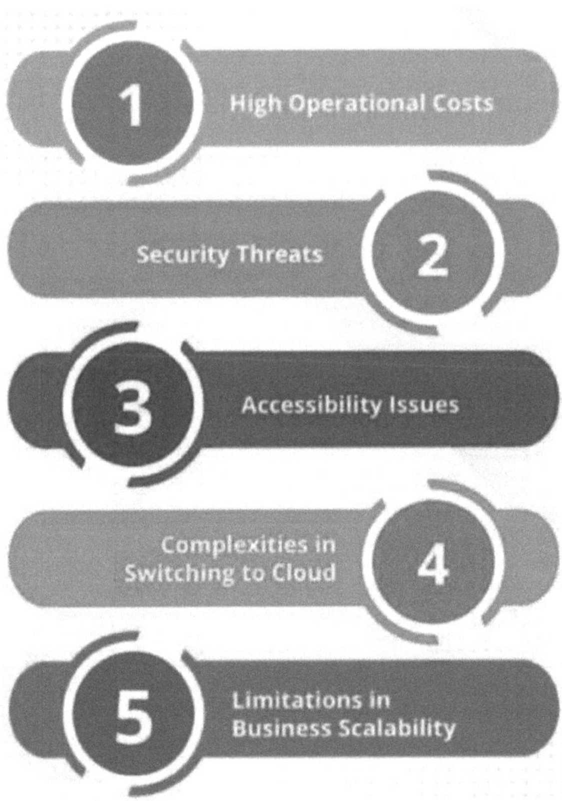

Figura 8.7 Alguns desafios da computação em nuvem nos cuidados de saúde [18].

8.8 CONCLUSÃO

A computação em nuvem é um conceito relativamente recente e está a crescer no sector da saúde. Está a tornar-se rapidamente uma necessidade no sector da saúde. É utilizada para criar uma rede entre doentes, médicos e instituições de saúde, fornecendo aplicações, serviços e mantendo todos os dados na nuvem [20]. Ao adotar soluções de computação em nuvem, os fornecedores pagam apenas pelo que utilizam (aplicações, armazenamento, serviços de infraestrutura, etc.). A adoção da abordagem da computação em nuvem nos cuidados de saúde traz muitos benefícios interessantes, mas também levanta alguns desafios. Estes desafios têm de ser resolvidos para que o sector dos cuidados de saúde possa prosperar com esta tecnologia moderna.

A computação em nuvem é uma das tecnologias de ponta que irá alterar o funcionamento de todos os sectores no futuro. Foi adoptada como a infraestrutura de TI optimizada preferida no sector dos cuidados de saúde. Está a tornar-se cada vez mais vital para expandir o papel das operações de TI, a segurança dos dados e melhorar a experiência geral dos doentes. A utilização de tecnologias de computação em nuvem está a aumentar em todo o mundo. O futuro da computação em nuvem no sector da saúde é brilhante. Para mais informações sobre a computação em nuvem no sector da saúde, consultar os livros em [21-32] e as seguintes revistas relacionadas:

- *Jornal de Computação em Nuvem*
- *Computação em nuvem do IEEE*
- *Transacções IEEE sobre computação em nuvem*
- *Jornal Internacional de Aplicações e Computação em Nuvem*
- *Revista Internacional de Computação em Nuvem e Ciência dos Serviços*

REFERÊNCIAS

[1] S. L. Wang et al., "A study of cloud computing based on context-aware healthcare app," *Applied Mechanics and Materials,* vols. 764-765, 2015, pp. 801-805.

[2] Y. Guo, M. H. Kuo e T. Sahama, "Cloud computing for healthcare research information sharing" (Computação em nuvem para partilha de informações sobre investigação na área da saúde), *Actas da 4.ª Conferência Internacional do IEEE sobre Tecnologia e Ciência da Computação em Nuvem,* 2012, pp. 889-894.

[3] H. A. Aziz e A. Guled, "Cloud computing and healthcare services," *Journal of Biosensors & Bioelectronics*, vol. 7, no. 3, 2016.

[4] H. Jemal et al., "Cloud computing and mobile devices based system for healthcare application," *Actas do Simpósio Internacional IEEE sobre Tecnologia na Sociedade,* 2015.

[5] M. N. O. Sadiku, S. M. Musa, e O.D. Momoh, "Cloud computing: Opportunities and challenges," *IEEE Potentials,* vol. 33, no. 1, Jan/Fev. 2014, pp.34-36.

[6] "Computação em nuvem nos cuidados de saúde: How cloud is enhancing patient services," julho de 2023, https://insights.daffodilsw.com/blog/cloud-computing-in-healthcare#:~:text=This%20enables%20providers%20to%20access,reducing%20duplicate%20tests%20or%20procedures.&text=Cloud%20computing%20has%20transformed%20medical,accurate%20analysis%20of%20imaging%20data.

[7] F. Alharbi et al., "Strategic value of cloud computing in healthcare organisations using the balanced scorecard approach: Um estudo de caso de um hospital saudita", *Procedia Computer Science,* vol. 98, 2016, pp. 332 - 339.

[8] "Impacto da computação em nuvem nos cuidados de saúde," https://www.semanticscholar.org/paper/Impact-of-Cloud-Computing-on-Health-Care-Nigam-Bhatia/fcd3e7e26b81fd244e5df500314cdbf502cb7c29

[9] B. Muzyka, "Cloud computing in healthcare: Como a tecnologia está a melhorar o sector", fevereiro de 2022, https://www.techmagic.co/blog/cloud-computing-in-healthcare/

[10] D. Gupta, "The role of cloud computing in transforming the healthcare industry", setembro de 2023, https://appinventiv.com/blog/cloud-computing-in-healthcare/

[11] M. Thomas, "Cloud computing in healthcare: Como é utilizada e 11 exemplos", https://builtin.com/cloud-computing/cloud-computing-in-healthcare

[12] T. Ricardo, "What is cloud computing in healthcare?" https://www.oxfordcorp.com/cloud-technology-is-transforming-patient- care/#:-:text=In%20the%20healthcare%20industry%2C%20cloud,hosted%20via%20a%20personal%20computer.

[13] https://www.researchgate.net/figure/Diverse-telemedicine-applications-based-on-the-cloud_fig2_258063601
[14] K. Jebaraj, "Top 8 benefits of cloud computing in healthcare," setembro de 2023, https://www.knowledgehut.com/blog/cloud-computing/benefits-of-cloud-computing-in-healthcare
[15] G. Eysenbach, "Opportunities and challenges of cloud computing to improve health care services," *Journal of Medical Internet Research,* vol. 13, no. 3, julho-setembro de 2011.
[16] "Cloud computing in the healthcare industry", maio de 2023, https://www.sangfor.com/blog/cloud-and-infrastructure/cloud-computing-healthcare-industry
[17] O. Telychko, "Cloud computing in the healthcare industry - The next necessary step", dezembro de 2021,
https://codeit.us/blog/cloud-computing-in-healthcare
[18] S. P. Ahuja, S. Mani, e J. Zambrano, "A survey of the state of cloud computing in healthcare," *Network and Communication Technologies,* vol. 1, no. 2, 2012, pp. 12-19.
[19] C. Singh, "Como é que a computação em nuvem nos cuidados de saúde está a transformar o sector médico?" outubro de 2023,
https://www.appventurez.com/blog/cloud-computing-in-healthcare
[20] N. Dubey e S. Vishwakarma, "Cloud computing in healthcare," *International Journal of Current Trends in Engineering & Research,* vol. 2, no. 5, maio de 2016, pp. 211 - 216.
[21] C. M. Bhatt e S. K. Peddoju (eds.), *Cloud Computing Systems and Applications in Healthcare.* IGI Global, 2016.
[22] A. Kastania e A. Moumtzoglou (eds.), *Cloud Computing Applications for Quality Health Care Delivery.* IGI Global, 2014.
[23] M. L. Braunstein, *Health Informatics in the Cloud.* Nova Iorque: Springer, 2012.
[24] K. Soman, *Cloud-Based Solutions for Healthcare IT.* Boca Raton, FL: CRC Press, 2011.
[25] N. S. Godbole e J. P. Lamb, *Making Healthcare Green: The Role of Cloud, Green IT, and Data Science to Reduce Healthcare Costs and Combat Climate Change [O papel da nuvem, da TI verde e da ciência de dados para reduzir os custos dos cuidados de saúde e combater as alterações climáticas].* Springer, 2018.
[26] L. Malik, S. Arora, e U. Shrawankar (eds.), *Cloud Computing Technologies for Smart Agriculture and Healthcare. Boca Raton, FL:* CRC Press, 2021.
[27] F. Gao, *The Meaningful Use of Cloud Computing in Healthcare (A utilização significativa da computação em nuvem nos cuidados de saúde).* Universitats- und Stadtbibliothek Koln, 2018.
[28] A. El-Baz e J. S. Suri (eds.), *Cloud Computing in Medical Imaging.* Boca Raton, FL: CRC Press, 2023.
[29] I. Demirkaya, *Cloud Computing in Healthcare (Computação em nuvem nos cuidados de saúde).* Universidade de Ciências Aplicadas e Artes do Noroeste da Suíça. Escola de Negócios, 2014.
30 H. Ren, *Transition to Cloud Computing in Healthcare Information Systems [Transição para a computação em nuvem nos sistemas de informação dos cuidados de saúde]. Instituto de Tecnologia de Massachusetts.* Divisão de Sistemas de Engenharia, Programa de Conceção e Gestão de Sistemas, 2012.
[31] A. Sharma, H. K. D. Sarma e S. R. Biradar (eds.), *IoTand Cloud ComputingBased Healthcare Information Systems (Engenharia Biomédica).* Apple Academic Press, 2023.
[32] T. Ermakova, *Security and Acceptance of Cloud Computing in Healthcare*

(Segurança e aceitação da computação em nuvem nos cuidados de saúde). Technische Universitat Berlin, 2015.

CAPÍTULO 9 : COMPUTAÇÃO EM NUVEM NA AGRICULTURA

"A agricultura é o nosso objetivo mais sensato, porque acaba por contribuir mais para a riqueza real, a boa moral e a felicidade" - Thomas Jefferson

9.1 INTRODUÇÃO

A agricultura é uma das profissões mais antigas do planeta. Nas últimas cinco décadas, registou-se uma enorme transformação devido aos avanços tecnológicos. As sementes, a irrigação e os fertilizantes também melhoraram muito, ajudando os agricultores a aumentar os rendimentos. A inteligência artificial, a análise de grandes volumes de dados, a computação em nuvem, a Internet das coisas e outras tecnologias emergentes podem aumentar os rendimentos, melhorar a eficiência hídrica e promover a resiliência na produção vegetal e noutros domínios da agricultura. Podem ajudar os agricultores a utilizar os recursos de forma mais eficiente e sustentável [1].

Com cerca de 7,8 mil milhões de pessoas a habitar a Terra, é inevitável pensar em formas de satisfazer a crescente procura de alimentos. O sector agrícola tem de ser mais inteligente para encontrar formas inovadoras de tirar mais partido de cada pedaço de terra. As empresas agrícolas estão a modernizar-se através da agricultura inteligente baseada na computação em nuvem e nas tecnologias IoT. Estas tecnologias criam soluções para a utilização eficaz de recursos finitos como a terra arável e a água. A Figura 9.1 mostra a computação em nuvem na agricultura [2].

Figura 9.1 A computação em nuvem na agricultura [2].

A computação em nuvem é o serviço de pagamento consoante o uso de recursos de TI através da Internet. Em vez de construírem, possuírem e manterem a sua própria infraestrutura de TI, as empresas podem utilizar a nuvem para aceder a recursos tecnológicos, como capacidade de computação, armazenamento e bases de dados, numa base de pagamento conforme o uso. Sem soluções de nuvem, é difícil construir uma boa infraestrutura de TI. Muitos sectores têm beneficiado muito com a computação em nuvem, e a agricultura é um deles. Um sistema de nuvem agrícola típico é mostrado na Figura 9.2 [3].

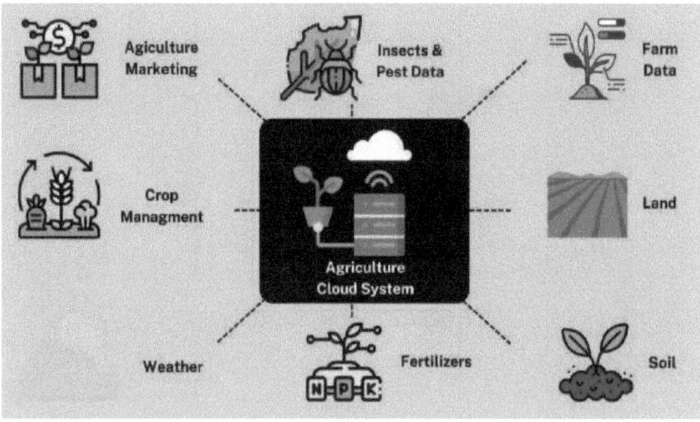

Figura 9.2 Um sistema típico de nuvem agrícola [3].

Quando os agricultores subcontratam a sua infraestrutura informática e a sua gestão para a nuvem, podem concentrar-se na sua atividade principal, em vez de terem de investir em infra-estruturas informáticas.

De acordo com as Nações Unidas, para alimentar a população mundial prevista de 9,7 mil milhões de pessoas em 2050, a produção agrícola deve aumentar 69% entre 2010 e 2050. A computação em nuvem é a disponibilização a pedido de recursos informáticos (como armazenamento e infra-estruturas), sob a forma de serviços através da Internet. A utilização da computação em nuvem na agricultura para monitorizar as entradas e saídas de culturas pode ajudar a satisfazer a procura de alimentos. A computação em nuvem na agricultura foi um avanço e uma mudança de paradigma para o sector. Muitas vezes, a computação em nuvem é utilizada para recolher, analisar e armazenar dados sobre a agricultura [4].

Este capítulo fornece uma cartilha sobre a utilização da computação em nuvem na agricultura. Começa por fornecer algumas informações de base sobre a computação em nuvem. Apresenta algumas aplicações da computação em nuvem na agricultura. Aborda os benefícios e desafios da computação em nuvem na agricultura. A última secção conclui com comentários.

9.2 NOÇÕES BÁSICAS DE COMPUTAÇÃO EM NUVEM

A computação em nuvem representa a tecnologia de plataforma subjacente que permite o fabrico em nuvem. Trata-se de uma tecnologia emergente de computação orientada para os serviços. Trata-se do fornecimento de recursos de computação escaláveis como um serviço através da Internet. Permite aos fabricantes utilizar muitas formas de novos sistemas de produção, como a impressão 3D, a computação de alto desempenho (HPC), a Internet das coisas industrial (IIoT) e os robots industriais. Está a transformar praticamente todas as facetas do fabrico moderno. Está a inovar, a reduzir os custos e a reforçar a competitividade da indústria transformadora americana [5].

A principal caraterística da computação em nuvem é a virtualização dos recursos e serviços de computação. A computação em nuvem é implementada num de três formatos principais: software como um serviço (SAAS), plataforma como um serviço (PAAS) ou infraestrutura como um serviço (IAAS). Esses serviços são ilustrados na Figura 9.3 [6] e explicados a seguir.

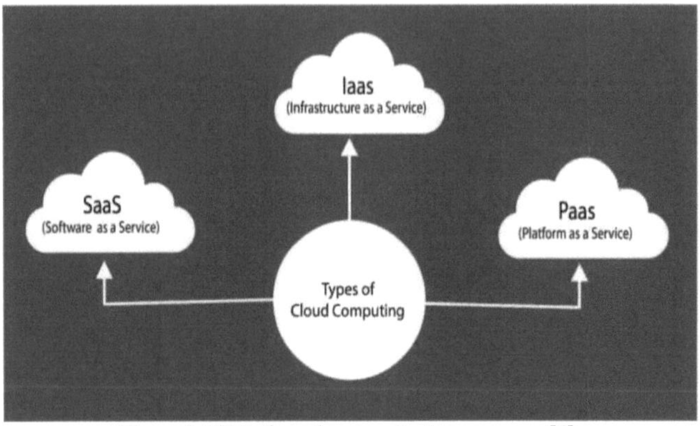

Figura 9.3 Três tipos de computação em nuvem [6].

SaaS: Trata-se de um modelo de fornecimento de software em que o software e os dados associados são alojados na nuvem. Neste modelo, os fornecedores de serviços na nuvem oferecem acesso a pedido a recursos informáticos, como máquinas virtuais e armazenamento na nuvem.

A PaaS permite que o utilizador final crie uma solução de software utilizando ferramentas ou bibliotecas do fornecedor de serviços de plataforma. Neste modelo, os fornecedores de serviços de computação em nuvem fornecem plataformas de computação, tais como programação e execução.

No modelo HaaS, os fornecedores de serviços na nuvem podem alugar equipamento de fabrico, como impressoras 3D.

Tal como a computação em nuvem, os serviços de CM podem ser classificados em quatro grandes modelos de implantação (nuvens públicas, privadas, comunitárias e híbridas) [7]:

- Nuvem privada refere-se a um esforço de gerenciamento centralizado no qual os serviços de fabricação são compartilhados dentro de uma empresa ou de suas subsidiárias. Uma nuvem privada é frequentemente usada exclusivamente por uma organização, possivelmente com várias unidades de negócios.
- A nuvem comunitária é um esforço de colaboração em que os serviços de fabrico são partilhados entre várias organizações. Os serviços são fornecidos a várias organizações de uma determinada comunidade com objectivos comerciais semelhantes.

- A nuvem pública concretiza o conceito-chave de partilha de serviços com o público em geral. As nuvens públicas são normalmente implementadas através de centros de dados operados por fornecedores como a Amazon, a Google, a IBM e a Microsoft.
- Nuvem híbrida que abrange várias configurações e é composta por duas ou mais nuvens (privadas, comunitárias ou públicas), oferecendo os benefícios de vários modos de implantação.

A computação em nuvem tem aplicação em quase todos os domínios. A agricultura é um dos domínios que pode beneficiar muito das funcionalidades oferecidas por esta tecnologia inovadora. As empresas agrícolas podem utilizar fornecedores de serviços de computação em nuvem, como a IBM, a Microsoft Azure e a AWS, para aceder a recursos tecnológicos como a capacidade de computação, o armazenamento e as bases de dados numa base de pagamento à medida que se vai utilizando. A computação em nuvem fornece equipamento agrícola moderno, observação e previsão meteorológica, tecnologia de plantação e reprodução agrícola, bem como métodos de produção. A nuvem é uma tecnologia promissora que pode mudar a forma como cultivamos. As aplicações de computação em nuvem na agricultura podem ter um impacto real nas operações comerciais.

9.3 APLICAÇÕES DA COMPUTAÇÃO EM NUVEM NA AGRICULTURA

As aplicações de computação em nuvem na agricultura revolucionaram o sector nos últimos anos. A computação em nuvem pode ser aplicada ao sector agrícola de muitas formas para o ajudar a crescer. Algumas aplicações comuns da computação em nuvem na agricultura são as seguintes [8]:

- *Informações relacionadas com as culturas:* A nuvem pode captar informações relacionadas com todas as culturas efectuadas no passado recente, ajudando assim os agricultores a tomar decisões sobre o que cultivar a seguir.
- *Informações meteorológicas:* A nuvem pode armazenar informações meteorológicas específicas da região, ajudando os agricultores a tomar decisões relacionadas com as culturas. Com a ajuda da computação em nuvem, o tempo pode ser previsto para uma duração específica, o que pode ajudar o agricultor na seleção das culturas.
- *Informações sobre o solo:* É essencial para a tomada de decisões sobre as culturas. Para além do perfil do solo, a nuvem também pode fornecer uma tendência do solo no passado, o que ajudará a prever a tendência no futuro. A informação do solo pode ser armazenada utilizando a computação em nuvem para facilitar o armazenamento e a análise. A Figura 9.4 mostra o processo de obtenção de dados do solo para a nuvem [9].

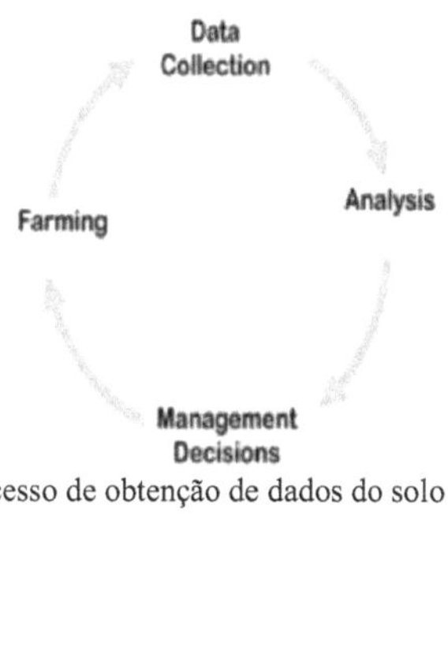

Figura 9.4 O processo de obtenção de dados do solo para a nuvem [9].

- *Monitorização do crescimento:* O crescimento de várias culturas pode ser monitorizado em diferentes regiões e a intervalos regulares.
- *Dados dos agricultores:* A utilização de dados está a aumentar exponencialmente no sector agrícola. A agricultura inteligente gera diariamente uma grande quantidade de dados nas explorações agrícolas. A utilização de tecnologias avançadas na agricultura gera uma grande quantidade de dados, conhecidos como big data, que podem ser analisados para tomar melhores decisões a nível das explorações agrícolas. A melhoria do apoio à decisão para os agricultores depende da integração de dados de várias fontes.
- *Comércio eletrónico:* As vendas tradicionais de produtos agrícolas por comércio eletrónico não têm conseguido satisfazer as necessidades de concorrência cada vez mais feroz do mercado de produtos agrícolas. Existem intermediários entre o retalho e a produção, o que resulta na exploração dos agricultores. Através do sistema de informação de gestão agrícola da computação em nuvem, os agricultores das zonas rurais podem vender os seus produtos diretamente aos utilizadores finais/retalhistas e evitar os intermediários que tendem a explorar os agricultores.
- *Agricultura de precisão:* Quando se fala de computação em nuvem na agricultura, é inevitável mencionar a agricultura de precisão, que utiliza a tecnologia para controlar e tirar o máximo partido de tudo. A agricultura de precisão é um conceito de gestão agrícola em que os agroquímicos e a água são aplicados de forma prescritiva para minimizar o desperdício e a poluição associada. Utiliza a tecnologia para controlar e tirar o máximo partido de tudo. A computação em nuvem ajuda os agricultores a alcançar a agricultura de precisão: uma técnica de gestão baseada na resposta à variabilidade espácio-temporal das culturas para melhorar a eficiência dos recursos. Os sensores sem fios ligados à nuvem recolhem dados do campo, que são depois analisados por algoritmos de aprendizagem automática em tempo real para dar aos agricultores uma melhor ideia do estado das suas culturas. A fotografia de satélite de alta resolução permite a agricultura de precisão mesmo em locais nublados. A figura 9.5 mostra como funciona a agricultura de precisão [10].

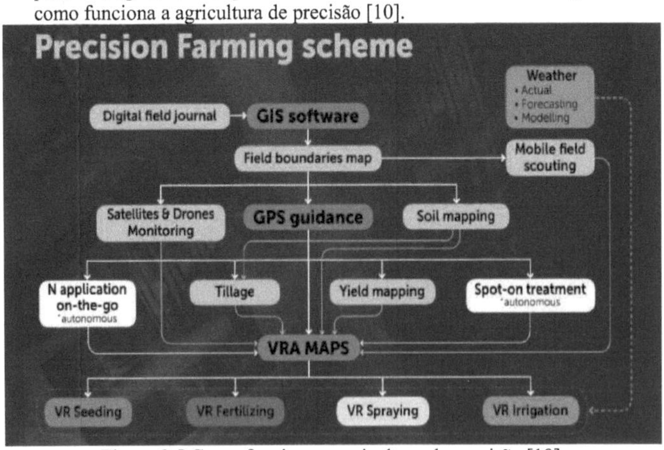

Figura 9.5 Como funciona a agricultura de precisão [10].

- *Gestão das culturas:* A computação em nuvem será utilizada para recolher dados sobre todas as culturas, permitindo aos agricultores tomar decisões informadas sobre o que plantar a seguir.

- *Controlo de crescimento:* O crescimento de várias culturas pode ser controlado, permitindo a comparação das tendências de crescimento actuais com padrões de crescimento anteriores. A análise da nuvem pode ser aplicada aos dados armazenados para fornecer informações sobre o controlo do crescimento.

- *Controlo do crescimento:* O crescimento de várias culturas pode ser controlado em diferentes regiões e em intervalos regulares. Isto permite a comparação das tendências de crescimento actuais com padrões de crescimento anteriores. A análise da nuvem pode ser aplicada aos dados armazenados para fornecer informações sobre o acompanhamento do crescimento.

- *Fabrico:* As empresas agrícolas têm estado a aproveitar o poder da nuvem para criar soluções. Por exemplo, o fabricante de equipamento agrícola John Deere desenvolveu um software baseado na nuvem que rastreia e monitoriza o desempenho dos veículos agrícolas para um trabalho mais rápido e melhorado. Está a ocorrer uma mudança nas instalações de fabrico em resultado da visão industrial inteligente da John Deere. Como resultado, uma solução de nuvem híbrida do Azure permite que a empresa ligue os pontos entre as suas infra-estruturas no local e na nuvem. Os produtos estabelecidos da John Deere provaram que a computação em nuvem na agricultura é digna de confiança.

9.4 BENEFÍCIOS

A computação em nuvem oferece uma vasta gama de benefícios às empresas do sector agrícola. A integração dos princípios da computação em nuvem com a agricultura tradicional abre um mundo de possibilidades. A computação em nuvem pode ajudar os agricultores com a computação em tempo real, o acesso aos dados e o armazenamento para os utilizadores sem que estes tenham conhecimento da localização física. Pode ajudar os agricultores a introduzir modernidade nas suas práticas agrícolas. É o que mostra a Figura 9.6, onde são utilizados drones na agricultura [11].

Figura 9.6 Utilização de drones na agricultura moderna [11].

Outros benefícios da computação em nuvem na agricultura são os seguintes [12,13]:

- *Custo:* Muitos fornecedores de serviços de computação em nuvem afirmam que podem reduzir significativamente o custo e a complexidade de possuir e operar computadores e redes. A mudança para a nuvem ajuda as empresas a otimizar os custos de TI. A nuvem permite-lhe descarregar alguns ou a maioria dos custos de aquisição, instalação, configuração e gestão da sua própria infraestrutura no local. As soluções de computação em nuvem oferecidas pelos maiores intervenientes do sector são demasiado caras mesmo para explorações agrícolas de dimensão média. As despesas agrícolas de computação em nuvem dependem da quantidade de dados gerados pelo sistema IoT. O custo da computação em nuvem vai aumentar. A computação periférica na agricultura liberta as empresas do armazenamento de volumes gigantescos de dados irrelevantes e inúteis.

- *Melhor decisão:* O objetivo final é fornecer aos agricultores ferramentas de monitorização, modelação e tomada de decisões baseadas em serviços na nuvem para a gestão da saúde e da produção das suas explorações agrícolas. A agricultura na nuvem utiliza plataformas baseadas na nuvem, dispositivos da Internet das coisas, dados e análises avançadas para otimizar os processos agrícolas e tomar decisões baseadas em dados. A computação em nuvem na agricultura pode ser utilizada para agregar dados de ferramentas como sensores de solo, imagens de satélite e estações meteorológicas para ajudar os agricultores a tomar melhores decisões sobre a gestão das suas culturas.

- *Escala global:* A computação em nuvem permite um alcance global. Agricultores e empresas de todo o mundo estão a utilizar a computação em nuvem para acelerar as inovações na agricultura. As vantagens dos serviços de computação em nuvem incluem a capacidade de escalar elasticamente. Embora a adoção da computação em nuvem tenha demorado algum tempo a espalhar-se, o líder é o gigante tecnológico Japão, seguido da China e dos EUA. Estes e outros países aperceberam-se rapidamente da importância das TIC e estão a adoptá-las em todos os sectores, incluindo a agricultura.

- *Agilidade:* Com a nuvem, a sua organização pode começar a utilizar aplicações empresariais em minutos, em vez de esperar semanas ou meses para que as TI respondam a um pedido, comprem e configurem hardware de suporte e instalem software.

- *Flexibilidade:* A computação em nuvem é flexível e fácil de personalizar. Devido à arquitetura da computação em nuvem, os utilizadores podem aceder aos serviços em nuvem a partir de qualquer lugar com uma ligação à Internet, tornando os serviços flexíveis. É possível aumentar ou diminuir a escala consoante as necessidades da empresa. É possível aceder aos dados e às suas análises a qualquer momento e a partir de qualquer parte do mundo.

- *Escalabilidade:* Um número crescente de empresas agrícolas está a reconhecer as vantagens tangíveis da computação em nuvem. A sua capacidade de oferecer uma escalabilidade praticamente ilimitada está a revelar-se um fator significativo no aumento da velocidade e eficiência operacionais das empresas. Os custos mais baixos associados à infraestrutura da nuvem e a sua escalabilidade são caraterísticas atractivas da computação em nuvem.

- *Mobilidade:* Esta é a primeira vantagem citada a favor da nuvem. É esta mobilidade que atrai a agricultura e abre caminho a múltiplas aplicações. Um agricultor já não precisa de estar fisicamente num local para aceder aos seus dados; estes estão disponíveis em qualquer dispositivo com ligação à Internet.

- *Colaboração:* A colaboração é facilitada com a computação em nuvem. Os membros da equipa podem colaborar nos mesmos dados e sistemas na nuvem, independentemente da sua localização física. Os cientistas envolvidos na investigação agrícola podem utilizar a nuvem para partilhar diretamente as suas informações.

- *Tecnologia ecológica:* A computação em nuvem pode ser considerada uma tecnologia ecológica, uma vez que permite a partilha de recursos entre os clientes, minimizando o número de centros de dados que poupam energia e reduzem a poluição.

- *Cultivo eficiente:* Nos últimos 50 anos, os avanços das máquinas agrícolas aumentaram a escala, a velocidade e a produtividade do equipamento agrícola, permitindo o cultivo mais eficiente de mais terras. As sementes, a irrigação e os fertilizantes também melhoraram muito, ajudando os agricultores a aumentar os rendimentos. A computação em nuvem, a inteligência artificial e outras tecnologias em desenvolvimento poderão aumentar os rendimentos, melhorar a eficiência da água e de outros factores de produção.

  - *Automatização:* A computação em nuvem torna a agricultura mais eficaz e rentável, ao mesmo tempo que automatiza o processo tanto quanto possível. Ao automatizar a orquestração e a monitorização da infraestrutura, as organizações podem obter poupanças significativas nas suas despesas de infraestrutura.

  - *Emissões líquidas nulas:* A computação em nuvem pode apoiar a transformação digital no sector que conduz a alimentação e a agricultura a emissões líquidas nulas. A convergência de grandes volumes de dados, inteligência artificial, computação em nuvem e Internet das coisas pode ajudar os agricultores a minimizar as emissões de gases com efeito de estufa e a maximizar o rendimento das colheitas.

Alguns destes benefícios são apresentados na Figura 9.7.

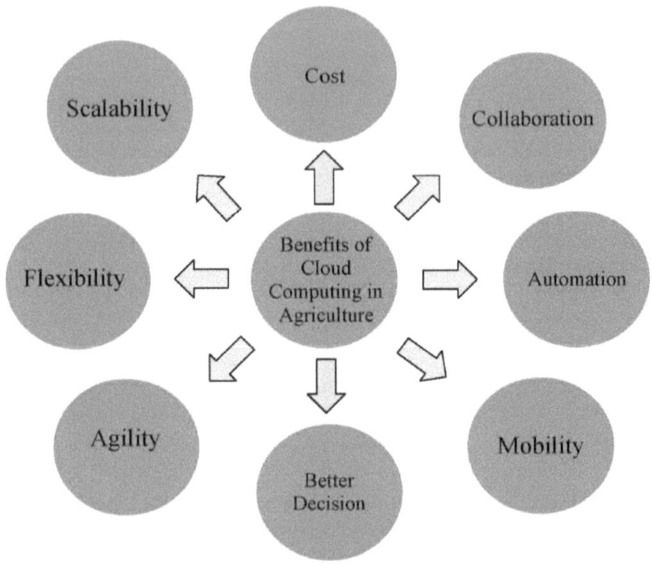

Figura 9.7 Benefícios da computação em nuvem na agricultura.

9.5 DESAFIOS

A utilização da nuvem para o sector agrícola não está isenta de desafios. O sector agrícola está a enfrentar muitos desafios, incluindo restrições na terra e nos factores de produção agrícola, o aumento dos custos dos factores de produção e a necessidade de melhorar a sustentabilidade e a resiliência. Devido ao facto de o sector agrícola estar praticamente livre de fronteiras políticas, as diferentes leis cibernéticas dos vários países podem constituir um problema. Com tantos dispositivos complicados a recolher tanta informação sobre a agricultura, as empresas do sector agrícola precisam de uma forma de armazenar e processar os grandes volumes de dados de forma segura. Outros desafios da computação em nuvem na agricultura são os seguintes [3]:

- *Segurança:* A segurança e a privacidade dos dados constituem um grande desafio. Para o efeito, é necessário optar pelo prestador de serviços mais reputado para o serviço pretendido. Uma vez que os serviços são mantidos por terceiros, existe o problema da segurança dos dados. Onde há dados, há sempre ameaças. Como os sistemas IoT transmitem dados para a nuvem, estão envolvidos muitos dispositivos. Sempre que os dados viajam para trás e para a frente, a possibilidade de serem violados, roubados e utilizados indevidamente aumenta exponencialmente. A computação periférica é a melhor receita para minimizar o risco de roubo ou violação de dados, uma vez que permite que os dados permaneçam no dispositivo que os recolhe. Revoluciona a análise de dados, realizando-a localmente.

- *Conectividade:* A conetividade da nuvem ajuda a unir o sector. A computação em nuvem requer uma ligação à Internet de alta velocidade. Não funciona bem com ligações à Internet de baixa velocidade porque tem de processar os dados na nuvem e depois entregá-los ao utilizador final. A maioria das explorações rurais tem ligações lentas e as que se situam em zonas remotas não têm qualquer ligação. A limitação da computação em nuvem, a falta de conetividade em tempo real, levou à introdução da computação periférica.

- *Velocidade:* Um dos principais requisitos para o funcionamento eficaz da computação em nuvem é uma ligação à Internet de alta velocidade. A lentidão da ligação à Internet é um dos problemas mais comuns na agricultura digital atual. A principal limitação para a adoção de serviços de computação em nuvem nas zonas rurais é a velocidade da Internet. A recolha, transferência e análise de dados é um processo moroso. A computação de ponta é a melhor solução para locais remotos onde não existe uma ligação centralizada à Internet.

- *Confiança:* A computação em nuvem tem um contacto físico quase nulo com os utilizadores (os agricultores), o que cria algum tipo de resistência à adoção desta tecnologia.

- *Custo elevado:* As despesas agrícolas de computação em nuvem dependem da quantidade de dados gerados pelos dispositivos IoT e depois transferidos para a nuvem e vice-versa. As soluções de computação em nuvem oferecidas pelos maiores intervenientes do sector são demasiado caras para as explorações agrícolas de dimensão média. A maioria das explorações agrícolas continua a ser de pequena dimensão e não tem capacidade para adquirir a tecnologia e o poder de computação necessários.

- *Ambiente:* Como mostra a Figura 9.8, os principais problemas ambientais da produção agrícola incluem a poluição por pesticidas, a poluição por fertilizantes, a poluição do solo, a poluição do ar e a poluição da água [14]. Devido à preparação e utilização incorrectas dos pesticidas, a resistência das culturas aos medicamentos aumentou. Devido à aplicação de fertilizantes a longo prazo, a qualidade do solo deteriorou-se e a fertilidade do próprio solo tem vindo a diminuir continuamente. O excesso de gases nocivos é também uma razão importante para o mau ambiente da produção agrícola.

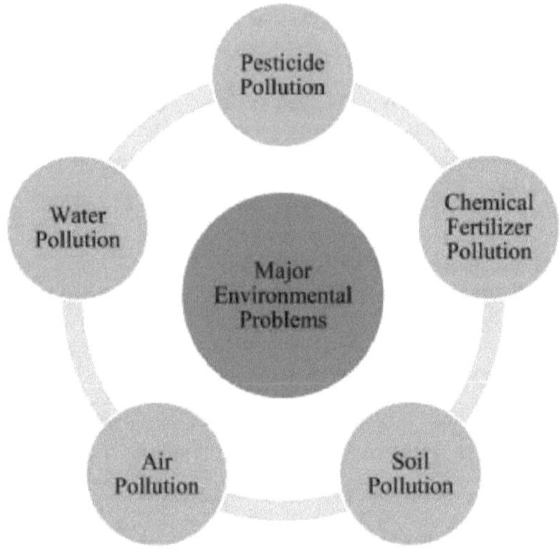

Figura 9.8 Principais problemas ambientais da agricultura [14].

9.6 CONCLUSÃO

Atualmente, a nuvem tornou-se quase uma metáfora da Internet. A computação em nuvem é o serviço de pagamento consoante a utilização de recursos informáticos através da Internet. Permite aos clientes utilizar infra-estruturas e aplicações através da Internet, sem as instalar e manter no local. Para alcançar o próximo salto de produtividade, são necessárias tecnologias digitais significativamente mais avançadas. A computação em nuvem na agricultura oferece muitas oportunidades para o sector prosperar e crescer. Embora a adoção da computação em nuvem tenha demorado algum tempo a espalhar-se, o líder, como seria de esperar, é o gigante tecnológico Japão, seguido da China e dos EUA.

O sector agrícola está a passar por uma revolução tecnológica, e a adoção da computação em nuvem é fundamental para isso. Através da utilização de plataformas IaaS, PaaS e SaaS, o sector está a tirar partido da computação em nuvem para aumentar a eficiência, a precisão e a escalabilidade. A computação em nuvem ajuda a agricultura a alcançar a agricultura de precisão. Pode desempenhar um papel significativo na informatização da agricultura, trazendo novas perspectivas à gestão e ao serviço da informação. O presente e o futuro da agricultura mundial estão nas nuvens. Mais informações sobre a computação em nuvem na agricultura podem ser encontradas em [15-17] e nas seguintes revistas relacionadas:

- *Jornal de Computação em Nuvem*
- *Computação em nuvem do IEEE*
- *Transacções IEEE sobre computação em nuvem*
- *Jornal internacional de aplicações e computação em nuvem*
- *Revista Internacional de Computação em Nuvem e Ciência dos Serviços*

REFERÊNCIAS

[1] "Tecnologias de computação em nuvem na agricultura: Visão geral das soluções e exemplos", outubro de 2023, https://svitla.com/blog/cloud-computing-technologies-in-agriculture

[2] V. Kumar, "The new age: Cloud computing in agriculture sectors", agosto de 2020, https://www.w2ssolutions.com/blog/new-age-cloud-computing-in-agriculture-sectors/

[3] C. B. Savarn, "Cloud computing in agriculture," abril de 2022, https://www.linkedin.com/pulse/cloud-computing-agriculture-chandra-bhushan-savarn

[4] M. N. O. Sadiku, U. C. Chukwu e J. O. Sadiku, "Cloud computing in agriculture", *World Journal of Agriculture and Urbanization,* vol. 2, n.º 11, novembro de 2023, pp. 2631.

[5] S. Ezell e B. Swanson, "How cloud computing enables modern manufacturing", junho de 2017 https://itif.org/publications/2017/06/22/how-cloud-computing-enables-modern- fabrico

[6] "Aplicações de computação em nuvem na agricultura," https://www.eescorporation.com/cloud-computing-applications-in-agriculture/

[7] "Fabrico na nuvem", *Wikipedia*, a enciclopédia livre

https://en.wikipedia.org/wiki/Cloud_manufacturing

[8] "A nova era: A computação em nuvem na agricultura", https://sourcetrace.com/blog/cloud-computing-agriculture/

[9] A. S. R. Murthy et al., "Cloud Technology on Agriculture using Sensors," *Indian Journal of Science and Technology*, vol 9, no. 17, maio de 2016.

[10] "Agricultura de precisão num ápice: Guide to E-agriculture," outubro de 2021, https://coreteka.com/blog/precision-farming-at-glance-guide-to-e-agriculture/

[11] "Computação em nuvem: Reshaping the ag industry," https://www.agmatix.com/blog/impact-of-cloud-computing-on-agriculture/

[12] "O que é a computação em nuvem?" https://azure.microsoft.com/en-us/resources/cloud-computing-dictionary/what-is-cloud-computação

[13] "O que é a computação em nuvem?" https://www.ibm.com/topics/cloud-computing

[14] Y. Wei, C. Han, e Z. Yu, "Um sistema de monitorização da segurança ambiental para a produção agrícola com base na inteligência artificial, na computação em nuvem e nas redes de grandes volumes de dados", *Journal of Cloud Computing,* 2023.

[15] U. Shrawankar, L. Malik e S. Arora (eds.), *Cloud Computing Technologies for Smart Agriculture and Healthcare.* Chapman & Hall, 2021,

[16] A. K. Sharma, N. Chanderwal, R. Khan (eds.), *Convergence of Cloud Computing, AI, and Agricultural Science.* IGI Global, 2023.

[17] P. T. Simelane, *Um modelo de computação em nuvem para aumentar as actividades agrícolas em áreas rurais marginalizadas.* Universidade de Tecnologia de Tshwane, 2016.

CAPÍTULO 10 : COMPUTAÇÃO EM NUVEM NOS MEDIA E ENTRETENIMENTO

"Não há nada de errado com o entretenimento. Como disse um psiquiatra, todos nós construímos castelos no ar. Os problemas surgem quando tentamos viver neles" - Anónimo

10.1 INTRODUÇÃO

A indústria dos media e do entretenimento (M&E) fornece-nos a todos jornais, revistas, televisão, rádio, filmes, jogos de vídeo, música e livros impressos e em linha. Este sector proporciona sempre diversão, entretenimento, prazer e divertimento às pessoas. Inclui, mas não se limita a, programas de televisão, filmes, emissões, rádio, livros, jogos de vídeo e eventos especiais em que se assiste à transmissão em direto de conteúdos. Um exemplo de notícias em linha é apresentado na Figura 10.1 [1], enquanto um exemplo de entretenimento é apresentado na Figura 10.2 [2].

Figura 10.1 Um exemplo de notícias em linha [1].

Figura 10.2 Um exemplo de entretenimento [2]

O sector gera e fornece enormes volumes de dados e está sujeito a elevados padrões de desempenho. Os meios de comunicação tradicionais, como a televisão, a rádio e os jornais, estão a ser complementados e, em alguns casos, substituídos por meios digitais, como o streaming de vídeo, os podcasts e os meios de comunicação em linha. Para as empresas de meios de comunicação e entretenimento (M&E), a utilização dos métodos tradicionais de transmissão e a entrega de conteúdos de forma tradicional não é possível nesta era digital. O sector de M&E tem de enfrentar múltiplos desafios e mudanças. A mudança é inevitável no sector de M&E e as organizações que não se conseguirem adaptar não sobreviverão no mercado.

Uma das indústrias que não pode deixar de adotar a nuvem é a indústria do entretenimento e dos meios de comunicação social. As empresas de meios de comunicação e entretenimento (M&E), como a edição, a radiodifusão, o desporto e a música, utilizam aplicações de computação em nuvem para melhorar a sua eficiência operacional. Os principais intervenientes na indústria de M&E incluem nomes conhecidos como a Disney, Netflix, Time Warner, YouTube e Comcast, mas o sector também inclui milhares de pequenas e médias empresas.

A computação em nuvem é a prestação de vários serviços de computação a pedido, como servidores, software, armazenamento, bases de dados, redes, análises e inteligência através da Internet. Diferentes indústrias em todo o mundo reconhecem agora a importância da computação em nuvem, uma vez que esta tem desempenhado um papel vital em várias indústrias, especialmente no sector dos meios de comunicação e entretenimento (M&E). A criação e o fornecimento de meios de comunicação social utilizando a infraestrutura da nuvem é uma mudança de paradigma no sector dos meios de comunicação e entretenimento. As empresas de M&E estão a utilizar a computação em nuvem para reformular as relações com os clientes, simplificar as operações, melhorar a governação e criar novas oportunidades de mercado, aumentando simultaneamente a flexibilidade, a escalabilidade e a rentabilidade [3]. A tecnologia de computação em nuvem teve impacto em todos os departamentos organizacionais, como a contabilidade, o marketing e os recursos humanos. Está a tornar-se um espaço muito popular para os profissionais do entretenimento mediático inovarem. A Figura 10.3 mostra a arquitetura da computação em nuvem [4].

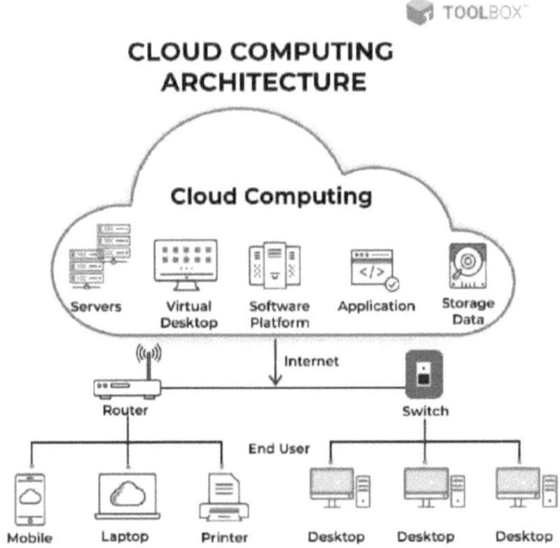

Figura 10.3 Arquitetura da computação em nuvem [4].

Este capítulo apresenta uma introdução à utilização da computação em nuvem no sector de M&A. Começa por fornecer algumas informações básicas sobre a computação em nuvem. Aborda a forma de adotar a computação em nuvem nos meios de comunicação e entretenimento. Apresenta algumas aplicações da computação em nuvem nos meios de comunicação e entretenimento. Aborda as vantagens e os desafios da computação em nuvem nos meios de comunicação e entretenimento. A última secção conclui com comentários.

10.2 NOÇÕES BÁSICAS DE COMPUTAÇÃO EM NUVEM

A computação em nuvem é a disponibilidade a pedido de recursos informáticos (como armazenamento e infra-estruturas), como serviços através da Internet. Representa a tecnologia de plataforma subjacente que permite o fabrico em nuvem. É uma tecnologia emergente de computação orientada para os serviços. Trata-se do fornecimento de recursos informáticos escaláveis como um serviço através da Internet. Permite aos fabricantes utilizar muitas formas de novos sistemas de produção, como a impressão 3D, a computação de alto desempenho (HPC), a Internet das coisas industrial (IIoT) e os robots industriais [5].

A principal caraterística da computação em nuvem é a virtualização dos recursos e serviços de computação. A computação em nuvem é implementada num de três formatos principais: software como um serviço (SAAS), plataforma como um serviço (PAAS) ou infraestrutura como um serviço (IAAS). Esses serviços são ilustrados na Figura 10.4 [6] e explicados a seguir.

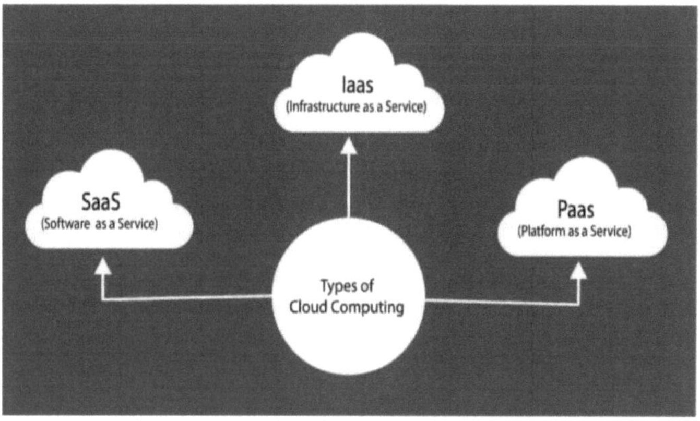

Figura 10.4 Três tipos de computação em nuvem [6].

SaaS: Trata-se de um modelo de fornecimento de software em que o software e os dados associados são alojados na nuvem. Neste modelo, os fornecedores de serviços na nuvem oferecem acesso a pedido a recursos informáticos, como máquinas virtuais e armazenamento na nuvem.

A PaaS permite que o utilizador final crie uma solução de software utilizando ferramentas ou bibliotecas do fornecedor de serviços de plataforma. Neste modelo, os fornecedores de serviços de computação em nuvem fornecem plataformas de computação, tais como programação e execução.

No modelo HaaS, os fornecedores de serviços em nuvem podem alugar equipamento de fabrico, como impressoras 3D.

Tal como a computação em nuvem, os serviços de CM podem ser classificados em quatro grandes modelos de implantação (nuvens públicas, privadas, comunitárias e híbridas) [7]:

- Nuvem privada refere-se a um esforço de gerenciamento centralizado no qual os serviços de fabricação são compartilhados dentro de uma empresa ou de suas subsidiárias. Uma nuvem privada é frequentemente usada exclusivamente por uma organização, possivelmente com várias unidades de negócios.
- A nuvem comunitária é um esforço de colaboração em que os serviços de fabrico são partilhados entre várias organizações. Os serviços são fornecidos a várias organizações de uma determinada comunidade com objectivos comerciais semelhantes.
- A nuvem pública concretiza o conceito-chave de partilha de serviços com o público em geral. As nuvens públicas são normalmente implementadas através de centros de dados operados por fornecedores como a Amazon, a Google, a IBM e a Microsoft.
- Nuvem híbrida que abrange várias configurações e é composta por duas ou mais nuvens (privadas, comunitárias ou públicas), oferecendo os benefícios de vários modos de implantação.

A computação em nuvem oferece inúmeras vantagens para empresas de todas as dimensões. Diferentes indústrias em todo o mundo estão agora a reconhecer a relevância da tecnologia de nuvem. Desde o sector automóvel e retalhista até à agricultura e ao entretenimento, muitas indústrias utilizam atualmente a nuvem devido à sua elevada flexibilidade, escalabilidade, relação custo-eficácia e muito mais. A necessidade de computação em nuvem na indústria dos media e do entretenimento está a aumentar significativamente. As empresas do sector dos media e do entretenimento, como as editoras, a radiodifusão, o desporto e a música, utilizam aplicações de computação em nuvem para melhorar a sua eficiência operacional e acompanhar a concorrência e os tempos. Os principais intervenientes no sector dos media e do entretenimento incluem nomes conhecidos como a Disney, a Netflix, a Time Warner, o YouTube, o Spotify e a Comcast. A Figura 10.5 mostra os principais factores que impulsionam o aumento da adoção da computação em nuvem na indústria de M&E [8].

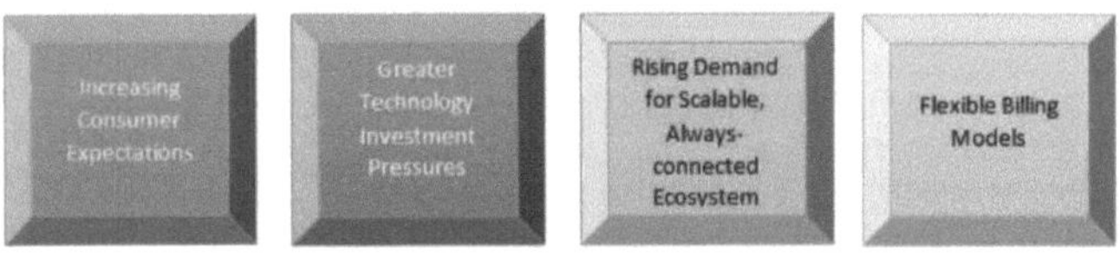

Figura 10.5 Principais factores determinantes para o aumento da adoção da nuvem na indústria de M&E [8].

10.3 COMPUTAÇÃO EM ALTA VELOCIDADE NOS MEIOS DE COMUNICAÇÃO E ENTRETENIMENTO

A indústria dos media e do entretenimento está a mudar rapidamente para a computação em nuvem, com muitas organizações a procurarem capitalizar a agilidade, a escalabilidade, a flexibilidade e a rentabilidade da tecnologia da nuvem. A computação em nuvem oferece às organizações do sector dos media e do entretenimento acesso a capacidades avançadas de análise e aprendizagem automática.

Eis um guia passo a passo para adotar a computação em nuvem na indústria dos media e do entretenimento [9] :

Passo 1: Identificar as suas necessidades: Em primeiro lugar, deve identificar os requisitos específicos do seu negócio de multimédia e entretenimento. Considere quais os recursos de que irá necessitar, como armazenamento, capacidade de computação ou capacidades de streaming. Pense também nos serviços de que necessita, como a análise de dados, a escalabilidade e a segurança.

Passo 2: Escolher um fornecedor de serviços na nuvem: Em seguida, pode escolher um fornecedor de serviços na nuvem. Considere quais provedores oferecem os serviços e os recursos de que você precisa, bem como seus preços e condições. É conveniente escolher um provedor de nuvem que ofereça a combinação certa de recursos, escalabilidade e segurança. O Amazon Web Services (AWS) continua a ser a melhor escolha para as empresas de comunicação social que pretendem adotar o modelo de nuvem privada.

Etapa 3: implementar uma solução de nuvem: Com o provedor de serviços de nuvem selecionado, você pode começar a implementar uma solução de nuvem. Isso envolverá a configuração da infraestrutura e dos serviços necessários, como armazenamento, computação e rede.

Etapa 4: monitorar e gerenciar o ambiente de nuvem: Quando o seu ambiente de nuvem estiver instalado e a funcionar, terá de o monitorizar e gerir para garantir que está a funcionar sem problemas.

Etapa 5: otimizar o desempenho: Por fim, você precisará otimizar o desempenho do seu ambiente de nuvem. Isso envolve garantir que seus recursos de nuvem sejam usados de forma eficiente e que seus aplicativos estejam sendo executados com desempenho máximo.

Seguindo estes passos, pode facilmente adotar a computação em nuvem para a sua empresa de comunicação social e entretenimento. Pode modernizar o seu negócio para se tornar nativo da nuvem. Os preços "pay- as-you-go" e o dimensionamento de recursos totalmente automatizado permitem-lhe lidar com audiências de qualquer dimensão sem investimento de capital inicial.

10.4 APLICAÇÕES DA COMPUTAÇÃO EM NUVEM NOS MEDIA E ENTRETENIMENTO

Não há dúvida sobre o impacto que a computação em nuvem está a ter nas empresas de todos os sectores. Revolucionou as empresas de todos os sectores através da redução de custos, da mobilidade e da criação de uma vantagem competitiva. Um dos sectores mais afectados pela tecnologia de computação em nuvem é o dos meios de comunicação e entretenimento. O sector de M&E tem um fardo crescente sobre os seus ombros: Criar conteúdos contínuos de forma rápida, económica e segura - e depois distribuir produtos finais da mais elevada qualidade a espectadores altamente exigentes e ávidos de conteúdos em todo o mundo. Com estes desafios em mente, as empresas de M&E de todas as dimensões estão a procurar a nuvem para transformar drasticamente as suas operações [10]. A computação em nuvem oferece uma série de serviços para a indústria de M&E que evita a necessidade de armazenamento físico para as organizações. Estes incluem o seguinte:

- *Estúdio:* Quando um estúdio pretende abrir uma localização noutra cidade, pode começar imediatamente a trabalhar na nuvem, pode criar um cluster, replicar dados de um local para outro e colaborar. A nuvem traz tecnologias de classe mundial para estúdios mais pequenos a um preço económico.

- *Empresas de media:* O panorama dos meios de comunicação social está a transformar a forma como o conteúdo está a ser produzido e consumido. As empresas de comunicação social estão a mudar para o AWS, que é pioneiro no alojamento em nuvem, para tirar partido da sua elevada escalabilidade, elasticidade e serviços de nuvem seguros. As empresas de comunicação social não precisam de se preocupar com restrições de recursos. O único objetivo deve ser a criação de conteúdos de qualidade.

- *Televisão por cabo:* Esta secção do sector dos meios de comunicação e do entretenimento está a ser desafiada pelas novas tendências da radiodifusão televisiva. As empresas over the top (OTT) ágeis e de baixo custo estão a competir com os métodos tradicionais de distribuição dos meios de comunicação.

- *Meios de transmissão em fluxo contínuo:* O streaming media refere-se a multimédia, como vídeo ou áudio, que é entregue através da Internet em formato comprimido. Os utilizadores podem reproduzir esse conteúdo multimédia imediatamente. Na atual era digital, a televisão linear que envolve o sistema de transmissão tradicional está desactualizada. Os utilizadores preferem agora plataformas de streaming que lhes dão a liberdade de ver os seus conteúdos favoritos a qualquer hora e em qualquer lugar. As empresas de comunicação social e de entretenimento têm de encontrar formas de satisfazer a procura e as expectativas do público e de manter a sua fidelidade. O streaming de multimédia em nuvem surgiu como a solução perfeita para os serviços OTT (Over-the-Top). Os serviços de streaming OTT permitem que as empresas de comunicação social forneçam conteúdos diretamente aos clientes através da Internet, eliminando a necessidade de um operador de sistema. A computação em nuvem permitiu às empresas de M&E aumentar a eficiência, melhorar o envolvimento dos clientes e criar novos fluxos de receitas. O elevado desempenho do streaming, com atrasos e tempos de inatividade mínimos, é fundamental tanto em termos de experiência do utilizador como de expectativas dos anunciantes. As aplicações de difusão de conteúdos multimédia atraíram um grande número de utilizadores na Internet [11]. O Netflix é um exemplo de um fornecedor OTT de fluxo contínuo baseado na nuvem. A Figura 10.6 mostra uma arquitetura genérica de streaming de media baseado na nuvem [3].

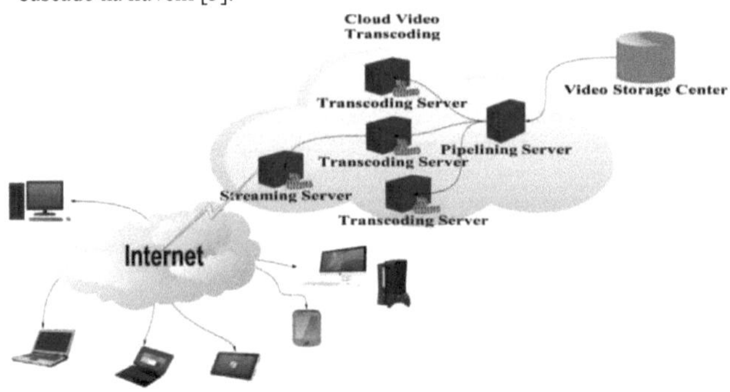

Figura 10.6 Uma arquitetura genérica do fluxo contínuo de multimédia baseado na nuvem [3].

- *Processamento de imagens:* Refere-se à execução de uma imagem através de algoritmos computorizados para analisar a imagem e extrair informações significativas da mesma. O processamento de imagens com base na nuvem pode proporcionar imenso espaço de armazenamento e capacidades de processamento. Atualmente, está a tornar-se cada vez mais popular e é utilizado em diferentes áreas, como aplicações de satélite, ciências médicas, aplicações de segurança, etc.

10.5 BENEFÍCIOS

A computação em nuvem oferece muitos benefícios para empresas de todas as dimensões. A principal vantagem da mudança para a infraestrutura de nuvem é a exigência de uma infraestrutura interna mínima que pode ser complementada com serviços de nuvem. De acordo com o Statista, pouco mais de 30% de todos os dados empresariais foram armazenados na nuvem em 2015. A computação em nuvem simplifica os processos, de modo a que não exista um fluxo de trabalho complexo para os suportes de dados na nuvem. Sem a nuvem, seria quase impossível armazenar, gerir e fornecer enormes quantidades de conteúdos digitais de uma forma ágil, dinâmica e económica. Outros benefícios da computação em nuvem no sector da M&E são os seguintes [3,12,13]:

- *Acessibilidade:* A computação em nuvem é essencialmente uma questão de acessibilidade. Os trabalhadores podem aceder a tudo o que precisam, onde quer que estejam e quando quiserem. A redução dos custos operacionais de TI e a disponibilização de conteúdos de alta qualidade, acessíveis em qualquer altura e em qualquer lugar, desencadearão em breve a adoção global de soluções de computação em nuvem pelos meios de comunicação e entretenimento.

- *Conectividade:* Os fornecedores de serviços de computação em nuvem podem oferecer uma melhor conetividade para reduzir as hipóteses de uma falha nas comunicações. A conetividade na nuvem deve ser fiável e as soluções de armazenamento devem adaptar-se a diferentes configurações. Sem a flexibilidade das ligações, as empresas de M&E podem enfrentar interrupções no serviço. A conetividade em nuvem deve ser fiável e as soluções de armazenamento devem adaptar-se a configurações no local, em nuvem, híbridas e em vários locais.

- *Flexibilidade:* As empresas de M&E precisam de flexibilidade nas configurações de armazenamento para mover ficheiros rapidamente, seja na nuvem ou no local. As soluções em nuvem oferecem flexibilidade na implantação de configurações de armazenamento. Sem a flexibilidade das ligações, as empresas de M&E podem enfrentar interrupções no serviço. Os actuais consumidores de conteúdos multimédia e de entretenimento esperam flexibilidade e escolhas.

- *Segurança:* A velocidade e a segurança são os dois elementos mais importantes para a indústria dos media e do entretenimento. A caraterística mais importante da computação em nuvem é a sua segurança. Fornece dados e informações seguros. Pode armazenar os dados de unidades locais para a nuvem apenas para proteger a informação e ajuda a evitar que os dados caiam em mãos erradas. Todos os fornecedores de serviços de computação em nuvem utilizam as melhores normas de segurança e privacidade.

- *Tempo de colocação no mercado mais rápido:* As empresas que pretendem adotar a tecnologia de computação em nuvem podem fornecer os seus conteúdos mais rapidamente do que as suas congéneres, quase sem tempo em comparação com os métodos tradicionais. A computação em nuvem melhora a experiência do utilizador e ajuda a fornecer conteúdos aos utilizadores mais rapidamente em comparação com os métodos tradicionais.

- *Redução de custos:* A infraestrutura informática tem custos elevados em termos de criação, funcionamento e manutenção. Os principais factores que estão a pôr em causa os resultados das empresas de M&E orientadas para os conteúdos são o aumento dos custos de licenciamento de conteúdos e a redução dos ciclos de vida da tecnologia. A poupança de custos é uma caraterística fundamental a ter em conta pelos líderes do sector do entretenimento quando analisam as vantagens da computação em nuvem. A computação em nuvem ajuda as empresas de M&E a reduzir todos os custos envolvidos na produção e entrega de conteúdos para aumentar a sua qualidade e receitas. O fornecedor de serviços na nuvem é responsável por tudo.

- *Escalabilidade:* As caraterísticas a pedido da computação em nuvem proporcionam os níveis de escalabilidade de que o sector de M&E necessita para satisfazer de forma rentável a procura volátil.

  As empresas de comunicação social podem aumentar ou diminuir a escala consoante as suas necessidades. A computação em nuvem oferece a capacidade de ajustar sem esforço os recursos para cima ou para baixo para acompanhar os aumentos da procura. Em comparação com outras tecnologias, a escalabilidade da computação em nuvem é simplesmente incomparável e proporciona às empresas a capacidade de aumentar ou diminuir rapidamente os recursos à vontade. Atualmente, dispomos de soluções baseadas na nuvem que podem ser dimensionadas de forma adequada à dimensão das operações de uma empresa, permitindo que as empresas inovem a baixos custos.

- *Reduz as operações:* Quando está a trabalhar na nuvem, está essencialmente a subcontratar os seus recursos informáticos a um terceiro que é especialista em tecnologia de nuvem e computadores. Não tem de se preocupar com coisas como servidores e gestão, atualização ou substituição dos mesmos. Tudo isto é tratado pelos fornecedores de serviços na nuvem.

- *Colaboração:* Para muitos, a colaboração remota baseada na nuvem é vital para a conclusão do seu trabalho. A computação em nuvem permite à indústria de M&E quebrar as barreiras geográficas e melhorar a colaboração, oferecendo uma plataforma centralizada e facilmente acessível para a criação e partilha de conteúdos. A computação em nuvem facilita a colaboração das equipas em projectos a partir de diferentes locais. Independentemente da plataforma que escolher com base nas suas necessidades, estilo de trabalho, preferência e orçamento, precisa das ferramentas tecnológicas da nuvem para permitir que os funcionários colaborem dentro e fora do local de trabalho. A colaboração remota parece menos remota e mais colaborativa.

- *Sustentabilidade:* A mudança para a nuvem não só é económica, fácil de implementar, segura e aumenta a produtividade, como também é amiga do ambiente. Os escritórios alimentados pela nuvem permitem que a sua força de trabalho aceda aos seus programas em qualquer altura e em qualquer lugar.

- *Menor latência:* Os servidores multimédia na nuvem podem estar localizados em qualquer parte do mundo. Assim, as empresas de multimédia baseadas na nuvem podem fornecer conteúdos aos espectadores através do melhor servidor de transmissão de multimédia ou centro de dados mais próximo, o que reduz a latência da transmissão.

- *Agilidade:* As empresas de M&A devem ter a opção de mover os seus dados comerciais de forma rápida e eficaz para operações contínuas. O sector de M&E

é um dos sectores em mais rápida evolução no mundo e este facto exige que as empresas sejam altamente ágeis para se adaptarem rapidamente e com sucesso às exigências e expectativas em constante mudança do mercado. Esta tarefa é facilitada pela computação em nuvem. Com o objetivo de vencer os seus concorrentes, as empresas líderes do sector M&E estão a libertar o poder da Nuvem para trazer escalabilidade e agilidade aos seus negócios.

- *Produtividade:* Ao tirar partido das vantagens da computação em nuvem, as empresas podem poupar tempo e dinheiro e maximizar a produtividade.

  - *Alcance global:* As empresas de M&E aproveitaram os serviços de computação em nuvem para transmitir sem problemas os seus vídeos e activos multimédia em todo o mundo de uma forma rentável.

Alguns destes benefícios são ilustrados na Figura 10.7.

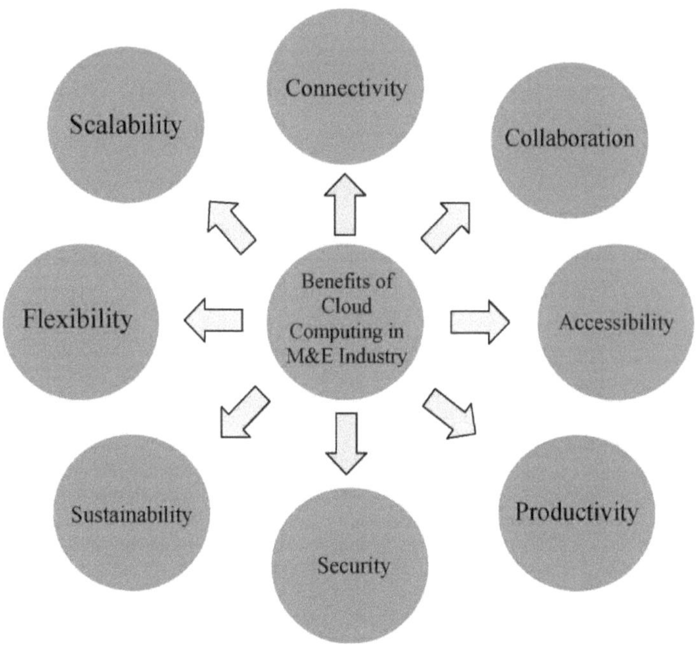

Figura 10.7 Benefícios da computação em nuvem no sector de M&E.

10.5 DESAFIOS

A implementação da computação em nuvem no sector de M&E enfrenta vários desafios. Estes incluem os seguintes [14]:

- *Ameaças à segurança:* Com mais activos digitais a serem armazenados em vários locais, a cibersegurança torna-se uma parte crucial da continuidade do negócio. Existem riscos de segurança envolvidos, quer armazene dados em servidores locais ou os tenha alojados em armazenamento na nuvem fora do local. Não se esqueça de que estará a partilhar os ficheiros multimédia da sua empresa, os dados pessoais dos clientes e outras informações sensíveis com um fornecedor de computação em nuvem terceiro. Hackers qualificados podem obter acesso a estas informações. As empresas de M&E são alvos particularmente atractivos para os hackers.

- *Questões técnicas:* A maioria das infra-estruturas de nuvem são inteiramente detidas e geridas pelo fornecedor de serviços, o que significa que haverá vários graus de controlo para a sua empresa de entretenimento.

- *Procura imprevisível:* A procura dos consumidores é imprevisível. Os consumidores actuais de conteúdos multimédia e de entretenimento esperam flexibilidade e escolhas.

- *Simplicidade:* As soluções de armazenamento em nuvem devem ser fáceis de gerir por pessoal não técnico.

- *Complexidade:* A complexidade e a mistura de estratégias de implementação de conteúdos de M&A podem deixar lacunas na cobertura de conteúdos e nos conhecimentos técnicos.

- *Personalização:* Outro desafio importante na indústria do entretenimento é a personalização. É importante identificar e publicar conteúdos que sejam pessoalmente relevantes para cada utilizador final. A indústria dos media tem de garantir que o conteúdo é reativo, dinâmico e se adapta a redes de baixa largura de banda.

- *Processos desactualizados:* As infra-estruturas antigas, os ambientes não virtualizados e outros processos desactualizados representam grandes obstáculos, tanto a nível digital como cultural.

10.6 CONCLUSÃO

O mundo dos media e do entretenimento está a evoluir rapidamente devido à transformação digital sob a forma de computação em nuvem. As empresas de meios de comunicação e entretenimento de todo o mundo estão a tirar partido da tecnologia da nuvem e a alterar a forma como funcionam. A computação em nuvem tornou-se agora o horóscopo da indústria dos media e do entretenimento. Os serviços de computação em nuvem oferecem a vantagem da escalabilidade, flexibilidade e maior rapidez de entrega ao mercado. A dimensão do mercado global da computação em nuvem está a aumentar de dia para dia e atingirá os 182 300 milhões de dólares em 2024. A tecnologia de computação em nuvem é, sem dúvida, o futuro e as empresas que se adaptarem a ela registarão um enorme aumento do seu crescimento. Qualquer empresa que não queira ficar de fora deve acompanhar as mudanças digitais e adotar a tecnologia de computação em nuvem.

A indústria dos media e do entretenimento pode assumir um papel central com a ajuda da infraestrutura de computação em nuvem. A computação em nuvem tornou-se uma parte essencial da moderna indústria dos media e do entretenimento, fornecendo soluções mais eficientes e económicas para os desafios que as empresas de media e entretenimento enfrentam. A inovação na nuvem é vital para as empresas competirem e prosperarem no mercado volátil de hoje. As empresas de media e entretenimento podem beneficiar de muitas das vantagens proporcionadas pelas soluções em nuvem. Para mais informações sobre a computação em nuvem no sector dos meios de comunicação e entretenimento, consultar os livros em [15-17] e as seguintes revistas relacionadas:

- *Jornal de Computação em Nuvem*
- *Computação em nuvem do IEEE*
- *Transacções IEEE sobre computação em nuvem*
- *Jornal Internacional de Aplicações e Computação em Nuvem*
- *Jornal Internacional de Computação em Nuvem e Ciência dos Serviços*

REFERÊNCIAS

[1] F. Guerrini, "Big tech ramps up content moderation amid EU pressure" outubro de 2023, https://www.forbes.com/sites/federicoguerrini/2023/10/15/big-tech-ramps-up-content- moderation-amid-eu-pressure/?sh=3fa8ec7d4b1d

[2] "Quatro razões pelas quais a nuvem é o futuro da indústria dos media e do entretenimento", 2022 https://www.disguise.one/en/insights/blog/four-reasons-why-cloud-is-the-future-of-the- media-and-entertainment-industry/

[3] M. N. O. Sadiku, U. C. Chukwu e J. O. Sadiku, "Cloud computing in media & entertainment", *American Journal of Social and Humanitarian Research,* vol. 6, n.º 11, novembro de 2023, pp. 58-66.

[4] A. Meir, "Cloud computing in the media and entertainment industry", julho de 2022, https://www.ridge.co/blog/cloud-computing-in-the-media-and-entertainment-industry/

[5] S. Ezell e B. Swanson, "How cloud computing enables modern manufacturing", junho de 2017 https://itif.org/publications/2017/06/22/how-cloud-computing-enables-modern- manufacturing

[6] "Aplicações de computação em nuvem na agricultura," https://www.eescorporation.com/cloud-computing-applications-in-agriculture/

[7] "Fabrico na nuvem", *Wikipedia*, a enciclopédia livre

https://en.wikipedia.org/wiki/Cloud_manufacturing

[8] T. Fatima, "Cloud computing is now in the horoscope of media & entertainment industry," https://www.cloudoye.com/blog/cloud-computing/cloud-computing-is-now-in-the- horoscope-of-media-entertainment-industry

[9] M. Fr⅞ckiewicz, "Computação em nuvem para os media e o entretenimento: How to streamline production and distribution," abril de 2023, https://ts2.space/en/cloud-computing-for-media-and-entertainment-how-to-streamline- production-and-distribution/#gsc.tab=0

[10] "Reimaginar os media e o entretenimento: Série de inovação na nuvem", https://buildboldcloud.com/wp-ontent/uploads/Reimagine_Media_and_Entertainment.pdf

[11] S. Jadhav et al., "Media streaming application using cloud," *International Research Journal of Engineering and Technology,* vol. 3, no. 5,| maio, 2016, pp. 2091-2096.

[12] "As vantagens da computação em nuvem para a indústria dos media", agosto

de 2021, Fonte desconhecida.
[13] "Principais benefícios da computação em nuvem em 2021 e mais além", junho de 2021, https://www.myhealthyit.com/top-benefits-of-cloud-computing-in-2021-and-beyond/
[14] O. Loren, "Cloud computing: Vantagens e desvantagens no cinema e na televisão", julho de 2021,

https://orlandoloren.medium.com/cloud-computing-advantages-disadvantages-in-film- television-315fdb6d751f
[15] P. Wikstrom, *The Music Industry: Music in the Cloud.* Polity Press, 2014.
[16] A. Lugmayr (eds.), *Information Systems and Management in Media and Indústrias do entretenimento.* Springer, 2017.
[17] K. Li, Q. Li, T. K. Shih (eds.), *Cloud Computing and Digital Media: Fundamentals, Techniques, and Applications [Fundamentos, técnicas e aplicações].* Boca Raton, FL: CRC Press, 2014.

CAPÍTULO 11: GRANDES VOLUMES DE DADOS NA COMPUTAÇÃO EM NUVEM

"A análise de dados é o futuro, e o futuro é AGORA! Cada clique do rato, cada premir de botão do teclado, cada deslize ou toque é utilizado para moldar decisões empresariais. Atualmente, tudo gira em torno dos dados. Dados são informação, e informação é poder!" - Radi

11.1 INTRODUÇÃO

Os dados são a matéria-prima, enquanto a informação representa os dados após processamento e análise. Vivemos na era dos grandes dados. As organizações, as empresas e todos os tipos de instituições estão a gerar dados diariamente, que podem acabar por se tornar difíceis de gerir. A quantidade de informação recolhida aumenta significativamente a cada momento devido ao aumento do número de dispositivos que recolhem essa informação, como dispositivos móveis, dispositivos IoT, deteção remota, registos de software, câmaras, microfones, leitores RFID, redes de sensores sem fios, etc. A Figura 11.1 mostra o volume de dados/informação criados, capturados, copiados e consumidos em todo o mundo de 2010 a 2024 (estimativa) [1].

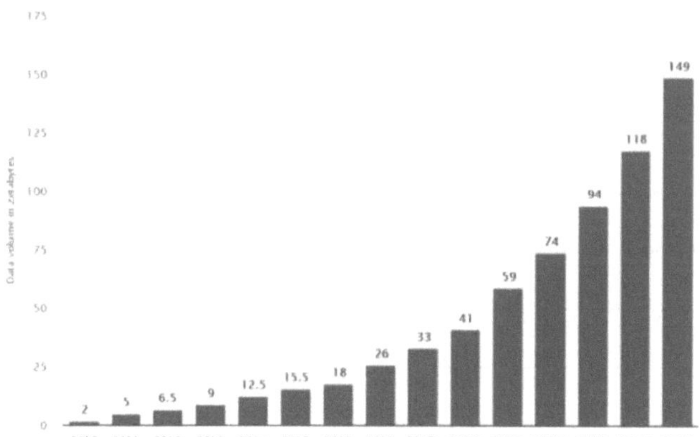

Figura 11.1 O volume de dados/informação criados e consumidos a nível mundial de 2010 a 2024 (estimativa) [1].

Estes grandes volumes de dados constituem um desafio para o ambiente de computação em nuvem. Parece que a computação em nuvem e os grandes volumes de dados são uma combinação ideal para isso. Combinados, fornecem uma solução que se adapta aos grandes volumes de dados e à análise empresarial.

Os grandes volumes de dados representam um grande volume de dados (estruturados, não estruturados ou semi-estruturados) que são tão grandes e complexos que os métodos tradicionais se tornam inviáveis. Provêm de muitas fontes, como sensores, digitalizadores, scanners, modelação numérica, telefones inteligentes, Internet, vídeos, correio eletrónico e redes sociais como o Twitter e o Facebook [2]. A computação em nuvem (ou simplesmente "a nuvem") é uma tecnologia utilizada para armazenar dados e processar esses grandes volumes de dados num servidor remoto, em vez de num disco rígido físico. O termo nuvem é uma metáfora para a Internet [3]. Os dois conceitos estão relacionados. Por outras palavras, os grandes volumes de dados referem-se à informação, enquanto a computação em nuvem é o meio de aceder à informação. Os grandes dados e a computação em nuvem, embora ainda em evolução, estão a revelar-se a combinação ideal. Começaremos por apresentar as linhas gerais das duas tecnologias [4]

Os grandes volumes de dados e a computação em nuvem são duas tecnologias de grande importância no sector das tecnologias da informação. Enquanto os grandes volumes de dados se referem a conjuntos de dados extremamente grandes que são impossíveis de analisar por uma pessoa, a computação em nuvem consiste em fornecer recursos informáticos através da Internet. A combinação destas duas tecnologias pode produzir excelentes resultados. Embora o domínio dos grandes volumes de dados que utilizam recursos de computação em nuvem esteja a evoluir rapidamente, a área da análise apoiada na nuvem ainda está a dar os primeiros passos [5].

Este capítulo examina brevemente a intersecção entre a computação em nuvem e os megadados. Começa por explicar os conceitos de megadados e de computação em nuvem. Aborda algumas aplicações da computação em nuvem em megadados. Discute as vantagens e os desafios da computação em nuvem no domínio dos megadados. A última secção conclui com comentários.

11.2 NOÇÕES BÁSICAS DE GRANDES VOLUMES DE DADOS

O aumento das redes sociais, da Internet das coisas (IoT) e dos multimédia produziu um enorme fluxo de dados. Os grandes volumes de dados referem-se a dados estruturados ou não estruturados em crescimento exponencial. Os dados podem ser demasiado grandes em tamanho, moverem-se a uma velocidade demasiado rápida ou não se adaptarem às estruturas das arquitecturas de bases de dados existentes [6]. Trata-se de uma coleção maciça de conjuntos de dados com estruturas enormes e complexas que são difíceis de armazenar, analisar e visualizar. Os gigantes da Internet e dos meios de comunicação social, como o Google e o Facebook, foram os pioneiros dos grandes volumes de dados quando começaram a descobrir, recolher e analisar informações recolhidas pelos seus utilizadores.

O processamento de grandes volumes de dados pode ser basicamente dividido em 10 Vs, como mostra a Figura 11.2 [7].

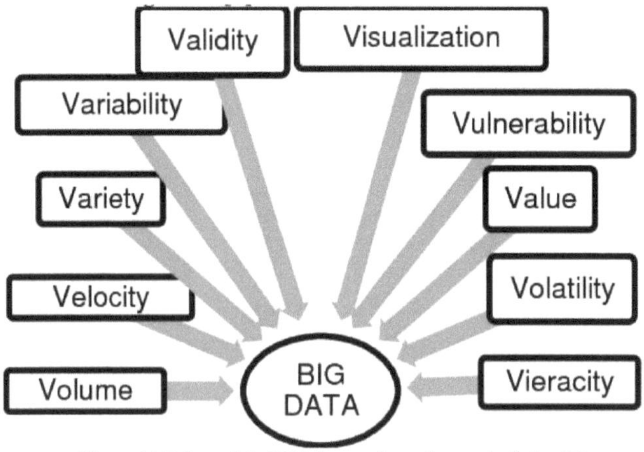

Figura 11.2 O modelo 10V de grandes volumes de dados [7].

- Volume - A quantidade de dados; o volume de dados continua a aumentar de forma astronómica
- Variedade - Diferentes tipos de dados; os dados podem ser estruturados ou não estruturados
- Velocidade - Taxa de fluxo de dados no sistema; os dados são gerados, capturados e processados rapidamente
- Valor - O valor dos dados; a obtenção de valor a partir de análises perspicazes pode ter impacto nos processos de cuidados
- Veracidade - Confidencialidade e disponibilidade dos dados; a qualidade, exatidão e confiança nos dados.

- Variabilidade - Refere-se à velocidade inconsistente a que os grandes volumes de dados são ingeridos nos armazenamentos de dados.
- Validade - Refere-se à exatidão dos dados recolhidos para a utilização a que se destinam.
- Vulnerabilidade - Refere-se aos aspectos de segurança dos dados que estão a ser recolhidos e armazenados.
- Volatilidade - Refere-se ao período de tempo durante o qual os dados são válidos e à duração do armazenamento histórico antes de serem considerados irrelevantes para a análise atual.
- Visualização - Trata-se da criação de gráficos complexos que transformam os dados em informação, a informação em conhecimento, o conhecimento em conhecimento e o conhecimento numa vantagem para a tomada de decisões.

À medida que a tecnologia avança, a dimensão dos conjuntos de dados que se qualificam como grandes volumes de dados aumenta. A análise de grandes volumes de dados é considerada uma forma de correlacionar dados, encontrar padrões e prever novas tendências. Refere-se a todas as ferramentas, métodos e aplicações utilizadas para recolher e processar informações a partir de um conjunto variado de dados. As ferramentas populares de megadados incluem as estruturas de software Hadoop, Spark e Hive. (O Hadoop é uma estrutura de programação gratuita, baseada em Java, que é difícil de aprender). O MapReduce, proposto pela Google, é um processamento de grandes volumes de dados muito popular em hardware de base. Os grandes volumes de dados estão a transformar a ciência, a engenharia, as empresas, o governo e a sociedade. Para os grandes volumes de dados, a nuvem surgiu como uma ferramenta absolutamente indispensável. A computação em nuvem é considerada a melhor solução para armazenar, processar e analisar grandes volumes de dados. Empresas como a Amazon, Google, Dell, Apple, IBM e Microsoft oferecem os seus serviços públicos para facilitar o processo de tratamento de grandes volumes de dados.

11.3 VISÃO GERAL DA COMPUTAÇÃO EM NUVEM

A computação em nuvem é o acesso à rede a pedido de recursos informáticos, fornecidos por uma entidade externa. Implica a prestação de serviços através da Internet a um custo mais baixo. Figura 11.3 ilustra um modelo típico de computação em nuvem [8].

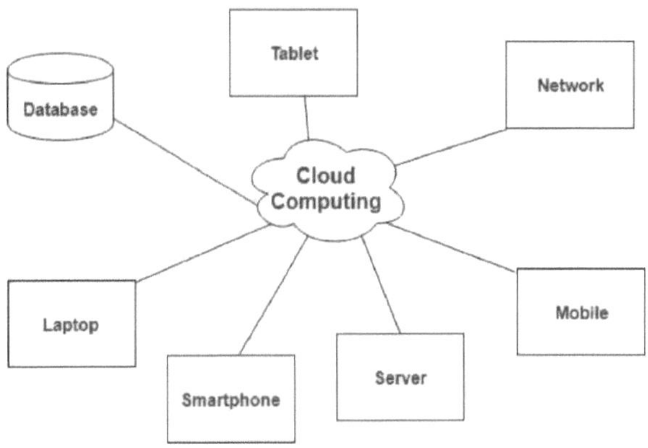

Figura 11.3 Um modelo típico de computação em nuvem [8].

Os três tipos de computação em nuvem são a nuvem pública, a nuvem privada e a nuvem híbrida. Os fornecedores de serviços de computação em nuvem oferecem três serviços principais, mostrados na Figura 11.4 e explicados a seguir [7]:

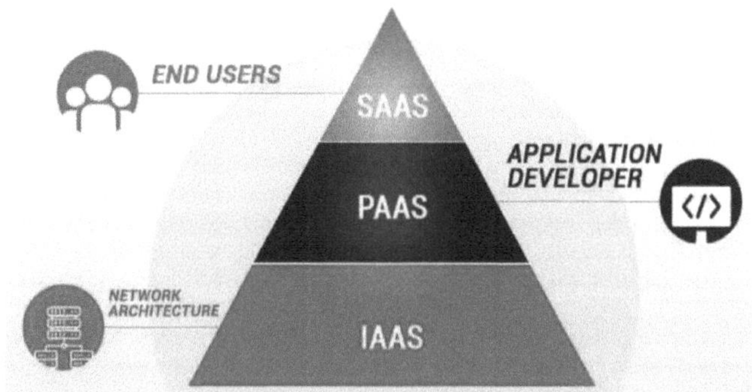

Figura 11.4 Os fornecedores de serviços em nuvem oferecem três serviços principais [7].

- Infraestrutura como serviço (IAAS); refere-se a equipamento de hardware que funciona numa nuvem fornecida por fornecedores de serviços

- Plataforma como serviço (PAAS); refere-se a diferentes recursos que funcionam numa nuvem para fornecer uma plataforma de computação aos utilizadores finais

- Software como um serviço (SAAS); refere-se ao software como um serviço que fornece às empresas aplicações que são armazenadas e executadas em servidores virtuais

Estes serviços básicos estão intimamente relacionados: O SaaS é desenvolvido sobre o PaaS e, em última análise, o PaaS é construído sobre o IaaS. A utilização da nuvem como armazenamento não só reduz o custo de funcionamento como também aumenta o desempenho das empresas. Além de utilizar a nuvem como armazenamento, a computação em nuvem proporciona um ambiente fiável, elástico e escalável para que os sistemas de grandes volumes de dados possam funcionar [9]. Oferece aos seus clientes serviços flexíveis e baseados no pagamento por utilização. A computação em nuvem é um paradigma bem sucedido da computação orientada para os serviços e revolucionou o sector das TI ao permitir que as organizações paguem apenas pelos recursos e serviços que utilizam.

Tal como a computação em nuvem, os serviços de CM podem ser classificados em quatro grandes modelos de implantação (nuvens públicas, privadas, comunitárias e híbridas) [10]:

- Nuvem privada refere-se a um esforço de gerenciamento centralizado no qual os serviços de fabricação são compartilhados dentro de uma empresa ou de suas subsidiárias. Uma nuvem privada é frequentemente usada exclusivamente por uma organização, possivelmente com várias unidades de negócios.

- A nuvem comunitária é um esforço de colaboração em que os serviços de fabrico são partilhados entre várias organizações. Os serviços são fornecidos a várias organizações de uma determinada comunidade com objectivos comerciais semelhantes.
- A nuvem pública concretiza o conceito-chave de partilha de serviços com o

público em geral. As nuvens públicas são normalmente implementadas através de centros de dados operados por fornecedores como a Amazon, a Google, a IBM e a Microsoft.
- Nuvem híbrida que abrange várias configurações e é composta por duas ou mais nuvens (privadas, comunitárias ou públicas), oferecendo os benefícios de vários modos de implantação.

Os megadados e a computação em nuvem são tecnologias complementares. Os problemas dos grandes volumes de dados podem ser resolvidos pela computação em nuvem, enquanto os grandes volumes de dados podem também promover a utilização prática e a implementação da computação em nuvem. Para resolver os problemas dos megadados, precisamos de meios modernos como a computação em nuvem. O processamento de grandes volumes de dados requer o apoio de centros de dados em nuvem com recursos físicos em grande escala. A Figura 11.5 mostra os benefícios dos megadados na computação em nuvem [11].

Figura 11.5 Os benefícios dos grandes volumes de dados na computação em nuvem [11].

Os megadados requerem imenso espaço de armazenamento e poder de computação, e é aí que a computação em nuvem se destaca. Os fornecedores de serviços de computação em nuvem oferecem soluções de armazenamento escaláveis e recursos de computação a pedido. Para se manterem competitivas e relevantes nesta era de tomada de decisões baseadas em dados, as empresas devem aproveitar o poder dos megadados e a flexibilidade da computação em nuvem. A computação em nuvem elimina os custos de infraestrutura necessários para investir em hardware, instalações, serviços públicos ou construir grandes centros de dados. O aumento dos grandes volumes de dados na computação em nuvem tornou o processo de análise dos grandes volumes de dados mais eficiente. É por isso que a computação em nuvem de megadados e a análise em nuvem de megadados estão a tornar-se cada vez mais populares. Muitos serviços públicos de computação em nuvem efectuam agora a análise de megadados. Tanto os megadados como a computação em nuvem desempenham um papel importante na nossa sociedade digital. As possibilidades são quase infinitas quando combinamos os megadados e a computação em nuvem [12]. A Figura 11.6 mostra a integração da computação em nuvem e dos megadados [13], enquanto o Quadro 11.1 compara as suas caraterísticas [14].

Figura 11.6 Integração da computação em nuvem e dos grandes volumes de dados [13].

Tabela 1 - Comparação das caraterísticas do big data e da computação em nuvem [14].

		Cloud Computing	Big Data
1	Definition	Provides resources (storage, computing, databases, monitoring tools, etc.) on demand	Provides a way to handle huge volumes of data and generate insights
2	Reference	It refers to internet services from SaaS, PaaS to IaaS	It refers to data, which can be structured, semi-structured, or unstructured.
3	How they are used	It uses wide range of network of cloud servers over the internet to analyze data and information.	It could be deployed either on-premise or cloud to discover undiscovered patterns and generate actionable insights
4	Formats	Cloud Computing is new paradigm to computing resources	It consists of all kind of data, which are in many different formats.
5	Use for	Use to store data and information on remote servers.	It is used to describe huge volume of data and information

11.4 APLICAÇÕES DE GRANDES VOLUMES DE DADOS NA COMPUTAÇÃO EM NUVEM

Quase nenhum sector é deixado intocado pela computação em nuvem e pelas tecnologias de megadados. A computação em nuvem oferece vários benefícios e soluções de megadados para diferentes sectores, incluindo TI, saúde, automóvel, retalho e outros. Passamos agora a analisar algumas aplicações reais de megadados na computação em nuvem [15]:

- *A empresa:* Antes de os megadados e a tecnologia de computação em nuvem terem entrado no panorama empresarial, as organizações procuravam formas de lidar com o aumento contínuo dos dados e de obter informações a partir dos mesmos. Muitas empresas estão à procura de soluções de computação em nuvem para a gestão de dados empresariais, o que envolve a prática de manter os seus dados num centro de dados externo. As empresas querem obter valor integrado dos dados dispersos por várias fontes e bases de dados. É nesse ponto que a computação em nuvem ajuda a analisar o volume, a variedade e a veracidade dos grandes volumes de dados. Como mostra a Figura 11.7, a combinação de megadados e computação em nuvem tem sido um boom para o sector empresarial [16]. Os megadados e a computação em nuvem podem ter um impacto transformador nas empresas de várias formas.

Figura 11.7 A combinação de grandes volumes de dados e de computação em nuvem é um boom [16].

- *Comércio eletrónico:* Os retalhistas online utilizam big data e computação em nuvem para personalizar recomendações, otimizar cadeias de fornecimento e detetar fraudes em tempo real.

- *Finanças:* As instituições financeiras tiram partido dos megadados e da computação em nuvem para detetar actividades fraudulentas, avaliar riscos e tomar decisões de investimento baseadas em dados. Os megadados também permitem serviços financeiros personalizados, melhorando a retenção de clientes.

- *Cuidados de saúde:* Os cuidados de saúde têm como objetivo manter e melhorar a saúde humana através do diagnóstico, do tratamento e da prevenção de doenças. O sector dos cuidados de saúde beneficia da análise dos dados dos pacientes para fins de investigação, diagnóstico e tratamento, utilizando o poder da nuvem e dos grandes volumes de dados. Nos cuidados de saúde, os megadados estão a ser utilizados para reduzir os custos dos tratamentos, prever surtos de pandemias, prevenir doenças, etc.

- *Fabrico:* Ao tirar partido dos megadados, os fabricantes podem melhorar a eficiência operacional e a qualidade dos produtos. Isto é conseguido através da manutenção preditiva, da otimização de processos e da gestão de inventários.

- *Terra Digital:* O Digital Earth refere-se à representação virtual da Terra em que vivemos. Os dados da Terra Digital são naturalmente grandes dados devido à variedade de fontes de dados e ao enorme volume de dados. Os megadados surgiram como um novo paradigma para fornecer conteúdo e valor sem precedentes para a Terra digital. Os grandes dados da Terra estão a aumentar enormemente com uma heterogeneidade crescente, colocando grandes desafios ao ciclo de vida da gestão de dados de armazenamento, processamento, análise, visualização, partilha e aplicações. A visualização de dados da Terra é uma tarefa difícil com memória limitada devido a conjuntos de dados pouco escaláveis, de baixa funcionalidade e de alta velocidade. Uma tendência na análise da Terra Digital é a construção de um modelo 3D real com a ajuda de um computador, especialmente para cidades onde ocorre a maioria das actividades humanas. A computação em nuvem virtualiza os recursos informáticos como um conjunto de recursos para fornecer recursos informáticos através da rede, optimizando a utilização dos recursos em termos de CPU, RAM, rede e armazenamento. Os grandes volumes de dados e a computação em nuvem permitem que os geocientistas criem estruturas e plataformas acessíveis na Web para armazenar, recuperar e analisar eficazmente os grandes volumes de dados sobre a Terra. A computação em nuvem e as estruturas de grandes volumes de dados podem melhorar o arquivo de cubos de dados, a visualização e a análise de muitas maneiras para satisfazer as necessidades da extração de conhecimentos de grandes volumes de dados da Terra [17].

- *Campus inteligente:* Nos últimos anos, as principais faculdades e universidades estão a reforçar a construção de informação nos campus. A construção de um campus inteligente tem por objetivo melhorar o processo de criação de informações nas faculdades e universidades. É necessário considerar a possibilidade de combinar a tecnologia de megadados e a tecnologia de computação em nuvem na construção de um campus inteligente para que o sistema de base de dados do campus e o sistema de gestão do campus se combinem mutuamente e não fiquem isolados. Isto servirá para a construção de campus inteligentes através da integração, armazenamento, processamento e análise de dados maciços [18].

11.5 BENEFTIS

A computação em nuvem combinada com aplicações de grandes volumes de dados proporciona benefícios distintos, incluindo maior acesso à rede, escalabilidade, flexibilidade, sustentabilidade, melhor automatização, eficácia de utilização e partilha de recursos [19]. Com a combinação de grandes volumes de dados e computação em nuvem, as empresas podem alojar os seus grandes volumes de dados em servidores externos ou pagar apenas pelo espaço de armazenamento e pela energia que utilizam a cada hora. A computação em nuvem torna todo o processo mais fácil e acessível a todas as empresas: pequenas, médias ou grandes. A computação em nuvem democratiza os grandes volumes de dados, de modo que qualquer empresa pode agora trabalhar com dados não estruturados em grande escala. As muitas vantagens da computação em nuvem, como a elasticidade, o modelo de pagamento consoante o uso ou de pagamento por uso, o baixo investimento inicial, etc., tornaram-na uma escolha desejável para o armazenamento e a análise de grandes volumes de dados. As vantagens da análise de grandes volumes de dados na nuvem incluem uma melhor análise, uma infraestrutura simplificada e poupanças de custos em hardware e processamento. O modelo de computação em nuvem é uma combinação perfeita para os megadados, uma vez que a computação em nuvem fornece recursos ilimitados a pedido. Outros benefícios incluem [15,20]:

- *Duo dinâmico:* Os grandes volumes de dados e a computação em nuvem estão indissociavelmente ligados, impulsionando a nova era da nuvem de grandes volumes de dados. De facto, os serviços de computação em nuvem existem devido aos grandes volumes de dados. A única razão pela qual recolhemos grandes volumes de dados é porque dispomos de serviços capazes de os processar e armazenar, muitas vezes numa questão de segundos.

- *Escalabilidade:* A maior vantagem de utilizar o armazenamento na nuvem para os seus megadados é a escalabilidade: o armazenamento na nuvem está disponível numa base de pagamento consoante o uso. Uma das principais vantagens da tecnologia de nuvem reside na sua capacidade de escalabilidade. A nuvem permite o escalonamento contínuo dos recursos com base no volume de dados a processar. As empresas podem ajustar a escala dos seus recursos, expandindo ou contraindo conforme necessário. A combinação de megadados e computação em nuvem fornece uma solução escalável e adaptável para megadados e análise empresarial.

- *Flexibilidade:* É essencial para gerir eficazmente os volumes cada vez maiores de grandes volumes de dados. Com a flexibilidade das plataformas de nuvem, as empresas podem implementar análises em tempo real para obter informações e tomar decisões orientadas por dados rapidamente.

- *Custo-eficácia:* O processamento e o armazenamento de dados tradicionais implicam frequentemente despesas de capital elevadas. A computação em nuvem oferece uma alternativa económica e eficiente, eliminando a necessidade de investir e manter centros de dados extensos. A computação em nuvem é económica, uma vez que tem baixos custos de manutenção, uma plataforma centralizada, sem custos iniciais e uma implementação segura em caso de catástrofe. As tecnologias de grandes volumes de dados na nuvem são mais económicas do que os sistemas locais.

- *Acessibilidade:* As aplicações em nuvem podem ser acedidas a partir de praticamente qualquer lugar, incluindo dispositivos móveis. A computação em nuvem fornece acesso universal aos serviços, permitindo a implantação de recursos e serviços na maioria das principais regiões do mundo. As plataformas de computação em nuvem são acessíveis a partir de qualquer lugar com uma ligação à Internet. A acessibilidade transcende as fronteiras geográficas. A nuvem permite o acesso a grandes volumes de dados a partir de qualquer lugar e a qualquer momento, melhorando a colaboração entre equipas e contribuindo para uma tomada de decisões mais informada.

- *Análise melhorada:* Com a integração da tecnologia de nuvem, a análise de big data tem produzido melhores resultados. Por isso, as empresas preferem efetuar a análise de grandes volumes de dados na nuvem.

- *Velocidade:* Com a computação em nuvem, as empresas podem implementar rapidamente aplicações de megadados e processar grandes conjuntos de dados mais rapidamente do que os sistemas tradicionais, aumentando a velocidade e a eficiência da análise de megadados. Os megadados podem melhorar a eficiência operacional por uma margem.

- *Recuperação de desastres:* Os dados de qualquer dimensão são um ativo valioso para as organizações e é importante não os perder. No entanto, os ciberataques, as falhas de equipamento e os cortes de energia podem resultar na perda de dados. Por outro lado, um serviço de nuvem de grandes volumes de dados replica os dados para garantir uma elevada disponibilidade e segurança. Assim, a computação em nuvem para Big Data ajuda as organizações a se recuperarem mais rapidamente de desastres. O fornecedor de armazenamento na nuvem pode gerir e automatizar as cópias de segurança dos dados. Desta forma, os dados permanecem consistentes, actualizados e limpos.

- *Agilidade:* O método tradicional de armazenamento e gestão de dados está a tornar-se rapidamente obsoleto. A criação de infra-estruturas não é apenas dispendiosa, mas também morosa, uma vez que a instalação e o funcionamento de um servidor podem demorar semanas. Com a nuvem, os utilizadores podem empregar tantos recursos quantos os necessários para realizar uma tarefa e depois libertar esses recursos quando a tarefa estiver concluída. Com a computação em nuvem, é possível fornecer a qualquer infraestrutura todos os recursos necessários quase instantaneamente. Embora existam muitos recursos informáticos, estes podem ser fornecidos em minutos. Este é o grau em que um sistema é capaz de se adaptar às alterações da carga de trabalho de forma autónoma. Os clientes podem utilizar e pagar apenas a quantidade de recursos que estão a utilizar. Uma plataforma de nuvem pode expandir-se dinamicamente para fornecer armazenamento para dados em constante crescimento. O espaço de armazenamento pode ser aumentado ou reduzido para acomodar os dados de acordo com a necessidade.

- *Resiliência:* Os dados são o verdadeiro valor dos projectos de grandes volumes de dados e a vantagem da resiliência da nuvem reside na fiabilidade do armazenamento de dados.

- *Facilidade de utilização:* As capacidades de business intelligence do Big Data utilizam a análise preditiva para antecipar comportamentos e analisar padrões de consumo. As empresas podem adaptar os artigos às exigências dos seus clientes, conhecendo melhor os seus desejos.

- *Inovação:* A nuvem oferece uma enorme oportunidade para novas inovações. As informações obtidas a partir dos megadados podem ser utilizadas para ajustar as estratégias comerciais, desenvolver novos produtos/serviços, otimizar a prestação de serviços, melhorar a produtividade, etc. Tudo isto pode conduzir a mais inovação.

- *Virtualização:* A tecnologia de virtualização é a plataforma ideal para grandes volumes de dados. As aplicações de grandes volumes de dados virtualizadas, como o Hadoop, proporcionam múltiplas vantagens que não são acessíveis na infraestrutura física, mas simplificam a gestão de grandes volumes de dados. Os megadados e a computação em nuvem apontam para a convergência de várias tecnologias e tendências que tornam a infraestrutura de TI e as aplicações relacionadas mais dinâmicas, mais dispensáveis e mais modulares. Por conseguinte, os projectos de grandes volumes de dados e de computação em nuvem dependem fortemente da virtualização.

- *Infraestrutura instantânea:* Um dos principais benefícios de uma abordagem baseada na nuvem para a análise de Big Data é a capacidade de estabelecer uma infraestrutura de Big Data o mais rapidamente possível. Um serviço de nuvem de Big Data fornece a infraestrutura que, de outra forma, as empresas teriam de construir de raiz.

11.6 DESAFIOS

Os grandes volumes de dados na nuvem trazem consigo novos desafios que são citados como os principais obstáculos a uma adoção mais ampla. Embora as tecnologias de megadados sejam poderosas, ainda estão a dar os primeiros passos e têm um longo caminho a percorrer. As vantagens da computação em nuvem são atenuadas por três grandes preocupações: segurança, privacidade e perda de controlo. Alguns dos desafios são explicados a seguir [21,22]:

- *Segurança:* A segurança dos dados é uma das principais preocupações quando se lida com dados empresariais. Os grandes volumes de dados contêm frequentemente informações sensíveis que suscitam preocupações em termos de privacidade e segurança dos dados. A informação pode incluir endereços de indivíduos, detalhes de cartões de crédito, números de segurança social e outras informações pessoais. Garantir que estes dados são mantidos protegidos é de extrema importância. Interfaces inseguras podem fornecer informações valiosas aos piratas informáticos. A proteção de dados é mais crucial do que nunca com o aumento das violações de dados. A segurança dos dados não envolve apenas a encriptação dos dados, mas também garante a aplicação de políticas adequadas para a partilha de dados. As violações de dados podem implicar sanções graves ao abrigo de vários regulamentos e uma marca da empresa manchada, o que pode levar à perda de clientes e de receitas.

- *Conectividade:* É necessária uma ligação à Internet para aceder aos dados na nuvem e efetuar análises. Com a conetividade a tornar-se cada vez mais necessária na nossa vida profissional e social quotidiana, cada vez temos mais dispositivos ligados à Internet e uns aos outros.

- *Custos de armazenamento:* Dados em massa requerem um armazenamento em massa. Requer também um armazenamento estratégico que possa lidar com cargas de trabalho e exigências variáveis sem quebrar os orçamentos. O armazenamento de dados na nuvem pode apresentar um custo substancial a longo prazo. Leva tempo para carregar grandes quantidades de dados na nuvem e, em seguida, essas instâncias de armazenamento incorrem em uma taxa mensal.

- *Regulamentos em evolução:* À medida que a análise de big data cresce, também cresce a complexidade de cumprir com um cenário regulamentar em rápida mudança. Isto inclui leis relativas à proteção de dados, soberania de dados e utilização ética de dados.

- *Conformidade:* Esta é outra preocupação que terá de ser tida em conta ao transferir dados para a nuvem. Os fornecedores de serviços na nuvem mantêm um determinado nível de conformidade com vários regulamentos, como HIPAA, PCI, etc. Deixará de ter controlo total sobre os requisitos de conformidade dos seus dados.

- *Processamento:* O processamento de dados heterogéneos é um grande desafio. A simples tarefa de higienizar os dados para armazenamento numa base de dados ou num armazém de dados exigia recursos informáticos maciços.

- *Utilização:* Outro problema é dar sentido a todos estes dados e descobrir padrões significativos de forma autónoma. Os seres humanos não podem começar a compreender o que estes dados podem representar, muito menos como extrapolar conhecimentos significativos a partir deles à escala a que são recolhidos.

11.7 CONCLUSÃO

Os grandes volumes de dados fizeram grandes ondas no mercado da nuvem, que é um mercado em maturação, e os principais fornecedores estão a apressar-se a oferecer serviços. Os três principais fornecedores de serviços de computação em nuvem (Amazon/AWS, Microsoft/Azure e Google/GCP) dispõem todos de serviços de megadados. No domínio da análise de grandes volumes de dados, a computação em nuvem provou ser nada menos do que um fator de mudança.

Embora os grandes volumes de dados e a computação em nuvem tenham histórias que se sobrepõem, só recentemente começaram a cruzar-se nas empresas [23]. Juntos, os megadados e a nuvem podem oferecer um enorme valor a todos os tipos de empresas. Têm o potencial de perturbar os sectores e as empresas através de aplicações de análise preditiva, aprendizagem automática e inteligência artificial. Os avanços da investigação no domínio dos megadados e da computação em nuvem continuarão num futuro próximo. Para mais informações sobre a computação em nuvem em grandes volumes de dados, consultar os livros [24-34] e as seguintes revistas relacionadas:

- *Jornal de Computação em Nuvem*
- *Computação em nuvem do IEEE*
- *Transacções IEEE sobre computação em nuvem*
- *Jornal Internacional de Aplicações e Computação em Nuvem*
- *Revista Internacional de Computação em Nuvem e Ciência dos Serviços*
- *Jornal de Grandes Dados*

REFERÊNCIAS

[1] B. Berisha, E. Mëziu, e I. Shabani, "Big data analytics in Cloud computing: An overview", *Journal of Cloud Computing,* vol 11, n.º 24, agosto de 2022.

[2] M. N.O. Sadiku, M. Tembely, e S.M. Musa, "Big data: Uma introdução para engenheiros", *Journal of Scientific and Engineering Research,* vol. 3, n.º 2, 2016, pp. 106108.

[3] M. N. O. Sadiku, S. M. Musa. e O.D. Momoh, "Cloud computing: Opportunities and challenges," *IEEE Potentials,* vol. 33, no. 1, Jan/Fev. 2014, pp.34-36.

[4] N. Chowdhury, "Factors influencing the adoption of cloud computing driven by big data technology: A quantitative study," *Dissertação de Doutoramento,* Capella University, julho 2 018.

[5] M. N. O. Sadiku, A. M. Oteniya e S. M. Musa, "Big data in cloud computing", *International Journal of Trend in Research and Development,* vol. 5, no. 5, Set.-Out. 2018, pp. 292-293.

[6] V. K. Jain e S. Kumar, "Big data analytic using cloud computing", *Actas da Segunda Conferência Internacional sobre Avanços em Engenharia Informática e de Comunicações,* 2015, pp. 667-672.
[7] G. Kolawole, "Big data & cloud computing","
https://medium.com/analytics-vidhya/big-data-cloud-computing-5e37e307e695
[8] "Diferença entre big data e computação em nuvem", Fonte desconhecida.
[9] H. B. Y. Ali et al., "A systematic literature mapping of risk analysis of big data in cloud computing environment," *Journal of Physics: Conf. Series 1018,* 2018.
[10] "Fabrico na nuvem", Wikipedia, a enciclopédia livre
https://en.wikipedia.org/wiki/Cloud_manufacturing
[11] "Benefícios dos grandes dados na computação em nuvem".
https://www.bistasolutions.com/resources/blogs/benefits-big-data-cloud-computing/
[12] D. Barker, "Big data and the cloud - A match made in heaven," 27 de janeiro de 2022 https://www.quatrrobss.com/articles-blogs/big-data-and-the-cloud-a-match-made-in- heaven/
[13] "Big data e computação em nuvem - Um guia completo,"
https://data-flair.training/blogs/big-data-and-cloud-computing-comprehensive-guide/
[14] "Big data vs computação em nuvem - 8 razões para aprender,"
https://data-flair.training/blogs/big-data-vs-cloud-computing/
[15] "Compreender a simbiose entre os grandes dados e a computação em nuvem"
https://medium.com/@techfxed/understanding-the-symbiosis-of-big-data-and-cloud-computing-
7ab40dffd260#:~:text=As%20Big%20Data%20often%20involves,make%20data%2Ddriven%20decisions%20promptly.
[16] D. Cohen, "Como é que os grandes dados e a computação em nuvem estão a revolucionar as empresas? outubro de 2023, https://www.topdevelopers.co/blog/how-big-data-and-cloud-computing-help- businesses/#:~:text=and%20database%20solutions.-Crie uma vantagem competitiva para mudar as tendências do mercado instantaneamente.
[17] Y. Li et al, "Big data and cloud computing," (Grandes dados e computação em nuvem)
https://link.springer.com/chapter/10.1007/978-981-32-9915-3_9
[18] Z. Tang, "Sobre o estudo da aplicação de big data e tecnologia de computação em nuvem no campus inteligente", *IOP Conference Series: Earth and Environmental Science,* vol. 100, 2017.
[19] S. P. Anandaraj e M. Kemal, "Research opportunities and challenges of security concerns associated with big data in cloud computing", *Actas da conferência internacional sobre I-SMAC (IoT in Social, Mobile, Analytics and Cloud),* 2017, pp. 746-751.
[20] A. Meir, "Big data in the cloud - A comprehensive guide," junho de 2022, https://www.ridge.co/blog/big-data-in-the-cloud-a-comprehensive-guide/
[21] V. N. Inukollu, S. Arsi, e S. R. Ravuri, "Security issues associated with big data in cloud computing," *International Journal of Network Security & Its Applications,* vol.6, no.3, May 2014, pp. 45-56.
[22] "Tudo o que precisa de saber sobre computação em nuvem e grandes dados", dezembro de 2022,
https://www.weka.io/learn/cloud-storage/cloud-computing-big-data/
[23] E. Collins, "Big data in the public cloud", *IEEE Cloud Computing,* julho de 2014, pp. 13-15.
[24] M. Trovati et al. (eds.), *Big-Data Analytics and Cloud Computing: Theory, Algorithms and Applications.* Springer, 2015.

[25] H. Das et al. (eds.), *Cloud Computingfor Geospatial Big Data Analytics: Intelligent Edge, Fog and Mist Computing: 49 (Studies in Big Data).* Springer, 2019.
[26] S. Das et al. (eds.), *Cloud Computing EnabledBig-Data Analytics in Wireless Ad-hoc Networks.* Boca Raton, FL: CRC Press, 2022.
[27] S. T. Ahmed (ed.), *Big data Analytics & Cloud Computing.* Milestone Research Publications, 2021.
[28] K. Hwang e M. Chen, *Big-Data Analytics for Cloud, IoT and Cognitive Computing.* Wiley, 2017.
[29] W. Ren et al. (eds.), *Security and Privacy for Big Data, Cloud Computing and Applications (Computing and Networks).* The Institution of Engineering and Technology, 2 019.
[30] R. Lee (ed.), *Big Data, Computação em Nuvem, Ciência e Engenharia de Dados (Estudos em Inteligência Computacional, 786).* Springer, 2019.
[31] J. D. Peter, S. L. Fernandes e A. H. Alavi, *Tecnologias disruptivas para grandes dados e aplicações na nuvem Actas do ICBDCC 2021, Lecture Notes in Electrical Engineering 905.* Springer, 2023.
[32] R. Kannan (ed.), *Managing and Processing Big Data in Cloud Computing.* IGI Global, 2016.
[33] C. Catlett, W. Gentzsch, e L. Grandinetti (eds.), *Cloud Computing and Big Data.* IOS Press, 2013.
[34] N. Kshetri, T. Fredriksson, e D, C, R. Torres, *Big Data and Cloud Computing For Development: Lessons From Key Industries And Economies in the Global South [Lições das principais indústrias e economias do Sul Global].* Taylor & Francis, 2017.

CAPÍTULO 12: COMPUTAÇÃO EM NUVEM ECOLÓGICA

"*A nuvem é para todos. A nuvem é uma democracia*". - Marc Benioff

12.1 INTRODUÇÃO

Os efeitos do aquecimento global são visíveis em todo o mundo. Os níveis crescentes de aquecimento global e as preocupações ambientais levaram as empresas a tomar consciência da sua pegada de carbono, do consumo de energia e dos resíduos electrónicos. As principais fontes de emissões de CO2 incluem a eletricidade, os transportes, a indústria e a agricultura. É sabido que as redes de computação em nuvem e os centros de dados consomem muita energia. A infraestrutura de computação em nuvem não só é dispendiosa de manter, como também não é amiga do ambiente. Atualmente, as organizações aperceberam-se de que a ecologização é do seu interesse e estão a avançar para a implementação da computação em nuvem ecológica. A computação em nuvem ecológica está a tornar-se uma tendência popular com a emergência de serviços orientados para a Internet em todos os domínios da vida [1].

A computação em nuvem refere-se às vastas economias de escala, à rápida velocidade de adoção pelo mercado e ao potencial crescimento das receitas das iniciativas de computação em nuvem. Fornece potência e recursos de computação como um serviço a utilizadores de todo o mundo. No entanto, a procura crescente de infra-estruturas de computação em nuvem aumentou significativamente o consumo de energia, o que conduz a elevadas emissões de carbono, o que não é amigo do ambiente. Pede-se aos fornecedores de serviços de computação em nuvem que sejam responsáveis perante a sociedade, reduzindo o impacto ambiental das suas operações comerciais e mantendo a qualidade de serviço desejada [2]. São necessárias soluções eficientes do ponto de vista energético para minimizar o impacto ambiental da computação em nuvem.

Nos últimos anos, registaram-se duas grandes tendências no sector das tecnologias da informação e da comunicação (TIC): a computação ecológica e a computação em nuvem. A combinação destas duas tendências conduz à computação em nuvem verde (CCG). Por outras palavras, a computação em nuvem verde é a combinação da computação verde e da computação em nuvem. A computação em nuvem ecológica é uma ferramenta eficiente do ponto de vista energético e também torna as empresas mais responsáveis do ponto de vista ambiental. Utiliza os recursos de forma eficiente, de modo a diminuir o impacto dos processos informáticos no ambiente. Procura alcançar o desenvolvimento sustentável da computação em nuvem e reduzir o possível impacto dos sistemas de nuvem no ambiente. A computação em nuvem ecológica pode produzir soluções capazes de tornar os recursos de TI eficientes do ponto de vista energético, minimizando simultaneamente os custos operacionais. A computação em nuvem ecológica é conhecida por ser uma área de investigação importante [3].

Este capítulo apresenta uma introdução à computação em nuvem ecológica. Começa por apresentar uma visão geral da computação em nuvem e da computação ecológica. Aborda várias métricas de eficiência. Aborda algumas aplicações da computação em nuvem ecológica. Apresenta alguns benefícios económicos e desafios enfrentados pelo CCG. A última secção conclui o capítulo.

12.2 VISÃO GERAL DA COMPUTAÇÃO EM NUVEM

A computação em nuvem (ou cloud computing) é uma das tecnologias emergentes mais populares atualmente. Permite a externalização de todas as necessidades de TI, como o armazenamento, a computação e o software, através da Internet. Refere-se aos recursos de computação remota, normalmente em centros de dados, que fornecem serviços aos utilizadores através da Internet. Na computação em nuvem, os dados são normalmente armazenados, recuperados e processados nos centros de dados. Nuvem refere-se a um conjunto de centros de dados nos quais são implantados vários serviços através da Internet e nos quais os dados são armazenados, recuperados e processados. Um centro de dados típico tem três componentes principais: armazenamento de dados, servidores e uma rede local. Os centros de dados são instalados em várias localizações geográficas para facilitar a distribuição dos utilizadores.

As tecnologias que estão por detrás da computação em nuvem incluem [4]: (1) virtualização, (2) arquitetura orientada para os serviços (SOA), (3) computação em grelha e (4) computação utilitária. A principal caraterística da computação em nuvem é a ideia de virtualização, que permite que um sistema operativo seja executado em várias implantações de hardware. A computação em nuvem é um superconjunto da computação em grelha. A computação em grelha refere-se a uma arquitetura distribuída de um grande número de computadores ligados para resolver um problema complexo. Tal como o fornecimento de eletricidade, a nuvem proporciona um novo tipo de "serviço público" que é fornecido através de redes com ou sem fios.

As caraterísticas comuns das nuvens incluem o autosserviço a pedido, o acesso alargado à rede, o agrupamento de recursos, a elasticidade rápida e o serviço medido. Os principais atributos que distinguem a computação em nuvem da computação convencional são [5]:

- As funções de computação e armazenamento são abstraídas e oferecidas como serviços
- Os serviços são construídos sobre uma infraestrutura altamente escalável
- Os serviços são prestados a pedido através de recursos dinâmicos e configuráveis de forma flexível
- Os serviços são facilmente adquiridos e facturados por consumo
- Os recursos são partilhados entre vários utilizadores (multi-tenancy)
- Os serviços são acessíveis através da Internet

As principais caraterísticas das nuvens incluem o autosserviço a pedido, o agrupamento de recursos, a rápida elasticidade, a orientação para o serviço e o serviço medido.

Na computação em nuvem, os fornecedores de nuvem são responsáveis pela gestão do hardware e do software. Entre os fornecedores de serviços de computação em nuvem contam-se a Google, a Apple, a Microsoft, a IBM e a Yahoo, que operam nuvens comercialmente [6]. Estão a implantar rapidamente centros de dados em vários locais do mundo para fornecer aos utilizadores uma variedade de serviços de computação em nuvem. Os serviços de computação em nuvem são oferecidos como serviços "medidos", em que os fornecedores têm um modelo de contabilidade para medir a utilização dos serviços [7]. Alguns consideram que a computação em nuvem é a melhor forma de aumentar a eficiência energética e criar um ambiente mais sustentável. O Fórum para a Interoperabilidade da Computação em Nuvem (CCIF) está a desenvolver um ecossistema de computação em nuvem normalizado para conseguir a interoperabilidade da nuvem.

A computação em nuvem oferece três modelos de serviço e quatro modelos de implantação. Os modelos de serviço disponíveis são classificados como SaaS (Software-as-a-Service), PaaS (Platform-as-a-Service) e IaaS (Infrastructure-as-a-Service). A virtualização desempenha um papel crucial na gestão destes serviços. As infra-estruturas de nuvem utilizam técnicas de virtualização para a partilha de recursos. As implantações de nuvem são classificadas principalmente em quatro tipos: Nuvem pública, Nuvem privada, Nuvem comunitária e Nuvem híbrida, conforme ilustrado na Figura 12.1 [8].

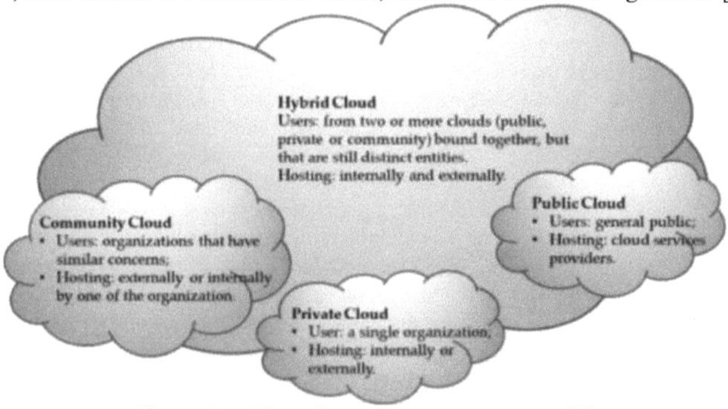

Figura 12.1 Tipos de computação em nuvem [8].

Uma nuvem pública é caracterizada pela disponibilidade pública dos serviços de nuvem. Descreve a computação em nuvem no sentido tradicional. É uma implementação de pagamento consoante o uso para o público, enquanto uma nuvem privada não é disponibilizada ao público. Uma nuvem comunitária é utilizada através de um conjunto de organizações com interesses comuns. Uma nuvem híbrida é uma combinação de uma nuvem pública e de uma nuvem privada [9].

Os serviços em nuvem e os centros de dados estão a ocupar progressivamente uma parte maior da pegada de emissões de carbono da indústria das TIC. A computação em nuvem é uma tecnologia que consome muita energia, com numerosos centros de dados a funcionar e a consumir energia 24 horas por dia, 7 dias por semana. O consumo de energia dos centros de dados é um ponto de estrangulamento na tecnologia de computação em nuvem, uma vez que os centros de dados em nuvem consomem quantidades excessivas de energia. Os fornecedores de serviços de computação em nuvem instalam centros de dados que necessitam de energia para monitores, consolas, ventoinhas para processadores, sistema de arrefecimento, etc. Esta elevada procura de energia tende a aumentar os custos e as emissões de carbono, o que reduz a sua eficiência. A utilização de fontes de energia renováveis para a computação em nuvem é importante e amiga do ambiente. A implementação de soluções de computação ecológica é sensata não só do ponto de vista moral, mas também do ponto de vista da obtenção de lucros.

Muitas empresas estão a tirar partido das vantagens da computação em nuvem, tais como o aumento/diminuição mais rápidos da capacidade, o preço de pagamento conforme o uso e o acesso a serviços e aplicações baseados na nuvem. Os preços de pagamento conforme o uso obrigam os utilizadores a consumir apenas o que é necessário e nada mais. Com a computação em nuvem, podemos reduzir a produção de resíduos electrónicos, reduzindo o hardware e o software. Precisamos urgentemente de soluções ecológicas de computação em nuvem que não só poupem energia, mas também reduzam os custos operacionais. Alguns afirmam que a computação em nuvem é também uma solução ecológica, uma vez que aborda dois elementos críticos de uma abordagem de TI ecológica: eficiência energética e eficiência de recursos.

12.3 COMPUTAÇÃO ECOLÓGICA

A computação em nuvem e a computação ecológica são dois dos domínios emergentes mais recentes das tecnologias da informação e da comunicação (TIC). Estão a desenvolver-se muito rapidamente e a alterar drasticamente a forma tradicional de computação. A computação verde refere-se à utilização ecológica e ambientalmente responsável dos computadores e dos seus recursos. Trata-se de reduzir a pegada ambiental das TIC. É a prática de utilizar os recursos informáticos de forma eficiente. É o movimento em direção a uma computação mais sustentável do ponto de vista ambiental. O objetivo da computação ecológica é reduzir a utilização de materiais perigosos e minimizar os resíduos de fábrica. Não existe uma forma fácil de tornar a computação ecológica. Temos de nos esforçar por minimizar os gases com efeito de estufa e os resíduos, aumentando simultaneamente a eficácia das TI, como os computadores, os centros de dados e as redes informáticas. Uma atividade de computação ecológica deve abranger todos os territórios: pessoas, organizações, equipamento e redes. A computação ecológica inclui essencialmente quatro áreas-chave ilustradas na Figura 12.2 [10]:

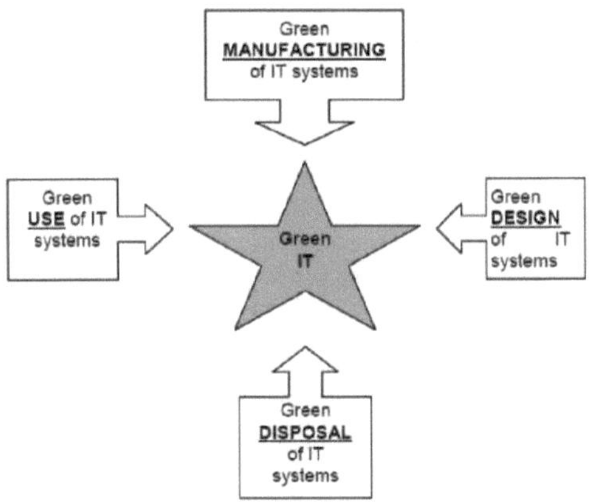

Figura 12.2 Quatro áreas-chave da computação ecológica [10].

A computação em nuvem é a última tendência no domínio da computação ecológica. É uma combinação de computação ecológica e computação em nuvem. Elimina os servidores de hardware e utiliza servidores virtuais. Assim, a computação em nuvem é uma tecnologia energeticamente eficiente para as TIC [11]. A computação verde é a tecnologia do futuro que apoia o ambiente, reutiliza a energia consumida e optimiza os recursos de forma eficiente.

12.4 NUVEM VERDE

Na nuvem verde, verde significa amigo do ambiente, enquanto a nuvem representa o modelo de prestação de serviços da Internet. O desenvolvimento da computação em nuvem verde está relacionado com a evolução dos centros de dados verdes, uma vez que os centros de dados são o núcleo da computação em nuvem. O objetivo das soluções de computação em nuvem ecológica (CCG) não é apenas poupar energia, mas também minimizar o consumo de energia. A computação em nuvem ecológica fornece computação ilimitada, armazenamento ilimitado e prestação de serviços através da Internet, como ilustrado concetualmente na Figura 12.3 [12].

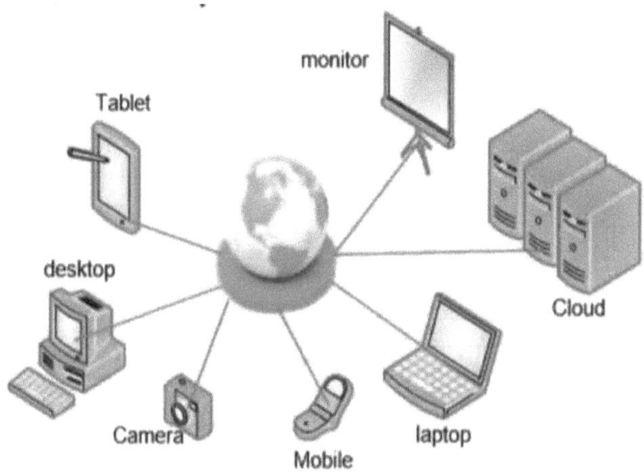

Figura 12.3 Computação em nuvem ecológica [12].

As razões que tornam a nuvem verde são apresentadas na Figura 12.4 [13].

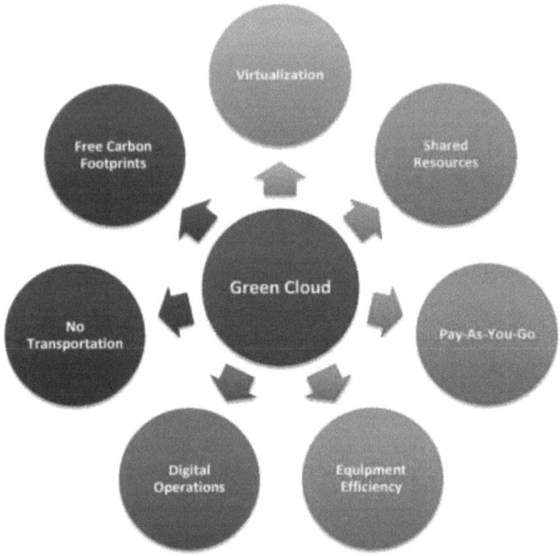

Figura 12.4 As razões que tornam a nuvem verde [13].

A nuvem ecológica pode ajudar a consolidar a carga de trabalho e permitir uma poupança significativa de energia no ambiente de computação em nuvem. Além disso, garante o desempenho em tempo real de muitas aplicações sensíveis ao desempenho [14]. A Figura 12.5 ilustra a arquitetura da computação em nuvem verde [15].

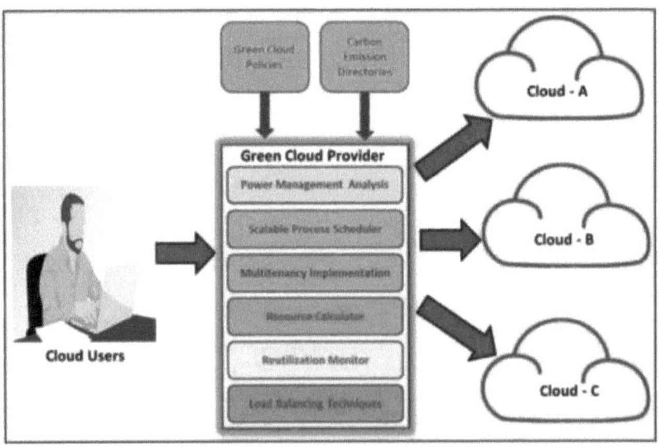

Figura 12.5 Arquitetura da computação em nuvem verde [15].

Os centros de dados (DCs) empregam milhares de processadores em servidores multiprocessadores. Tal como outros centros de dados, os centros de dados verdes têm recursos que são o software e a parte da nuvem verde. A conceção de centros de dados de nuvem verde será uma das soluções para as indústrias de TI [16]. A virtualização pode ser utilizada para reduzir efetivamente o consumo de energia dos centros de dados.

O conceito de computação em nuvem ecológica tem um papel importante na redução do consumo de energia no sector das TI. A computação em nuvem ecológica está a tornar-se importante devido à crescente preocupação dos fornecedores de serviços de nuvem com as questões ambientais. Os seus principais objectivos são três: maximizar a eficiência energética durante o ciclo de vida do dispositivo informático, minimizar a utilização de materiais perigosos e promover a biodegradabilidade ou a reciclabilidade dos materiais [17]. A gestão dos dados e uma infraestrutura eficiente são fundamentais para facilitar a computação em nuvem ecológica. Com a utilização cada vez maior de dispositivos móveis, as comunicações móveis ecológicas seriam uma base para a computação em nuvem ecológica
[18] . Para que os fornecedores de serviços em nuvem forneçam serviços ecológicos, devem investir em fontes de energia renováveis.

O ciclo de vida da computação ecológica inclui as fases de análise, especificação, conceção, implementação e utilização, reciclagem e eliminação, como mostra a Figura 12.6
[19] .

Figura 12.6 Ciclo de vida da computação verde [19].

Do lado do fornecedor de serviços de computação em nuvem, cada camada de computação em nuvem exige uma consciência "verde". Os serviços baseados na computação em nuvem, desde os servidores, o software como serviço e a infraestrutura como serviço, contribuirão todos para a redução dos resíduos electrónicos. Por exemplo, os fornecedores de SaaS precisam de modelar a eficiência energética da sua conceção, implementação e implantação de software. Várias políticas ecológicas de programação e aprovisionamento de recursos garantirão uma utilização mínima de energia.

12.5 CENTROS DE DADOS ECOLÓGICOS

O centro de dados ecológico é a base da computação em nuvem ecológica. Um centro de dados é um edifício ou uma instalação composta por sistemas informáticos em rede e armazenamento que as empresas utilizam para organizar, processar, armazenar e divulgar grandes quantidades de dados. Requer o arrefecimento e a alimentação dos servidores, o que resulta numa elevada pegada de carbono. A criação de centros de dados ecológicos e sustentáveis tornou-se indispensável. Um centro de dados ecológico ou amigo do ambiente evita poluir a atmosfera tanto quanto possível, ajudando assim a tornar o ambiente mais verde. Os recursos do centro de dados devem ser gerenciados de forma eficiente em termos de energia para impulsionar a computação em nuvem verde. A Figura 12.7 mostra a relação entre centro de dados e computação ecológica [20].

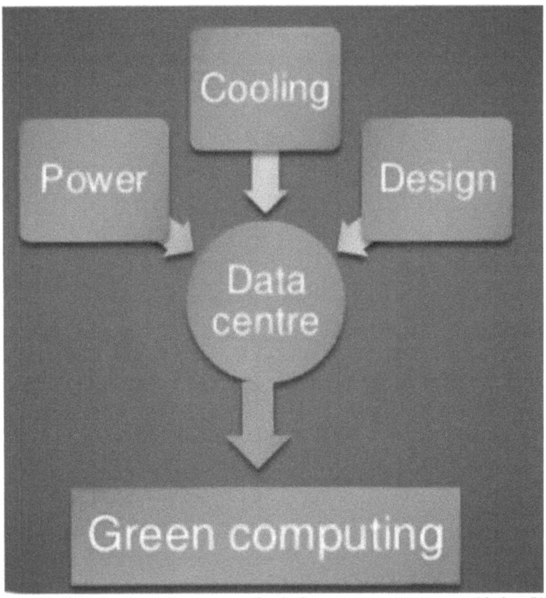

Figura 12.7 Relação entre centro de dados e computação ecológica [20].

Para se tornarem "verdes", os centros de dados têm de medir, analisar e controlar a utilização de energia. Isto está a desafiar o microprocessador de chip, o servidor, o armazenamento e os designs de rede para fornecer um desempenho superior dentro de restrições rigorosas de energia e refrigeração. Os centros de dados podem tornar-se ecológicos poupando eletricidade em duas áreas principais: computação e refrigeração. Um centro de dados ecológico ou sustentável é um tipo de instalação de servidor que utiliza tecnologias de eficiência energética. O seu objetivo é criar centros de dados eficientes em termos energéticos, rumo a um ambiente mais verde e sustentável. O objetivo é minimizar" o consumo global de energia "castanha" (ou seja, energia gerada por meios intensivos em carbono) pelos centros de dados e maximizar a sua utilização de energia verde. Foi concebido para ter um impacto ambiental mínimo através da utilização de materiais de construção com baixas emissões. A computação verde é uma dessas tecnologias que pode ajudar a diminuir as emissões de carbono nos centros de dados. Para tal, é necessário instalar hardware e virtualização eficientes em termos energéticos.

A eficiência energética é considerada um resultado desejável. Um dos parâmetros mais importantes a documentar é a quantidade de energia em quilowatts que o centro de dados está a utilizar. A documentação da utilização de energia é fundamental para acompanhar as alterações nos servidores, desenvolver métricas de eficiência e virtualização [9]. Com a crescente preocupação com as alterações climáticas globais e o rápido aumento do consumo de energia no mercado de dados, alguns centros de dados utilizam atualmente energia renovável, como a energia solar ou eólica. Esse tipo de energia é chamado de energia verde. A Figura 12.8 mostra os componentes de um centro de dados verde alimentado por energia solar [21].

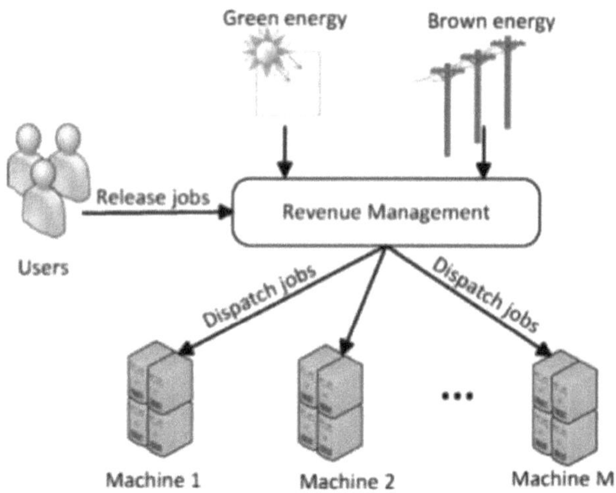

Figura 12.8 Os componentes de um típico centro de dados ecológico alimentado por energia solar [21].

A virtualização é uma tecnologia baseada em software que permite que as máquinas virtuais (VMs) partilhem o mesmo hardware. O aumento da virtualização acrescentou uma dimensão importante à infraestrutura do centro de dados. A virtualização permitiu uma utilização mais produtiva do equipamento de tecnologia da informação, resultando numa eficiência muito maior e numa menor utilização de energia. Suporta a abstração de servidores, redes e armazenamento, permitindo que todos os recursos informáticos sejam organizados em conjuntos, independentemente da sua localização física. Quando associada à conceção ecológica de novo hardware de servidor e armazenamento, a virtualização oferece uma abordagem eficaz para manter sob controlo os custos de energia e refrigeração [22].

12.6 MÉTRICAS

Existem várias métricas de eficiência que ilustram a relação entre o consumo de eletricidade e as emissões de CO2. O Green Grid Consortium criou uma derivação para calcular a produtividade energética nos centros de dados utilizando a Eficácia da Utilização de Energia (PUE) e a sua recíproca, a eficiência do centro de dados (DCE). A PUE é o rácio entre a quantidade total de energia consumida pelo centro de dados e a energia consumida pelos dispositivos de TI, tais como servidores, routers, dispositivos de armazenamento em rede, etc. Se o valor de PUE for 1, isso significa que o centro de dados é 100% eficiente em termos energéticos. Ao utilizar as tecnologias mais eficientes em termos energéticos, os fornecedores de serviços de computação em nuvem podem melhorar significativamente a PUE dos seus centros de dados.

A PUE é uma métrica amplamente adoptada que não oferece informações adequadas sobre a eficiência energética dos serviços. Para se ter uma visão global do carácter ecológico dos serviços, a PUE tem de ser utilizada em conjunto com várias outras métricas de eficiência. Para evitar confusões entre os diferentes actores, a qualidade dos serviços deve ser determinada em acordos de nível de serviço (SLA). Os SLA ecológicos sublinham a importância de dispor de métricas uniformes que ilustrem a eficiência energética e as emissões de CO2. Outras métricas incluem

Eficácia da reutilização da energia (ERE) ou Fator de reutilização da energia (ERF), Eficácia da utilização do carbono (CUE), Eficiência tecnológica do carbono (TCE), Produtividade do centro de dados e Eficiência da potência de computação (CPE) [23,24].

12.7 APLICAÇÕES DA COMPUTAÇÃO EM NUVEM ECOLÓGICA

A computação em nuvem tornou-se uma exigência infraestrutural essencial para uma organização moderna por várias razões que abrangem a escalabilidade, a segurança e a relação custo-eficácia. A computação em nuvem ecológica é o estudo da conceção, produção e utilização de dispositivos digitais de forma a reduzir o seu impacto no ambiente. As empresas de plataformas de computação em nuvem, como a Microsoft (Azure), a Google e a AWS, estão a promover a adoção global da computação em nuvem ecológica. A computação em nuvem ecológica é utilizada nos seguintes domínios:

- *Centros de dados:* Os centros de dados (DCs) que alimentam a computação em nuvem têm um apetite gigantesco por eletricidade, e nem toda a eletricidade é gerada a partir de recursos renováveis. Os centros de dados ecológicos são mais eficientes em termos energéticos do que os centros de dados convencionais. O desenvolvimento da computação em nuvem verde está intimamente relacionado com a evolução dos centros de dados verdes, porque os centros de dados são o núcleo da computação em nuvem. Um nano centro de dados é uma plataforma de computação distribuída, que é preferida aos centros de dados típicos modernos devido ao seu baixo consumo de energia. É mais produtivo do que os centros de servidores convencionais. Muito já foi dito sobre o centro de dados anteriormente.

- *Tornar-se ecológico:* Isto envolve a utilização de design ecológico, produção ecológica, utilização ecológica, hardware ecológico, software ecológico, centros de dados ecológicos, edifícios ecológicos, etc. A conceção de servidores, infra-estruturas, computadores, aplicações de software e outros dispositivos digitais eficientes em termos energéticos reduzirá a quantidade de energia consumida no futuro. Tornar-se ecológico e reduzir a pegada de carbono das empresas tem sido uma tendência bastante recente entre as empresas.

- *Necessidades energéticas:* A procura de energia só irá aumentar nos próximos anos, à medida que o mundo for utilizando cada vez mais tecnologias com grande volume de dados. Os dois pilares cruciais da computação em nuvem ecológica são a fonte de energia e a eficiência energética. Os créditos de energia renovável e os centros de dados contribuem significativamente para a fonte de energia. A eficácia da utilização da energia tem a ver com o facto de a Microsoft ter centros de dados debaixo de água ou de a Google utilizar tubos de água para arrefecer os centros de dados, que consomem menos energia do que os aparelhos de ar condicionado tradicionais [25]. As empresas utilizam fontes de energia renováveis. Os seis tipos mais comuns são: (1) energia solar,(2) energia eólica, (3) energia hidroelétrica, (4) energia geotérmica, (5) biomassa, e (6) biocombustíveis.

- *Gestão da água:* A água é um componente chave utilizado nos sistemas de arrefecimento dos centros de dados. Uma enorme quantidade de água está a ser consumida pelos centros de dados.

- *Gestão de resíduos:* Os resíduos electrónicos devem ser reciclados ou reutilizados. Os resíduos electrónicos incluem aparelhos electrónicos fora de uso, fora de prazo e não funcionais, incluindo PC, computadores portáteis, telemóveis, etc. Quando a idade destes metais expira, são deitados fora. A reciclagem destes artigos pode minimizar o impacto drástico no ambiente.

  A computação ecológica promove a adoção de práticas que facilitam a reciclagem e a reutilização dos resíduos electrónicos. Pode apoiar a proteção do ambiente, reduzindo a quantidade de resíduos electrónicos. A minimização da energia e dos resíduos através da reciclagem e da reutilização de equipamento durante o processo de produção de dispositivos digitais pode contribuir para um ambiente mais sustentável. As empresas utilizam centrais nucleares ou centrais a carvão para as suas necessidades energéticas, que libertam uma grande quantidade de resíduos nucleares.

12.8 BENEFÍCIOS

A popularidade da nuvem, devido aos inúmeros benefícios financeiros e não financeiros que proporciona, permitiu a sua adoção por muitas organizações. Os benefícios da implementação da computação em nuvem ecológica incluem [26]: (1) reduz o desperdício de papel, (2) reduz o consumo de energia,
(3) reduz a pegada ecológica, (4) permite o teletrabalho dos trabalhadores, (5) tira partido dos incentivos governamentais, (6) obtém custos mais baixos com lucros elevados, (7) cumpre a regulamentação, (8) melhora a resiliência. A computação em nuvem ecológica é uma ferramenta energeticamente eficiente no local de trabalho. Também reduz o impacto ecológico das empresas. Quando a sua empresa utiliza a computação em nuvem ecológica, poupa energia através da partilha de recursos. A computação em nuvem ecológica permite trabalhar a partir de qualquer lugar e em qualquer altura, de modo que o empregado pode trabalhar a partir de casa, se necessário. Outras vantagens são as seguintes [17]:

- *Minimização de custos:* Devido a factores como melhores taxas de utilização do servidor, maior flexibilidade da carga de trabalho e uma infraestrutura mais eficiente em termos energéticos, a computação em nuvem verde é mais rentável do que os centros de dados no local. Uma vez que o desenvolvimento de código não consome recursos extra de computação e armazenamento, a organização poupa custos, minimiza o consumo de eletricidade e facilita a vida dos programadores.

- *Reduzir as pegadas de carbono:* Um dos principais benefícios da computação em nuvem verde é a redução das pegadas de carbono. A computação em nuvem permite que as empresas diminuam as suas emissões de carbono através da desmaterialização, substituindo produtos físicos por alternativas virtualizadas

- *Sustentabilidade:* A questão da sustentabilidade está no centro das atenções do século XXI. Isto porque o desenvolvimento sustentável é uma estratégia de sobrevivência tanto para a humanidade como para o planeta. Atualmente, a sustentabilidade tem vindo a ganhar importância entre os programadores e utilizadores de software e hardware. A computação em nuvem já foi um trunfo para a sustentabilidade. A computação em nuvem ecológica permite que as organizações atinjam os seus objectivos de sustentabilidade através da redução das emissões de carbono. A transição de centros de dados no local para a nuvem ajuda a organização a reduzir o número de servidores no local, o que poupa eletricidade e emissões globais de gases com efeito de estufa (GEE). As responsabilidades dos clientes e dos provedores de serviços de nuvem em relação à sustentabilidade estão representadas na Figura 12.9 [27].

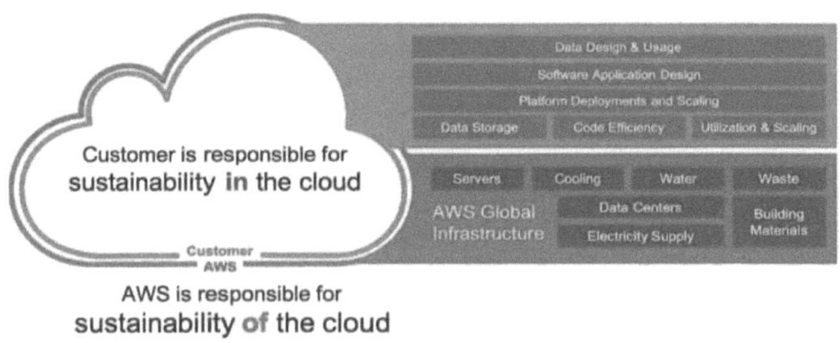

Figura 12.9 As responsabilidades dos clientes e dos fornecedores de serviços de computação em nuvem em relação à sustentabilidade [27].

À medida que a sustentabilidade se torna mais importante para as empresas, estas devem comprometer-se com a computação em nuvem ecológica. As empresas estão a fazer da sustentabilidade ambiental uma grande prioridade porque é boa para os negócios e para o planeta.

- *Eficiência energética:* A computação em nuvem tem um enorme aumento da procura de energia. Uma infraestrutura de computação em nuvem eficiente caracteriza-se pela sua elevada eficiência energética. São necessárias soluções eficientes do ponto de vista energético para minimizar o impacto da computação em nuvem no ambiente. A computação em nuvem ecológica é uma solução potencial para reduzir o consumo de energia. Do ponto de vista da eficiência energética, as organizações podem obter eficiência energética de duas formas: utilizando energia limpa e melhorando a eficiência energética dos centros de dados. Ao utilizar energia renovável, as empresas podem reduzir as emissões de GEE associadas a cargas de trabalho de computação intensiva.

- *Consumo de energia:* O objetivo da arquitetura da nuvem verde é reduzir o consumo de energia dos centros de dados. Os provedores de nuvem tomaram medidas para garantir a redução do consumo de energia em seus centros de dados. Aplicam técnicas para otimizar o fluxo de trabalho de modo a minimizar o consumo de energia. O estudo afirma que a mudança para a nuvem pouparia o consumo de energia. A computação em nuvem ecológica envolve um fornecedor de serviços de nuvem que opera segundo os princípios da redução do consumo de energia e das emissões de carbono. A computação ecológica trata de diferentes aspectos relacionados com o consumo de energia, como os dispositivos informáticos, a energia da iluminação, o sistema de arrefecimento, o consumo de energia das redes, etc. O conceito de computação em nuvem ecológica é fundamental para reduzir as emissões de carbono no ambiente.

- *Custos:* A redução dos custos operacionais é outra grande vantagem da mudança para a computação em nuvem ecológica, tanto para os utilizadores como para os fornecedores. Uma solução de nuvem ecológica pode não só poupar energia, mas também reduzir significativamente os custos operacionais da empresa. Reduz a procura de energia e poupa dinheiro, ao mesmo tempo que se preocupa com as questões ambientais.

- *Reter talentos:* É mais provável que os funcionários trabalhem numa empresa com uma forte agenda ambiental e que permaneçam nela a longo prazo. Muitos trabalhadores têm exigido ativamente uma maior ação das suas empresas em matéria de alterações climáticas.

- *Virtualização:* Trata-se de uma técnica que melhora a gestão das máquinas e a eficiência energética através da partilha de uma única instância física de um recurso/aplicação com vários clientes em simultâneo. A virtualização pode ser considerada como a solução que resolve o problema do enorme consumo de eletricidade pelos centros de dados locais. Maximiza o número de recursos de sistema disponíveis, ao mesmo tempo que é amiga do ambiente. Do ponto de vista da eficiência energética, a computação em nuvem aproveita a virtualização do servidor para minimizar a pegada total do servidor físico, resultando num menor consumo de eletricidade.

- *Trabalho remoto:* Outro benefício importante da computação em nuvem verde é facilitar a cultura de trabalho remoto e híbrido. Muitas empresas beneficiaram da assistência da tecnologia de nuvem verde no desenvolvimento de soluções de software que promovem uma cultura de trabalho remoto. A recente tendência da cultura de trabalho remoto alivia o congestionamento dos transportes nas ruas das cidades, reduz o consumo de energia no local de trabalho, aumenta a produtividade e poupa energia, ajudando assim a preservar o ambiente. A investigação sobre a proteção do ambiente é um desafio, com vencedores e vencidos. O vencedor final é toda a sociedade e a próxima geração.

- *Multi-tenancy:* A computação em nuvem serve vários utilizadores em simultâneo. Portanto, a nuvem requer menos capacidade incremental para atender à demanda de pico geral, em comparação com os data centers locais. Ao agregar a procura com outros clientes do fornecedor de serviços em nuvem, as empresas podem partilhar recursos de forma mais eficiente.

12.9 DESAFIOS

A computação em nuvem enfrenta vários desafios relacionados com a segurança, o equilíbrio da carga, a qualidade do serviço, a normalização e o consumo de energia. Os clientes devem poder confiar que os fornecedores de serviços em nuvem não utilizarão indevidamente os seus dados sensíveis. Outros desafios incluem os seguintes [28,29].

- *Segurança:* Talvez o maior desafio para a computação em nuvem ecológica esteja relacionado com a segurança. A segurança é um fator importante que permite a implantação de uma infraestrutura de computação em nuvem ecológica. As questões de segurança incluem o acesso a dados sensíveis, a privacidade, a recuperação de dados e questões de multilocação.

- *Consumo de energia:* Este é outro grande obstáculo à computação em nuvem ecológica. São utilizados milhões de computadores no centro de dados da nuvem para armazenar e tratar os dados em rápido crescimento, e estes servidores exigem uma enorme quantidade de energia.

  A procura crescente de infra-estruturas de computação em nuvem aumentou drasticamente o consumo de energia dos centros de dados, o que se tornou um problema crítico. Os fornecedores de serviços de computação em nuvem representam grandes riscos ambientais porque os centros de dados maciços utilizam uma grande quantidade de energia e deixam uma pegada de carbono. Uma possível solução para este problema é a utilização da computação em nuvem ecológica, mas os clientes enfrentam dificuldades significativas na adoção da computação em nuvem ecológica.

- *Balanceamento de carga:* O balanceamento de carga na obtenção de uma computação em nuvem ecológica é outro desafio. Este é necessário para distribuir a carga de trabalho dinâmica por vários nós e evitar sobrecarregar um único nó enquanto os outros nós estão inactivos.

- *Custo elevado:* Outra limitação é o elevado custo de aquisição dos componentes necessários para tornar a computação em nuvem mais eficiente (como o equipamento de refrigeração). O investimento inicial para adotar o processamento da computação ecológica pode parecer dispendioso para as médias e pequenas empresas. A manutenção dos dispositivos incluídos no centro de dados é também uma grande preocupação.

- *Armazenamento:* Esta questão tornou-se uma grande preocupação para as organizações de todo o mundo com a expansão extraordinária do sector das TI. Atualmente, a computação em nuvem torna-se uma solução impressionante para enfrentar os desafios do armazenamento e processamento de grandes volumes de dados, com caraterísticas de baixo custo, alta velocidade, a pedido e pagamento por utilização.

12.10 CONCLUSÃO

A computação em nuvem ecológica é considerada uma área de investigação importante. Significa essencialmente utilizar a tecnologia de uma forma que ajude o ambiente. Está a tornar-se importante num mundo com recursos energéticos limitados e uma procura cada vez maior de mais poder computacional. Está também a tornar-se importante devido às crescentes preocupações com questões ambientais por parte dos fornecedores de serviços de computação em nuvem. Tem potencial para ser uma tecnologia poderosa que pode contribuir para uma TI ecológica e para as emissões de carbono. Embora a investigação sobre a computação em nuvem ecológica esteja ainda numa fase inicial, está a tornar-se cada vez mais popular. A computação em nuvem ecológica desempenha um papel crucial no futuro da computação em nuvem empresarial. Por este motivo, todos os principais fornecedores de serviços de computação em nuvem converteram os seus centros de dados em nuvem ecológica.

A ideia principal por detrás da computação em nuvem ecológica é minimizar a energia consumida pelo hardware utilizado no processo de computação em nuvem. A computação em nuvem ecológica está a tornar-se a escolha preferida dos clientes, e todos os principais intervenientes na computação em nuvem estão a caminhar nessa direção. É a última tendência atual. É o futuro da computação em nuvem. Para mais informações sobre a computação em nuvem ecológica, consultar o livro [29-31] e as seguintes revistas relacionadas:

- *Jornal de Computação em Nuvem*
- *Computação em nuvem do IEEE*
- *Transacções IEEE sobre computação em nuvem*
- *Jornal Internacional de Aplicações e Computação em Nuvem*
- *Revista Internacional de Computação em Nuvem e Ciência dos Serviços*

REFERÊNCIAS

[1] M. N. O. Sadiku, C. M. M. Kotteti, S. M. Musa, "Green cloud computing," *International Journal of Scientific Engineering and Technology,* vol. 7, n.º 10, Out. 2018, pp. 94-912.

[2] P. N. Balasooriya, S. Wibowo, e M. Wells, "Green cloud computing and economics of the cloud: Moving towards sustainable future," *GSTF Journal on Computing,* vol. 5, no. 1, 2016 pp. 15-20.

[3] Y. S. Patel, N. Mehrotra e S. Soner, "Green cloud computing: A review on green IT areas for cloud computing environment", *Actas da 1.ª Conferência Internacional sobre Tendências Futuristas em Análise Computacional e Gestão do Conhecimento,* 2015, pp. 327-332.

[4] Y. Goyal, M. S. Arya, e S. Nagpal, "Energy efficient hybrid policy in green cloud computing," *Actas da Conferência Internacional sobre Computação Verde e Internet das Coisas*, outubro de 2015, pp. 1065-1069.

[5] T. A. M. Sa'ed, "Toward green and mobile cloud computing", *Actas da Sétima Conferência Internacional do IEEE sobre Computação Inteligente e Sistemas de Informação,* 2015, pp. 203-209.

[6] M. N. O. Sadiku, S. M. Musa, e O.D. Momoh, "Cloud computing: Opportunities

and challenges," *IEEE Potentials,* vol. 33, no. 1, Jan/Fev. 2014, pp.34-36.
[7] S. K. Garg e R. Buyya, "Green cloud computing and environmental sustainability" (Computação em nuvem ecológica e sustentabilidade ambiental).

http://www.cloudbus.org/~raj/papers/Cloud-EnvSustainability2011.pdf
[8] L. D. Radu, "Green cloud computing: A literature survey", *Symmetry*, vol. 9, 2017.
[9] N. M. Rawai et al., "Cloud computing for green construction management", *Actas da Terceira Conferência Internacional sobre a conceção de sistemas inteligentes e aplicações de engenharia,* 2013, pp. 432-4312.
[10] S. Murugesan, "Harnessing green IT: Principles and practices", *IEEE IT Professional,* Jan.-Fev. 2008, pp 24-33.
[11] M. N. O. Sadiku, N. K. Nana, e S.M. Musa, "Green computing: A primer", *Journal of Scientific and Engineering Research*, vol. 5, no. 4, 2018, pp. 247-251.
[12] S. H. Alsamhi et al., "Greening Internet of things for smart everything with a green environment life: A survey and future prospects," https://arxiv.org/ftp/arxiv/papers/1805/18012.00844.pdf
[13] N. A. El-Mawlal e H. Ibrahim, "Green cloud computing (GCC), aplicações, desafios e futuras direcções de investigação," *Nile Journal of Communication &Computer Science Journal,* vol. 2, no. 1, fevereiro de 2022.
[14] L. Liu et al., "GreenCloud: A new architecture for green data center", *Proceedings of the 6th International Conference Industry Session on Autonomic Computing and Communications Industry Session,* Barcelona, Espanha, junho de 2009, pp. 29-38.
[15] A. Patil e R. Patil, "An analysis report on green cloud computing current trends and future research challenges", Conferência Internacional sobre Computação Sustentável em Ciência, Tecnologia e Gestão, fevereiro de 2019, pp. 813-820.
[16] K. Khajehei, "Green cloud and reduction of energy consumption", *Computer Engineering and Applications,* vol. 4, n.º 1, fevereiro de 2015, pp. 51-60.
[17] N. Carklin, "Discover how green cloud computing can reduce our carbon footprint", dezembro de 2021,

https://www.parallels.com/blogs/ras/green-cloud-computing/

[18] F. S. Chu, K. C. Chen, e C. M.. Cheng, "Toward green cloud computing," http://citeseerx.ist.psu.edu/viewdoc/download?doi=10.1.1.9012.1011&rep=rep1&type=pdf

[19] H. A. Akpan e R. J. Vadhanam, "Green cloud technique: A survey," *International Journal of Applied Engineering Research,* vol. 10, no. 82, 2015, pp. 116-121.

[20] "Green cloud computing - A forma sustentável de utilizar a nuvem", https://bigdataanalyticsnews.com/green-cloud-computing-sustainable-use/
[21] H. Wang et al., "On time-sensitive revenue management in green data centers," *Sustainable Computing: Informatics and Systems,* vol. 14, 2017, pp. 1-12.
[22] IBM, "The green data center. Mais do que responsabilidade social: uma base para o crescimento, ganho económico e estabilidade operacional," maio de 2007.

[23] T. Makela e S. Luukkainen, "Incentives to apply green cloud computing," *Journal of Theoretical and Applied Electronic Commerce Research,* vol. 8, no. 3, dezembro de 2013, pp. 74-86.

[24] A. M. Farooqi, T. Nafis, and K. Usvub, "Comparative analysis of green cloud

computing," *International Journal of Advanced Research in Computer Science,* vol. 8, no. 2, March 2017, pp. 56-60.
[25] N. Selvaraj, "Green cloud computing - Saving global environment," abril de 2022, https://www.sify.com/cloud/green-cloud-computing-saving-global-environment/
[26] E. Tabor, "4 green benefits of cloud computing", https://www.isgtech.com/4-green-benefits-of-cloud-computing/
[27] A. Giraud, "Green cloud computing", https://www.amanox.ch/en/green-cloud-computing/
[28] N. J. Kansal e I. Chana, "Cloud load balancing techniques: A step towards green computing," *International Journal of Computer Science Issues*, vol. 9, no 1, January 2012, pp. 238-246.
[29] A. K. Sangaiah e N. S. Kumar, *Sustainable Green Cloud Computing.* Boca Raton, FL: CRC Press, 2019.
[30] K. Munir (ed.), *Tecnologias de computação em nuvem para empresas ecológicas.* IGI Global, 2018.
[31] M. Khosrow-Pour (ed.), *Green Computing Strategies for Competitive Advantage and Business Sustainability.* IGI Global, 2018.

MIX
Papier aus verantwortungsvollen Quellen
Paper from responsible sources
FSC® C105338

Printed by Books on Demand GmbH, Norderstedt / Germany